中国思想史论著选刊

荣誉主编 张岂之
执行主编 谢阳举

张茂泽 著

贺麟学术思想述论
（修订版）

中国社会科学出版社

图书在版编目（CIP）数据

贺麟学术思想述论/张茂泽著.—修订版.—北京：中国社会科学出版社，2023.7

（中国思想史论著选刊）

ISBN 978-7-5227-1896-5

Ⅰ.①贺⋯ Ⅱ.①张⋯ Ⅲ.①贺麟(1902-1992)—学术思想—研究 Ⅳ.①B261

中国国家版本馆 CIP 数据核字(2023)第 084245 号

出版人	赵剑英
责任编辑	安　芳
责任校对	张爱华
责任印制	李寡寡

出　　版	中国社会科学出版社
社　　址	北京鼓楼西大街甲 158 号
邮　　编	100720
网　　址	http://www.csspw.cn
发 行 部	010-84083685
门 市 部	010-84029450
经　　销	新华书店及其他书店
印　　刷	北京君升印刷有限公司
装　　订	廊坊市广阳区广增装订厂
版　　次	2023 年 7 月第 1 版
印　　次	2023 年 7 月第 1 次印刷
开　　本	710×1000　1/16
印　　张	19
字　　数	302 千字
定　　价	98.00 元

凡购买中国社会科学出版社图书，如有质量问题请与本社营销中心联系调换
电话：010-84083683
版权所有　侵权必究

总　　序

　　乘西部大开发战略部署的东风，在陕西省政府专项资金资助下，经陕西人民出版社大力支持，从 2000 年开始，西北大学中国思想文化研究所组织推出了《西部大开发与西部人文丛书》（简称"西部人文丛书"），前后相继出版 3 批，共 36 种，论域广泛，产生了一定的学术影响，然而流布不广，尚未能尽惬学界朋友所愿，这在我们多少有点遗憾。2022 年，有学者提议我们可选择性地重版该丛书，经研究商定，受经费所限，先行选择部分著作重加修订，分批提交出版社，以《中国思想史论著选刊》形式重新印行修订本。首刊六种，至于具体内容与质量如何，请读者评阅。

　　人文图书面对的读者比较广泛。这里，有必要对"中国思想史"稍作解释。"中国思想史"是个微型学科，侯外庐先生指出其属于边缘学科、交叉学科，这一说法今日可进一步拓展，因为从其内容交涉与研究方法看，完全可以说它是跨学科的学科。这一学科归属反映了凡思想自身必具有普遍性的特性。关于它的研究对象，张岂之先生给出了一种明确独特的规定，认为："中国思想史是中国历史、中国文明史的一个重要组成部分，是理论化的中国社会思想意识的演进史。"这也就是说，中国思想史研究的是有体系的、理论化的社会意识。这是兼容性甚强的规定。"有体系的、理论化的"，指明了思想史主要研究历代典型的思想体系。"社会意识"又给具体研究内容和研究方式预留下自由多样的选择通道与空间。

　　根据三分法的文化逻辑，文化包括物质文化、制度文化和精神文化（思想文化）。在这种意义上，中国思想史属于精神文化。中国思想史也被称为中国思想文化史。

　　中国思想史只是研究中国思想文化的学科分支之一，它与中国哲学史、中国观念史、国学等自然地同中有异、异中有同。侯外庐先生通过自己的研究为中国思想史学科确立了思想史与社会史相结合的研究原则与纲领，这就将社会思潮推到了中国思想史研究的重要位置。今后，我们依然要在这一研究原则与纲领的指引下，广泛借鉴和学习各种科学有益的研究经验、理论与方法，以期不断推进中国思想史研究的水准及其学科建设。

2014年9月24日，习近平总书记在纪念孔子诞辰二千五百六十五周年国际学术研讨会暨国际儒学联合会第五届会员大会开幕会上指出："文明特别是思想文化是一个国家、一个民族的灵魂。无论哪一个国家、哪一个民族，如果不珍惜自己的思想文化，丢掉了思想文化这个灵魂，这个国家、这个民族是立不起来的。"伴随着中华民族伟大复兴的进程，中国思想文化的时代意义日益彰显。2023年6月2日，习近平总书记在文化传承发展座谈会上发表重要讲话，提出："在新的起点上继续推动文化繁荣、建设文化强国、建设中华民族现代文明，是我们在新时代新的文化使命。要坚定文化自信、担当使命、奋发有为，共同努力创造属于我们这个时代的新文化，建设中华民族现代文明。"这给中国思想文化研究者提出了更高的要求。如何把马克思主义同中华优秀传统文化结合起来，这是一项重大的理论课题，需要从事中国思想文化研究的广大学者朋友们共同努力。

值此历史机缘，《中国思想史论著选刊》得以出版，我们倍感欣慰。希望它受到学界的关注和支持，祝愿它在中华民族伟大复兴的新征程上不断开出新的花朵，努力为新时代为中华优秀传统文化的传承和创新做出力所能及的贡献。

西北大学中国思想文化研究所1978年招收硕士生，1984年招收博士生，1995年成为国家历史学博士后流动站，至今已培养了400余名中国思想史硕士、博士、博士后，他们分布在全国的高校、科研机构和其他岗位上。我们愿与学界同行一道加倍努力，我们也有信心可持续地推进中国思想史研究。

是为序。

编者
于西安西北大学中国思想文化研究所
2023.6.17

目　录

自　序 …………………………………………………………（1）

第一章　形成发展过程 ……………………………………（1）
　一　萌芽时期（1902—1931） …………………………（1）
　二　形成发展时期（1931—1963） ……………………（6）
　三　成熟时期（1963—1992） …………………………（12）

第二章　心物关系论 ………………………………………（21）
　一　心外无物 ……………………………………………（21）
　二　心物合一 ……………………………………………（36）
　三　矛盾及调解 …………………………………………（46）

第三章　心理关系论 ………………………………………（54）
　一　心理关系概论 ………………………………………（55）
　二　心即理 ………………………………………………（60）
　三　心与理一 ……………………………………………（66）

第四章　逻辑主体论 ………………………………………（71）
　一　渊源和特征 …………………………………………（72）
　二　主体和客体 …………………………………………（78）
　三　主体唯心论 …………………………………………（86）
　四　戴面纱的"实践" ……………………………………（99）

第五章　直觉方法论 ································ (108)
　　一　直觉说的形成 ································ (108)
　　二　直觉经验 ···································· (113)
　　三　直觉方法 ···································· (117)
　　四　理智直觉方法 ································ (128)
　　五　直觉方法和逻辑方法 ·························· (134)

第六章　逻辑方法论 ································ (142)
　　一　逻辑思想 ···································· (142)
　　二　方法的出发点 ································ (147)
　　三　辩证法 ······································ (153)
　　四　本体论方法 ·································· (162)
　　五　心观法 ······································ (170)

第七章　文化哲学思想 ······························ (177)
　　一　本质批评法 ·································· (178)
　　二　文化精神"发现"法 ·························· (185)
　　三　文化比较方法 ································ (194)

第八章　人学思想 ·································· (203)
　　一　意志自由 ···································· (204)
　　二　理想主义 ···································· (213)
　　三　人的使命 ···································· (219)
　　四　理想解释法 ·································· (224)

第九章　新儒学思想 ································ (232)
　　一　学养方法 ···································· (233)
　　二　知行合一论 ·································· (244)
　　三　发展新儒学的主张 ···························· (252)
　　　　（一）"正宗哲学"说 ························ (252)
　　　　（二）"三化"说 ······························ (256)

（三）"三合"说 …………………………………………（269）

结语　抽象的主体 ……………………………………（277）

续论　贺麟对唯心主义的批判 ………………………（286）

修订版后记 ……………………………………………（291）

自　序

20世纪20—40年代，中华大地先后诞生了几个学术流派，出现了和传统知识分子迥然不同的学者群。论学术修养，他们大都中西兼通，古今咸备，堪称自乾嘉以来最具哲学和科学素养的学者群。他们的学术思想，一般而言，也多是中国传统文化和西方欧美文化相结合的产物，是中国传统文化试图现代化的产物，是近代中国人向西方寻求的"真理"，在理论形式上比较集中的表现。

他们当中的少数代表人物，被现在一些学者称为"现代新儒家"。其实，他们大都认为，内充实才能外光辉，强调提高人内在的科学文化素养的重要性。这一思想，已经被今天的人们所继承发挥。祖国现代化建设成功的前提之一，就是必须提高全民族的科学文化水平，提高所有人的科学文化素质。这已越来越成为绝大多数中国人的共识。但是，如何提高人的科学文化素质，并将它和现代化事业有机结合起来，在世界各地，人们相互之间，还有巨大分歧。对此，回顾这些学者在这方面的论述，对于进一步认识人类的思想实际，探索思维规律，缩小直到解决人与人之间、国与国之间、文化与文化之间的各种分歧，是不无帮助的。

这一学者群，大都从事教育工作。北京大学、清华大学、西南联大，是他们会聚讲论的中心。他们的教育思想、教育活动，对中国建立和发展现代教育，特别是高等教育，产生了深远而广泛的影响。这些影响，至今仍然存在。随着中国教育体制改革的深化和教育事业的发展，在教育方针、办学宗旨、教育制度等方面，这些影响，看来还会继续下去。但学术界对这些影响的研究和评估，还远为不够，这是我们应该感到愧对他们的地方。

这些学者，已不再是传统知识分子那种各学科兼备的通才。他们各有专攻，近似专家，所以相互之间，难免见解差异。在政治上，他们的立场、观点互有不同，对近代历史上蓬勃的革命运动，或褒扬，或贬责，或亲身参与，或热切注视，都不漠然忽略，冷眼以待。但他们都有一个共同希望，希望祖国繁荣富强，人民富乐安康，有一个共同目标，那就是要运用自己所学，酬劳桑梓，报效祖国，为民族的独立解放事业，为祖国的现代化事业，尽自己的力量。他们大都爱祖国、爱人民、爱真理、爱自己所从事的学术教育事业。这一点，很值得我们今天好好学习。

可喜的是，在国内外，越来越多的学者，正把他们的目光，投入这一学者群身上。国外，以美国学者费正清、费惟恺编《剑桥中华民国史》下卷为代表，对这一学者群进行了宏观的研究。此外，美国、日本、新加坡，以及中国台湾、香港等地，有不少学者在进行专门的研究工作，还有一些学者，则或多或少涉及这一学者群中某些个别人物、思想时，进行简要论述和批评。比较起来，国内学者对这一学者中的人物、思想的研究成果，却随处多多，且论述专门、集中。或从历史角度，或从哲学史、思想史角度进行研究，或研究个别人物、专门问题，或研究某一学派，集中论述，付出了大量心血，取得了一批引人注目的成果。特别值得一提的是，方克立、李锦全二位先生，组织一批学者，发挥集体优势，有计划地攻克"现代新儒学"这一课题，一方面出版研究论文集；另一方面出版"现代新儒家研究丛书"，取得显著成绩，推动了对这批学者及其思想的研究工作的开展和进步。

在这一学者群中，和对其他学者的研究成绩相比，对贺麟的研究，无论在国内，还是在国外，都相对薄弱一些。较全面地、系统地研究贺麟学术思想的成果，尚未得见，这是一个不足。

贺麟先生，也是这一学者群中的一位代表。他以文集《近代唯心论简释》为代表作，揭起了被称为"新心学"的学术旗帜。他学术思想的形成，比梁漱溟、熊十力、冯友兰诸先生晚一些。这使他有机会批评总结中国近代以来的学术成绩，为自己的学术思想奠定近代学术史基础。富有历史性，是他的思想特色。他的学术思想，有体系，包容了中西方许多学者的思想言论在内。中西古今融会贯通，是他学术思想诞生的路径，也是他学术思想本身的特点。他对传统文化的现代化、中国文化和西方文化的关系，有比较深入而独到的论述。这些论述，以他的逻辑主体论、逻辑的直觉方法论为基础，形成了其以文化哲学方法论为重心的文化哲学思想。他的新儒学思想，正是他的文化哲学思想的直接表现。另外，他学术思想的产生，又是他融合中西文化、贯通古今文化的学术实践的结果。所以，贺麟的学术思想，也可说是他对自己的学术文化实践活动的经验总结和理论概括。我们今天研究他的学术思想，明了其特征，对于我们认识中国近代学术思想历史实际，是十分必要的。而他的学术思想本身，对我们今天开展学术事业，也有积极意义。他的思想，特别高扬人的主体性，强调人的认识的辩证性，认为真理是真理自身的标准，也是谬误的标准等，都足以启人心智，发人深思。他的学术思想体系，有成功处，有不足处。他融会贯通古今中西文化的工作，有经验，也有教训。这些，都值得我们好好总结。

贺麟先生的学术思想，渊源于中国哲学，又渊源于西方哲学，涉及的中西古今学者很多，研究他和这些学者之间的思想关系，工作浩繁。由于笔者读书不广，年轻识浅，全面系统地论述清楚他的学术思想，实心有余而力有所未逮。所以，将本书题目冠以"述论"，表明我将以述为主，以论为辅。以述为主，着重将他的学术思想体系的本来面目，尽可能地如实描述出来。以论为辅，根据我所描述的他的思想内容，略加点评。

贺麟先生不在，我的描述是否如实，谁知道？他的著述在，天下学者知道。贺麟学术素养甚高，我的学术素养很低，以低水平论断高水平，便如同以浅见评深识，以幼儿孺子论大学者，难免见其表而略其本，得其粗而遗其精，是以不敢放言高论，只能略做点评。幸好贺麟先生相信，"东圣西圣，心同理同"，圣贤愚不肖，愚夫愚妇，村野小儿，都有纯洁的心灵、伟大的真理。既如此，即有点评不当，即使他亲在，也必不骂我放肆。况且，他本就宅心仁厚，待后进特别慈祥热情呢！

虽然如此，仍然要以述为先，为的是不致误解，误解他苦心孤诣之所在、真正意义之所指；仍要以论为后，为的是尤其不敢把自己的误解，从我这里，强加给他，当作他的思想真实，然后批评之，论断之，使误解更深更固。即使有批评，有论断，也只是他学术思想固有优势的显示，本来矛盾的暴露。论他的思想，只是他的思想自论。这时，论便是述，是述的表现；述也是论，是论的本质。是谓"述而不作"，也可谓"述即是作"。

这是我的追求！

是为序。

第一章

形成发展过程

一 萌芽时期（1902—1931）

贺麟（1902—1992），字自昭，四川金堂人，1917年，入成都石室中学学习。1919年，考入清华学校中等科二年级；1926年，毕业于清华学校高等科。同年，赴美，在奥柏林大学，学习拉丁文、德文、心理学、哲学史、伦理学、宗教哲学、圣经等课程。1928年2月，转入芝加哥大学读研究生，学习摩尔、西吉微克、格林三人的现代伦理学、19世纪哲学、政治哲学等专题课。由于参加纪念斯宾诺莎逝世250周年的读书会，他"爱上了斯宾诺莎哲学"。暑期，著《格林》文，对新黑格尔主义者格林的为人和他的哲学、政治思想推崇备至。

因为当时芝加哥大学的课堂上，偶尔出现"空谈经验的实用主义者"，贺对之不满意，为了进一步学习西方古典哲学，1928年9月，转入哈佛大学。在那里，他听了康德哲学、斯宾诺莎哲学专题课。同时，自己课下阅读美国新黑格尔主义领袖鲁一士所著《近代唯心论演讲集》《近代哲学的精神》等书和讲稿，以此理解黑格尔哲学的真谛。

在美国的科学和哲学学习，为贺麟打开了创立"新心学"的大门。他的学术思想开始萌芽了。他在去德国前，制订了一个长远的学术计划。其中，有这样几项和后来的"新心学"有直接的关系：

（一）思想方法兼用直觉及矛盾思辨法。

（二）融会西洋的唯心论和中国的理学，以完成自己的合诗教、礼教、理学为一炉的学说。

（三）翻译、介绍、研究斯宾诺莎哲学、德国自康德到黑格尔的古典哲学，以及新黑格尔主义。

（四）研究宋明理学，特别是朱子的学说，并研究道家学说。①

这一计划表明了他以后治学，要采用的方法和要走的路径——中西融会的学术道路。这条道路，又清楚地显示了他学术思想的两大渊源。

一是中国哲学。以梁启超、梁漱溟为中介。1920年春，梁启超应聘到清华讲国学小史，也讲中国文学、王阳明哲学。贺听他讲课，很受影响。去拜访梁启超，梁要他读戴震的书，又借焦循的文集给他阅读。贺读后，写了《戴东原研究指南》《博大精深的焦理堂》二文。梁漱溟也曾往清华讲演过，贺也拜访他几次。二梁都推重王阳明，贺深受影响。不过，贺对程朱理学也很感兴趣。他的眼光不局限于一派一家，还在少年时，他就立大志，要"读世界上最好的书，以古人为友，领会最好的思想"②。所以，我猜测他出国前，不只对儒家的理学，而且对道家的老庄，也有领会。因此，在哈佛，当怀特海对贺麟说他喜欢中国人的天道观念时，贺即问："你说的天道观念是儒家的还是道家的？"怀特海是20世纪上半叶的"哲学大师"③，自称"喜欢东方思想"，喜欢中国人天道观念，对贺立志研究中学，为中学开辟出路，也当有影响。

二是西方哲学西方文化。西学对中国的影响可上溯到明代，蔚为社会风气则在五四新文化运动后。当时，清华同学大都准备出洋留学，以致轻视国学。梁启超在光绪朝即以言西法名世，他主张学习西方，引入西方文化、哲学，并大力宣传西学，如尊康德是"万世之师""暗黑时代之救世主"。梁是康德哲学在华最早的传播者。不过，于贺接上西学渊源更有助力的，是吴宓。1924年，《学衡》杂志主编吴宓到清华学校任国学研究所主任，聘王国维、梁启超、陈寅恪、赵元任为导师。他首次开出"翻译"课程，讲解翻译原理和技巧，并辅导翻译练习。贺麟、张荫麟、陈铨三人就学之，时人称为吴门"三杰"。1925年，贺写《论严复的翻译》，是严复去世后第一篇讨论其翻译的文章。这也预示着贺将像吴宓介绍西方古典文学一样，走介绍西方古典哲学的路。

---

① 张祥龙：《贺麟传略》，《晋阳学刊》1985年第6期。
② 张祥龙：《贺麟传略》，《晋阳学刊》1985年第6期。
③ 贺麟：《现代西方哲学讲演集》，上海人民出版社1984年版，第102页。

在留学期间，导引贺进入西方古典哲学殿堂的代表性学者，一是美国的鲁一士，如前述。二是德国的哈特曼。1930年夏，贺麟从美国到德国，入柏林大学学习。其中，哈特曼所著的《德国唯心论哲学》《伦理学》对他影响很大。哈特曼，和鲁一士一样，都是著名的新黑格尔主义代表。新黑格尔主义，是贺麟进入德国古典哲学的门槛。而斯宾诺莎和康德，如贺后来所说的，则是他进入德国古典哲学的桥梁。

从贺麟的两大学术渊源可以看出，他的学术思想萌芽，有几点值得特别注意。

第一，贺麟学术思想萌芽，尤得力于他在留学期间，受到了近代科学研究方法和逻辑思维方法的系统训练。他在美国的最初两年，主要学习的是生理学、心理学、人类学，还写了一些读书报告。这些报告，比较注意材料的搜集、分析、归纳和概括，寻求事实的因果必然性，其科学性甚明。而逻辑思维的训练，则是在许多老师的指导下，由他自己阅读逻辑学和哲学著作获得的。布拉德雷《逻辑原理》对他恐有很大帮助。在哈佛，讲授康德哲学的是路易斯教授，他头脑非常清楚，要求学生很严格。他让每位同学一周读康德著作50页，两周交一次读书报告。康德的哲学著作，文字晦涩，十分难读。但在艰苦努力下，一年下来，贺竟读完了《纯粹理性批判》大部分、《实践理性批判》《道德形而上学基础》《未来形而上学导言》读书报告也积累了一二百页。从此以后，他阅读哲学著作，如朱熹的文集，便觉十分容易，且兴味盎然，思考问题，也清晰有条理了。

第二，贺学术思想萌芽，根本上说，源于他独立思考，不为陈规所缚的创新精神。创新精神，在早年，体现在他立志高远，不满足于既得，要"领会最好的思想"；为实现这个目标，不断锻炼培养自己，坚贞不渝，不屈不挠，"动天地，泣鬼神"的至诚追求精神；还体现为他不为学派所限，意欲会合诸家，共冶一炉的开阔眼光和胸襟；体现为他不为课堂学习所限，进行大量的课外学习，自学自己感兴趣的哲学著作，和良师益友促膝讨论，收获远远大于课堂所得。

第三，中学、西学，包括的内容众多。贺麟的"新心学"对之有"正宗哲学"的划定。在这时，他对中学西学的理解，已表现出"正宗哲学"的轮廓。他所谓中学，指宋明理学，特别是程朱陆王，此外还加上道家学说。其中，理学是主，道家是从。他所谓西学，指德国古典哲学和斯宾诺莎，外加新黑格尔主义。将中学加上孔孟，将西学加上苏格拉底、柏拉图、亚里士多德，再去掉新黑格尔主义，就是"正宗哲学"。这也是我断定他的学术思想萌芽于1931年以前的原因。因为，他一旦找到了"正宗"，就找到了学统，找到了自己学术思想的血脉，起点和归宿、方向和规范、理想和方法，均可从中自然生长出来。

这里有一个问题。一方面，他的思想有"正宗"；另一方面，他思想的动力在创新，在于不为一家一派所限制。这就让人关心，他的"正宗"会成为拦住创新的墙吗？或者他的创新，能否突破"正宗"的限制，成为正宗的创新，创新的正宗，则这时的"正宗"，已不再是某一思想流派的代名词，而是人类认识逼近绝对真理的历程呢？在当时，他还来不及回答这一问题。他的注意力集中在寻找一种能为五四新文化运动高举的民主和科学两面旗帜奠定坚实理论基础的哲学，同时这种哲学还能解决古今中西文化之争，能有助于维护社会稳定等。而新黑格尔主义，在贺看来，就比实用主义更能满足这些需要。

在美国，贺面对着两大哲学流派的两位代表人物，一是詹姆士；一是鲁一士。他对二人进行了细致入微的对勘比较，结果选择了新黑格尔主义在美国的"柱石"[①]——鲁一士。这是因为，他认为，鲁一士哲学有体系，逻辑严密；有方法，有历史方法，辩证方法；有理想；强调团体、社会；关注东西方文化"相类似"处；要求哲学与科学相融洽等。[②] 他结论说：

> 整个讲来，鲁一士是一个伟大的导师，他的哲学很少难题。如果积极民主是我们所最需要的，那么，鲁一士的道德哲学和社会哲学则明确地指出了通向积极民主的道路，且避开了孤立个人的个人主义。如果宗教与科学调和是当今的急迫问题的话，那么鲁一士的宗教思想实在能帮助做这种调和。如果当今世界，东方哲学和西方思想应该融合的话，那么可以产生一种世界新文明的这种结合或综

[①] 贺麟：《黑格尔哲学讲演集》，上海人民出版社1986年版，第643页。
[②] 贺麟：《哲学与哲学史论文集》，商务印书馆1990年版，第106页。

合的形式，我认为首推鲁一士所陈述的唯心主义的形式，它最适合充作使东西方思想结合为一个和谐整体的中介人。这不仅有利于世界文明，而且也有利于世界和平。①

这段话充分表明，早在1929年于哈佛时，他就对美国的新黑格尔主义推崇备至了。这在他的学术生涯中，是一个关键的转折。从此以后，他便进入哲学王国，"新心学"思想找到了自己的起点。

从他后来形成的"新心学"思想看，贺麟继承了新黑格尔主义追求自由的理想和方法，也继承了这个思潮的代表人物们比较关注的问题，如唯心主义，科学和宗教、道德的关系，个人利益和社会利益的统一等文化、哲学、人的问题，而且还继承了这些学者解决上述问题的倾向性，如"以内心的未来生活为现实"②的理想主义倾向，反对外在压迫而重内心生活，反对功利主义而重精神追求，反对享乐主义而重内在超越等倾向。

但是，他并没有以此自足，成为一个新黑格尔主义的"应声虫"。而是围绕民主、科学、中西融合等问题，从奥柏林到芝加哥、哈佛、柏林、北京以至昆明，从格林到鲁一士、哈特曼、斯宾诺莎、康德以至黑格尔，学术思想在创新中不断深入，不断超越。在本体论方面，唯心主义以逻辑心即理命题表现出来；方法论上，使直觉逻辑化，建立了逻辑的直觉方法；文化哲学方面，对古今中西文化的融会贯通尤为关注；至于新儒学，就是传统儒学的现代化。贺的宗旨在于，把西方哲学和中国哲学，各自连成一线，相互打成一片，以为近代中国的到来提供理论基础。可见，他继承新黑格尔主义的同时，又有改造，有发展。他的"新心学"，已不再是旧的新黑格尔主义如鲁一士、格林、哈特曼等学者的学说在中国的延伸。如果一定要说它还是新黑格尔主义，那么，贺的新黑格尔主义，已是旧的新黑格尔主义的新发展的中国化。他的学说更有辩证性，他的"新心学"，是中国近代哲学的一部分，而不是在中国的西方哲学。

---

① 贺麟：《哲学与哲学史论文集》，第110页。
② 贺麟：《现代西方哲学讲演集》，第147页。

二　形成发展时期（1931—1963）

1931年，贺麟先生回国。任北京大学哲学系讲师，次年，升副教授。讲授课程有哲学问题、西洋哲学史、西方现代哲学、伦理学、斯宾诺莎哲学等课程。回国前制订的学术计划，结合教学工作，有条不紊地进行着。民族危机加深，却常常牵动着他平静的校园生活。九一八事变发生，他奋笔写下《德国三大哲人处国难时之态度》，初步表现了他准备用学术文化救国，改造和振兴民族精神的追求。1937年，抗日战争全面爆发，贺也随北大辗转南下昆明，任西南联合大学教授。中华民族处于生死存亡关头，贺麟加快了他学术思想体系建设的步伐。他花费较多精力，讨论现实的抗战建国、现代化以及相关的政治、经济、文化问题，这些讨论，为他思想体系的形成提供了有力支持，是他学术思想的有机组成部分。

1942年，他的第一部论文集《近代唯心论简释》（后文简称《简释》）由重庆独立出版社出版，标志着贺麟的学术思想体系正式形成，"新心学"建立了。他在西方求学数载，回国又苦思力索十年，为解决民族国家的独立与发展，他从哲学角度，用理论形式，作了自己的解答。

《简释》从序言、正文到附录，共录17篇文章。最早的一篇文章是1927年贺麟在美国所撰《西洋机械人生观之论战》。贺麟自述："当时因初到美国，曾读了一些生物学、生理学、心理学的书，对于哲学尚未得其门径。只能杂陈各方意见，不能提出自己的批评。"[1] 这篇文章，显然是萌芽期作品，但却收入此书。贺要说明什么呢？

在西方伦理学史上，对必然与自由、科学与人文的关系，机械论和目的论做出了近乎对立的回答。古希腊时期，伊壁鸠鲁派倾向于自由观，而斯多葛则与之相反。文艺复兴以来，特别是18、19世纪以来，自然科学获得重大进步，"处处都与机械论者以新论证和新鼓舞"[2]。贺麟这篇文

---

[1] 贺麟：《哲学与哲学史论文集》，第387页，"按语"。
[2] 贺麟：《哲学与哲学史论文集》，第373页。

章，正是在这种形势下，比较机械论和目的论观点，而"对于机械主义相当同情"。"同情机械观，彻底承认科学的机械方法之范围。"① 因此，我认为，贺似乎是要告诉大家，"新心学"不排斥科学，不忽略回避科学，也不藐视鄙夷科学，而是"相当同情""彻底承认"科学精神、科学方法、科学规范的价值和地位。这可说是贺麟对他刚刚横空出世的学术思想体系的科学性所给予的特别提示：科学性，是我的固有特征。

《简释》收录的文章还有：《中国哲学与西洋哲学（序言）》《近代唯心论简释》《时空与超时空》《宋儒的思想方法》《辩证法与辩证观》《怎样研究逻辑》《斯宾诺莎生平及其学说大旨》《康德名词解释及学说概要》《文化的体与用》《五伦观念的新检讨》《道德进化问题》《论意志自由》《知行合一新论》《与张荫麟兄辩太极说之转变》《从叔本华到尼采》《50年来的德国哲学（附录译文）》。概括地说，这些文章展示了贺麟学术思想体系的基本骨架和主要内容。具体说来：

第一，建立了以逻辑心为核心的心本体论。他以陆王心学"心即理"命题为中心，提出心物合一，心外无物，心即理、心与理一等命题，建立了"即心即理，亦心亦理"的心本体论。逻辑心，是本体，又是主体，称为逻辑主体。逻辑主体的建立，就是心物合一、"心与理一"的历程。强调本体与主体的统一，昂扬了主体的逻辑地位，有力地继承并改造、发扬了陆王心学的心本体，同时又高扬了本体的主体特征，继承而又改造了黑格尔的理念、朱熹的理以及斯宾诺莎的实体等概念。两条路径，熔冶一炉，使贺麟的学术思想，主要倾向于陆王心学和康德哲学。在贺看来，逻辑主体建立后，才为传统哲学中"体用合一"命题提供了畅通无阻的桥梁。显然，贺麟要努力把中国哲学向高扬主体性的方向推进。当然，他努力高扬的主体是辩证的主体。

第二，建立了可称为"逻辑的直觉"的方法论体系。逻辑学，是贺麟"新心学"思想体系方法论的基础，包括先验逻辑、形式逻辑和辩证逻辑。直觉，作为方法，他力图克服直觉主义的非理性、反理性偏向，将它建立在以逻辑为主导的基础上，如此，又可克服逻辑主义僵化干枯之弊。三种逻辑方法均被置入逻辑主体建立过程中适当的阶段和位置，

---

① 贺麟：《哲学与哲学史论文集》，第387页，"按语"。

发挥其应有的作用。先验逻辑，以建立逻辑主体为职志，是"即心即理"的逻辑，是主体本来即本体的证明。形式逻辑，是主体对对象的理智的分析和推论，为理性认识打基础。辩证逻辑，则是主体理解形而上学知识的理性方法；同时，在主体每一阶段的运动过程中，它都以其特有的节奏和法则起作用。所以，辩证逻辑在三者之中，具有较为重要的地位。另外，直觉，作为经验，是任何逻辑得以建立的起点，而作为方法，任何逻辑的结果，都以直觉为终结。而且，直觉最重要的功能，是对形而上学知识的直接洞察，内在体验。这样，相对于三种逻辑，就有三种直觉：先验直觉、理智直觉和理性直觉。

在贺麟看来，逻辑和直觉在方法上的关系，可以这样概括：逻辑组织、整理直觉经验，使直觉严密化、系统化、规范化，为逻辑主体的建立提供可供现实主体学习操作的方法。所以，逻辑是直觉的主导。反过来，直觉又是逻辑的前提和结果。作为方法，直觉有可能随时随地，在任何逻辑阶段，超越逻辑限制，直探形上本体。直觉方法较优于逻辑之处在于，直觉能简捷地直接体验形上本体，而逻辑方法却不能。这样，逻辑学，就必须将直觉纳入自己的体系中，使直觉成为逻辑主体建立历程的必不可少环节，而且占据有总结最高成果的较高地位。

无论是三种逻辑、三种直觉各自的内部进展，还是逻辑和直觉的关系，都正好构成正、反、合的辩证格式，它们有机地构成"逻辑的直觉"方法论体系。这个体系，由于以辩证格式为骨骼，所以，也可称为辩证法；又由于它是逻辑主体运动过程的概括总结，是逻辑主体的纯形式，所以，是逻辑主体辩证法。这个方法论体系，几乎包容了在贺以前的全部逻辑方法和直觉方法在内，所以具有集大成的特点。

第三，有理想主义特征的人学思想获得新表述，新发挥。在贺麟看来，人的问题，才是哲学的根本问题，近代中国的民族危机，追根溯源，只是中国人的危机，现代西方的两次世界大战，也是人的大战。当然，几千年来，人类也创造了光辉灿烂的文明。人怎样才能克服和消除自己的不足，发挥和培养自己的优点，逐步实现自己的价值，理所当然，成为哲学关注的中心问题。所以，人学思想，在中西学术史上，都有久远的传统。

贺麟的人学思想，特别提出如何才能认识人的本质问题。他主张，将西方科学的知物和宗教、艺术、哲学的知天引入中国，和中国原有的以知人为主的文化相结合，从而把握人的本质。他显然要求融会中西人学各自之长处，以建立中国新人学。另外，如何认识人的本质，又不只是认识问题，更是实践的问题；细观贺的本意，他的"知人"，是包含了实践的意义在内的。只是他的实践，具有抽象性、隐蔽性。

贺麟又特别提出人的理想问题，予以发挥。他认为，人的理想的建立，就是人的自我的建立；人的理想的实现，就是人的本质的实现。理想，是逻辑心在人学中的表现。它既有向上趋向理性的冲动，又有向下指导行为的力量。理想主义倾向，和他的心本体论有机统一在一起。他肯定自己的思想体系有理想，实际上意味着他的学术思想有理想主义性质，他的人学思想也有唯心主义特征。不过，他的理想主义是他的唯心主义的基础和先声，而他的唯心主义，则是他理想主义大树上开出的绚丽花朵。甚而可以说，在唯物论和唯心论之间选择时，对民族国家的忧虑，对人的自由特别关注，对理想的近乎夸大的强调，把他拉向了唯心论一边。

第四，文化哲学思想获得了比较集中的阐述。文化，是人的创造物，是人的本质的对象化，其中蕴含了真善美等永恒价值在内。所以，贺麟的文化哲学思想，又是他的人学思想的具体化；它既是哲学理论，又指导现实生活，是关于人生的哲学。他重点关注的文化哲学方法，如本质批评方法、文化精神发现法、文化比较法等，作为"逻辑的直觉"方法体系的运用，不单是文化认识方法，更是文化人生方法，是人提高自己内在素养的方法。这个方法，是科学认识方法和传统儒学的道德修养方法的结合，此即他的新儒学思想中的学养方法。

另外，他的文化哲学思想中的方法论，又是贺麟融会贯通古今中西文化的方法论。他抓住辩证主体这个纲，以"六经注我"的宏大气魄，力图包容天下各家，贯通古今各派，物我体用，形上形下，尽皆纳入我心，无所遗漏，然后以活泼灵动的文字，在品评人物，批评文化，追求真理以至为人处世中，自然流露出来，这使他的文化哲学，成为他"新心学"的有机组成部分，在近代文化哲学中，尤具鲜明的特色。

第五，新儒学思想，是他的学术思想体系的基本内容，是他的文化哲学思想的应用。心本体论，逻辑的直觉方法论、文化哲学、人学思想，是他的新儒学思想的主要内容。此外，学养方法、知行问题，也得到全新表述和证明。发展新儒学的主张，率先明确地举起现代新儒学的哲学旗帜，是现代新儒学的重要组成部分。

1947年，《当代中国哲学》《文化与人生》出版。前书以"新心学"理论评述20世纪上半期中国哲学的历史发展进程，着力表彰唯心论传统，重点讨论知行合一问题。《文化与人生》文集，则运用"新心学"评论哲学、宗教、历史、政治、经济等文化和人生问题。其中，约三分之一的文章是他思想形成前的作品，主要讨论现代化、新儒家等问题。其余篇章，则评论中西学术思想、当前政治问题等，总之，二书在人学、文化哲学、新儒学方面有较细致的发挥。

1943年，贺麟在西南联大讲授黑格尔哲学。学生樊星南的听讲笔记稿，经整理于1948年出版，这就是《黑格尔理则学简述》。此书是贺麟在中华人民共和国成立前系统讲述黑格尔哲学的著作，对"新心学"的哲学思想有更明确的表述。

贺讲哲学历史，哲学专题，既实事求是地介绍，突出其特点，深掘其隐秘，又表彰其优点，暴露其不足，有评论，有批判，有改造，有发挥，证据精审，严密深刻，语言晓畅，娓娓道来，好像他"讲哲学是在讲他自己的思想"。所以，我把他的讲课笔记，作为反映他自己学术思想的著作。特别是其中的评论、批判、改造发挥处，正是他自己思想的自然流露，理应成为其学术思想的有机组成部分。他说"我素抱'述而不作，译而不作'的态度，我只是译述中外大哲的唯心思想，我自己的思想是否符合唯心论的准绳，我自己也不知道"①。根据辩证法，所谓述而不作，实际上是述中有作，作在述中，作就是述，述外无作；述黑格尔哲学，只是黑格尔哲学自述，述出其过程，其理想，则作在其中。另外，从述者角度看，述者的作，也只有与述的对象相符合，以这符合为基础，才是真正的作。故述者的作，也只在述中，和被述者的作，是互相统一的。具体地说，贺麟自己的思想，正是通过他对黑格尔哲学的述表现出来，而且更进一步，他所述的黑格尔的思想，实际上是他自己的思想。这时，才达到述即是作，作即是述的"述而不作"精神的最高阶段。据

---

① 贺麟：《哲学与哲学史论文集》，第417页。

此，我把他简述的黑格尔的思想，看作和他本人的思想相近、相似甚至相等，是有道理的。所以，贺自己特别强调说，他自己的讲课笔记，对于表述他自己的学术思想，有"相当的重要性"①。

1956年秋到1957年春，贺麟在中国人民大学讲授黑格尔《小逻辑》。陈小川等三人记录稿，到1986年，以"黑格尔《小逻辑》讲演笔记"为名，收入《黑格尔哲学讲演集》中出版。这个笔记，是贺解放后系统详细地讲解黑格尔哲学的唯一记录。把它和《黑格尔理则学简述》对比，可以发现，除了阶级立场、政治态度变化以外，贺麟对黑格尔哲学主要问题的理解，在基本精神上，前后完全一致。不同的只是，在某些方面，解说更详细深刻。该笔记，是贺麟在学术思想转变时期，也是他翻译出版了黑格尔《小逻辑》以后，对黑格尔哲学理解十分成熟时的代表作，是他的学术思想进一步发展的表现。

贺麟回忆说，他"一九六一年在中国人民大学"② 讲演《小逻辑》，所忆时间和这个笔记末尾所注时间③不符。我赞成后者。

从1949年后贺麟的著述看，他对辩证唯物主义的了解接受以至学术思想完成转变，有一个过程。1950年底，他到陕西长安县参加土改，1951年，又到江西泰和参加土改半年，政治立场和学术态度都发生转变。他公开表态支持唯物论，认为从实际出发，重视实践基础，有阶级性和人民性，走群众路线，是辩证唯物论的特点，而且通过土改，亲身体会到，"惟有辩证唯物论才能深入认识事物的本质、核心和典型"④。这时，贺才真正地开始接触了解马克思列宁主义。1954年底，学术界掀起批判胡适思想的运动。贺麟自己主动站出来批判胡适，表明他主观上要"站在人民的立场"，"自己要和自己过去的唯心论思想划清界限的一个表现方式"⑤。立场的转变，对信仰三民主义数十年，并努力为之奠定哲学理

---

① 贺麟：《黑格尔哲学讲演集》序言。
② 贺麟：《黑格尔哲学讲演集》序言。按：据西北大学哲学系申仲英先生回忆，贺在1961年于中国人民大学讲《小逻辑》确有其事，申自己为听课人，且有听课笔记。或许，贺在中国人民大学讲过两次《小逻辑》？待考。
③ 贺麟：《黑格尔哲学讲演集》，第367页"注"。
④ 贺麟：《哲学与哲学史论文集》，第445页。
⑤ 贺麟：《哲学与哲学史论文集》，第467、464—465页。

论基础的贺麟来说，是触及灵魂的巨大转变。但毋庸讳言，他的"新心学"思想，还没有来得及进行理性的彻底的批判。他努力从立场上批判自己的过去及思想，但道理还讲不深、全、透彻，没有触及"新心学"思想的骨髓。仅仅从立场上来批判"新心学"，便如仅从立场上批判黑格尔哲学一样，不能深入其本质，自然是生硬勉强。

所以，1956年，他被请到校园讲《小逻辑》，其中的深微曲折，言外意旨，一一述来，流畅自然，如数家珍，表面是讲黑格尔，实际是在讲自己。只有从自己心泉中汨汨流出的思想语言，才会亲切感人，如友朋之畅谈心曲，直抒胸臆，行云流水，不饰雕琢，无意之间，竟然成章。而间或夹杂的批判，既没有与黑格尔哲学连成一体，又没有和贺麟的心灵打成一片，放在一块，扞格僵硬，反为不美，"台下要求不要批判"，正是"台下"追求有机谐和的心灵的呼声。

如果说，反右以前，贺麟还主要关注唯心主义的扬弃问题，那么，反右以后，他却集中于批判唯心主义了。用哲学的阶级立场批判罗素，用唯物辩证法批判黑格尔哲学和新黑格尔主义等，他的思想已发生较深刻的转变。在这种情况下，如让他再讲黑格尔，恐批判较多且彻底，绍述发挥少，是另一番景象了。

三　成熟时期（1963—1992）

"文化大革命"时期，贺麟被安排到河南干校劳动，虽身处逆境，他却以一位睿智哲人的态度，不放弃对真理的执着追求，坚持治学，研读马列，相信党。1975年，邓小平同志主持国务院工作，贺麟被邀参加国庆国宴，政治处境始有改善。改革开放以后，贺麟积极投入新的治学活动中。1982年，贺麟80岁高龄，光荣地加入中国共产党，标志着他从信仰三民主义，经过几十年的坎坷磨难，"为真理而生"之志不辍，终于转向了对共产主义的信仰，从此，"他一生的理想和追求有了一个光明的归宿"①。

1984年，贺麟在中华人民共和国成立后的第一本文集《现代西方哲学讲演集》，由上海人民出版社出版。1986年，《黑格尔哲学讲演集》也

---

① 张祥龙：《贺麟传略》，《晋阳学刊》1985年第6期。

由上海人民出版社出版。1988年,《文化与人生》由商务印书馆再版,新增加《向青年学习》等文章和序言。1989年,《当代中国哲学》改名《五十年来的中国哲学》由辽宁教育出版社再版。1990年,《哲学与哲学史论文集》由商务印书馆出版,《近代唯心论简释》中的14篇文章收入其中。他的译著《小逻辑》《伦理学》等,均予再版。这些著述,体现了一位执着追求真理的学者的漫长足迹。

贺麟一生,几乎都在平静的校园和科研单位里度过。他身在书斋,心却总牵系着祖国的现代化建设、民族的独立自由和中国人民的科学文化素养的提高。他一直有着强烈的政治兴趣,密切注视着社会的现实问题。他在社会现实、人生体验中发现问题又努力从哲学上去解决它,为现实为人生服务。社会历史的发展,推动着他学术思想的萌芽、形成、发展和成熟。社会现实性,或者说社会历史性,是他的学术思想的内在动力、内容和宗旨,也是他的学术思想的基本特征,不过,在学术思想的不同阶段,有不同程度不同形式的表现而已。

在思想萌芽时,表现为他一面努力为科学、民主两面旗帜寻找哲学基础,一面积极参加社会政治活动,找到人生的信仰,前者通过留学美德,找到西方古典哲学传统而完成,后者则通过在国内亲身参加社会政治活动而实现。在清华,他被选为《清华周刊》总编辑。1925年,"五卅"惨案发生,他又被选为"沪案后援团"两个宣讲人之一,到石家庄、太原、开封、洛阳、信阳等地宣传鼓动,以此他接近了解劳苦大众。其间,他在火车上一口气读完孙中山先生关于三民主义的讲演集,被深深打动,不禁道:"中国的未来是属于三民主义的天下!"[1] 即使在外留学,他也密切关注着国内革命进展情况。1928年,他撰写《中国革命的哲学基础》一文,为中国近代的革命运动进行理论证明。认为中国的"天下是三民主义的,因为它合于中国传统,有社会主义因素,扶助农工,所以北伐胜利决不偶然"[2]。如当时的知识分子,也不与北洋军阀合作、妥协,反对卖国政府,对北洋政府"作了釜底抽薪的反抗"[3],间接有助于

---

[1] 张祥龙:《贺麟传略》,《晋阳学刊》1985年第6期。
[2] 张祥龙:《贺麟传略》,《晋阳学刊》1985年第6期。
[3] 贺麟:《文化与人生》,商务印书馆1988年版,第252页。

国民革命军北伐的成功。具备三民主义的信仰，找到支持这个信仰并包含近代精神在内的西方古典哲学，是贺麟学术思想萌芽时期的思想现实性表现，而"合于中国传统，有社会主义因素，扶助农工"，则是其思想现实性的内容。这一内容，后来被概括为"合理性、合人情、合时代"的标准，成为"新心学"的基本特征和有机组成部分。

在他的思想形成发展期，则表现为他努力追求，希望解决现实的中西古今文化之争，融会贯通，为民族国家的独立自主和现代化建设奠定精神基础；并因此有意识地为当时占统治地位的意识形态作理论论证，为现实社会树立"理性"权威，甚至直接为维护现实政治权威而努力。仅就后者言，他以创立三民主义的孙中山先生为"新心学"的理想人格，特别在知行关系问题上，将近代的知行学说和王阳明的知行合一说贯通起来，为孙中山的"知难行易"说、蒋介石的"力行哲学"和毛泽东的"实践论"作论证，树权威。希望这个权威能实行政治改革，建设科学和民主，振奋民族精神，使中国顺利走上现代化的坦途，实现祖国的现代化。他思想体系中的"逻辑心"，并不只是抽象概念，它包含了现实在内，适应现实而生，服务现实而存。"逻辑心"，就是现代中国人的本质、根源、主宰、目标的集中概括，有强烈的现代历史性。

七七事变后，当时知识分子，大多"对政府取尽量辅助贡献的态度"[①]。于是贺把他著的《黑格尔学述》呈送蒋介石。蒋介石在他的书上"圈的圈，点的点，划的划，甚为认真"[②]。贺又向蒋介石讲，他要介绍西方古典哲学，贯通中西思想，发扬孙中山三民主义精神的想法。蒋答应政府资助建立"外国哲学编译委员会"，贺任主任委员。该委员会在翻译介绍西方哲学、融会贯通中西学方面，做了不少工作。

同时形成的"新心学"的现实性，表现在它提出政治学术化、社会精神化等文化救国、学术救国的主张，希望蒋介石会用这个思想"把国民党改造得好一点"[③]。在国难当头，民族危机深重之际，贺作为哲学家，有这个努力，抱这个希望，是合情合理的。即使到晚年，他也不改变这

---

① 贺麟：《文化与人生》，商务印书馆1988年版，第252页。
② 宋祖良、范进编：《会通集》，生活·读书·新知三联书店1993年版，第418页。
③ 张祥龙：《贺麟传略》，《晋阳学刊》1985年第6期。

一看法。他说,"抗战时期,我只能主张学术救国"①。这不啻对简单否定当时学术文化救国努力的诚恳批评。

抗战胜利后,贺任北京大学训导长。在学校,他保护了许多革命青年免遭国民党反动政府的迫害,又保释不少被捕的学生和青年,被北大学生尊为"我们的保姆"②。他喜欢和青年谈心,喜欢研究学者的青年时期的思想,认为青年时期纯真自然,无老年的世故保守。青年向他请教,他总是言辞平易,待人以诚,尽心尽力予以帮助解答。"青年人的求学热情,不管多么幼稚,在他眼中,都是一颗颗真理的种子"③。在国民党摧残逼害青年,派遣特务,殴打、逮捕学生时,他严厉斥责,"这是政府的反动"④。他发出"向青年学习"的号召,认为这"确是加速进步,促进民主,救治老朽的一个伟大启示"⑤。他还断言,"无论任何政府,只要政治腐败贪污,摧残民生;执政者专制压迫,使人透不过气,并且残杀革命青年,抹煞民权;又复对外丧权辱国,损害民族的利益,自会成为革命的对象,而不能立脚。"⑥ 在贺麟心目中,真诚的信仰,比如三民主义,是和青年人结合在一起的。如果一个信仰是真的信仰,合理性、合时代而且合人情,也必然是青年人所追求的理想目标,是青年的信仰。乐于和青年交朋友,要与青年人"一起生活",是贺麟先生在解放时毅然留在北京不走的一个重要原因。

这时,他的学术思想的现实性,表现为对社会现实问题的论述较多,如果说,以"体用合一"为骨架的"新心学",在形成时着重在谈"体",那么,这时,则主要在谈"用"。他将物质建设、经济建设即所谓民生主义或社会主义、军事建设提高到同文化建设同等的高度,主张物质文明和精神文明建设"互相帮助,互相救短"⑦。便如王船山,在心学流行后,要"矫正尊知贱能,重知轻行的偏向"⑧,贺这时也注重行对知、

---

① 宋祖良、范进编:《会通集》,生活·读书·新知三联书店1993年版,第418页。
② 张祥龙:《贺麟传略》,《晋阳学刊》1985年第6期。
③ 张祥龙:《贺麟传略》,《晋阳学刊》1985年第6期。
④ 贺麟:《文化与人生》,第326页。
⑤ 贺麟:《文化与人生》,第332页。
⑥ 贺麟:《文化与人生》,第329页。
⑦ 贺麟:《文化与人生》,第281页。
⑧ 贺麟:《文化与人生》,第263页。

物对心的必要而重要的作用，如此，庶可达到"体用合一"，至中至正的中庸境界。

1949年后，贺麟积极参加土改，亲自体验了普通群众的生活，主动转变政治立场，参加政治活动，学习钻研马列主义，反省批判自己过去的唯心主义思想，诚恳地希望把自己转变过来，以便利用自己的知识，为新中国的现代化建设服务。

贺从青年时，就"相信权威"，认为像中国这样大一个国家，文化悠久，人口众多，地域辽阔，没有一个精神权威、政治权威，是难以实现现代化的。他创立"新心学"，也是为了帮助树立民族国家权威，树立中央权威，消灭地方分裂，统一中国，为国家现代化做好准备，而相应地作的树立"理性"权威的工作。1949年后，这个思想没有变化。他主动参加批判胡适，写了《两点批判，一点反省》一文，批判胡适的资产阶级思想，反省自己过去的唯心主义错误，就是要"为过渡到社会主义社会的新中国，树立马克思列宁主义在学术思想上的领导权而斗争"[①]。他率先表态支持唯物论，立场迅速转变，以及在思想转变的艰难时刻，坚持不懈，自我解剖，彻底批判自己的过去，在受到不公正对待时，仍然相信党等，可以说都有这个思想在起作用。因此，1949年后，贺麟学术思想的现实性，集中表现为他自己真诚地、主动地、自觉地追求思想的转变，以及他的思想本身的历史性特征的显著高昂。

从他的思想转变的原因看，固然有他的思想自身发展的必然性，如辩证法，一旦贯彻到底，唯心论讲到极处，就会变成唯物论等。另外，也有社会现实方面的原因。我认为，尤其是贺对祖国、人民的爱，对祖国现代化建设的无限希望，督促着、推动着他思想转变，走向成熟。

改革开放后，贺兼任全国政协委员、民盟中央委员等职务，治学同时，还兼做一些学术社会工作，保持自己和社会现实的联系，为他学术思想现实性的丰富具体提供了必要条件。

贺晚年成熟的学术思想，他自称为"辩证的唯物论"。虽然他没有具体论述其内容，但从他当时的一些论述中，也可看出其特征。概括地说，这就是历史性——他"新心学"思想体系中主体的历史性的地位，相对

[①] 贺麟：《哲学与哲学史论文集》，第467页。

于逻辑性来，获得了显著提高，使主体不仅是逻辑主体，而且也是历史主体。两个主体的辩证统一，有机和谐，就构成一个完整的实践主体。实践，既有主体的逻辑性的本质，而且也有主体的历史性的本质。到实践主体出来，历史性和逻辑性的争论可以结束，矛盾可以调解了。在贺麟强调一种思想要"有实践基础、有高尚理想、有强大力量"①时，主体的实践性质已被公开揭示出来，从而也揭去了长久蒙在它身上的神秘面纱。关于这层面纱，后面还将详论。总之，提出实践主体作为统一主体内外自身的桥梁，正是贺麟晚年时主体思想成熟的原因和标志。实践，是"新心学"的历史性的主体性本质；历史性，通常看来，又是社会现实性的本质；而"新心学"从萌芽时起，就具有强烈的社会现实性，可见，揭示实践主体，也是符合贺麟思想萌芽产生、形成、发展及其成熟的运动逻辑的，从这个角度，也可以说，实践主体的提出，正是"新心学"具有鲜明历史性的一个表现。

"新心学"的历史性，既可以理解成它的思想内容反映中国现代历史实际，适应其需要，为它服务；还可以理解成"新心学"的内容，除有历史渊源，占有历史地位，构成历史环节以外，它自身也有一个由隐到显、由萌芽到成熟、由戴着面纱到揭掉面纱、由保留形而上学残余到彻底贯彻辩证法等的历史发展过程；更要理解成"新心学"拥有了一种历史方法——这个方法既可以来源于对过去方法的继承，也可以来源于对前面两种历史性的反思和提炼。

由上可见，重视历史过程对于思想的基础性地位，强调思想的历史性，是他思想成熟时的显著特征。

我们知道，黑格尔重视哲学史，自己亲著《哲学史讲演录》。他的辩证法强调逻辑与历史的统一，只不过是历史统一于逻辑而已。中国传统儒学，和历史学联系也十分紧密，"学统""道统"的说法，正是历史统一于逻辑的唯心的形式。贺渊源于斯，沉浸其中数十年，对这一方法体会十分亲切、深刻，是可以理解的。他批判新实在论，就是因为他们不大讲辩证法，不怎么重视哲学史，而易陷入形而上学的僵硬干枯。他"新心学"思想的萌芽、形成和发展、成熟都得力于对哲学史著作的学习和研究，而他的学术

---

① 贺麟：《哲学与哲学史论文集》，第588页。

思想内容，不少都通过哲学史著述表现出来。"述而不作，译而不作""述"与"作"有机结合，正是他思想历史性在方法上的体现。

譬如，就翻译言，他翻译的《小逻辑》，文笔优美流畅，读之引人入胜。便是因为他译述黑格尔思想，也是他心灵的写照，心泉的流露，心路的足迹，是他浸淫于黑格尔哲学数十年心血的结晶。实事求是，反映原貌，是为信；理解深刻，曲径通幽，是为达；字词典雅，"颗颗珠玑"①，是为雅。以此，《小逻辑》中译本成为继严复《天演论》之后影响最大的中译本著作。他译而不作，谓信，译而且作，作在译中，谓达与雅。《小逻辑》，也可谓"新心学"学术思想的反映。

总之，贺麟的为学宗旨，是希望把古今哲学史连为一体，把中西哲学史打成一片。讲黑格尔哲学，以斯宾诺莎和康德为入口，并上溯到苏格拉底、柏拉图。"新心学"的核心命题"心即理"，就是从斯宾诺莎到黑格尔哲学历史发展过程的逻辑表现形式，也是从程朱经陆王，又到王船山的集心学理学之大成的历史发展过程的逻辑概括。可见，哲学史是"新心学"思想成立的科学基础和历史基础。

不过，贺麟到晚年，从表面来看，似乎比较强调逻辑统一于历史，与历史唯物论相同。但在他思想深处，仍然保存了"新心学"重主体，重理想，强调辩证法，强调对永恒价值的追求这样一些特点。所以，他所理解的历史，乃是主体的实践活动过程，而不是与主体无关的纯客观历史实在；他所谓逻辑，又是指主体的实践活动内部所蕴藏的真理的粒子，是主体所把握运用，占有主宰，有现实力量的具体理性。所以，他的历史乃是主体史，他的逻辑乃是主体逻辑。说历史和逻辑统一，无论谁统一谁，均可以说，但其实都是在根本上为主体所统一。因此，虽然他早年逻辑主体的历史观和晚年实践主体的历史观有唯心唯物之别，但在强调主体是历史的主宰、根本、本源、目标等方面，却前后一致如出一辙，都是主体哲学历史观。尽管表面看，好像早年在讲哲学，晚年在讲历史，稍稍有些不同。譬如，1949年前讲历史，实在讲自己的哲学，用"新心学"思想讲历史，借历史谈哲学，历史事实，只是哲学的证据。于是，只有部分合乎哲学的历史才是"正宗"。这时，他的哲学史著作，

---

① 宋祖良、范进编：《会通集》，生活·读书·新知三联书店1993年版，第376页。

不是历史科学著作,而是"新心学"哲学的一部分。但到晚年,贺麟讲历史,也是讲哲学。讲哲学,在历史过程中讲,讲成了历史学。历史,不再只是事实,而是过程,不再只是证明哲学的证据,它就是哲学的内容。真理,不是静止的,而是一个过程,一个辩证的、历史发展的过程。哲学史,不是一笔烂账,而是贯穿了发展的线索,是一股思想之流,后浪扬弃前浪,就是活生生的真理的发展。① 把真理的过程如实描述出来,就是哲学,也是历史学。就历史学说,是述而不作;就哲学说,也是述而不作。历史学的作,哲学的作,都在如实描述真理的过程中表现出来。哲学因为有历史过程作基础,所以有科学性;历史学因为有真理运动于其间,是真理的集中反映,所以有哲学性。历史学和哲学,在这里获得了高度的统一——统一于实践主体及其内在真理之中。

有人称贺 1949 年后不如 1949 年前有哲学,只讲历史,不讲哲学。他的哲学消失了。这其实是误解。又有人称贺是西方哲学史家、黑格尔专家,不讲他是哲学家,也是不很全面的。他晚年还是哲学家,也是历史学家,一身二任。他无论撰写休谟、培根的哲学史论文,还是写费希特、谢林的文章,还是研究黑格尔、早年马克思的思想都服务于他的哲学思考,服务于他融会贯通古今中西之学的理想追求,展示着他的实践主体的新面貌。他的哲学思考,他的理想,则通过他选择研究对象、撰写研究论文、评价有关人物,表现出来。贺麟学术思想的萌芽到成熟,就是哲学史研究促成的,是通过哲学史研究实现的,是在哲学史研究中展示的。他的哲学史研究的特点,就在于,它有强烈的哲学性,同他的哲学研究具有强烈的历史性一样。

所以,哲学史研究,是他思想转变的学术原因,又是他思想转变的标志。哲学史的学习和研究,是贺麟学习和接受马列主义的前提,是他是否真正掌握马列主义的试金石。因为历史性是马列主义具有科学性的内容之一。马列主义本身,也是哲学历史过程的一个环节、一个阶段、一个部分。学习研究马列主义,正是哲学史研究工作的重要内容。科学地批判唯心主义,本身就是哲学史的工作。贺麟说,"马列不仅对东方民族同情,而且都抓住了社会发展的本质,实在令人佩服。……这使我的

---

① 贺麟:《哲学与哲学史论文集》,第 585—586 页。

思想改变"。哲学,就是要去抓本质,哲学史,正是人们掌握本质的历史。思想的转变、发展,是哲学史的具体表现,是逻辑和历史相统一的主体的历史过程在思想上的具体表现。所以,思想转变的原因,既要到主体的历史过程中,也要到哲学历史过程去寻找,这是思想史科学的必然要求。

第 二 章

心物关系论

心本体论，包括心物关系、心理关系、主客关系等论题，是"新心学"思想的核心。早在回国之初，这个核心，就在《近代唯心论简释》一文中有所描述，以后陆续增补、完善，直到《近代唯心论简释》文集出版，始大体完成，但也没有固定下来，以后还有发展演变，日益具体丰富，最终定格在"辩证的唯物论"。所以，本书所论的心本体论，着重围绕贺麟思想成熟以前时期的论点进行论述。

一　心外无物

贺麟很早就关注心物关系问题。他的学术思想形成以后，对这个问题的看法也完善了。概括地说，他认为，心外无物，物不离心而独存；心物合一，心物平行，心体物用。心外无物，从反面从外面说，心物合一从正面从里面说，两个命题，说一个意思，即心第一性，物第二性。我们先谈心外无物。

1934 年，贺麟在《中国哲学与西洋哲学》一文中，谈到唯心论的宗旨和根本主张，说："唯心论者认为，心外无物，理外无物，不合理性，不合理想，未经过思考，未经过观念化的无意义无价值之物，均非真实可靠之物或实在。"[①] 心物关系，是近代哲学本体论关注的焦点。贺对这个问题的看法是明确的，有内容的，有系统的。虽然他没有专文论述心物关系，但我们可以从他的著述中，总结出他的基本看法。上引一段话，

[①] 贺麟：《哲学与哲学史论文集》，第 142 页。

是他的中心论点。为了讨论这段话的具体意义,我们有必要对其中的有关概念予以明确理解。所以,先看看贺麟本人的界定,是理所当然的。

贺认为,首先,"心外无物"的"外",不是空间意义的外,而是逻辑意义的外。"心外",不是在心的空间外,而是在心的本质范围之外,"乃是就理论的含摄而言"①。内、外二词,贺常使用。如"心外无物,理外无物","内在关系"等。这些地方的内外,都是指逻辑的内外,不是指空间的内外。由此可以理解,"心外无物"不是说在心的空间外,比如在我们每一个人的心的空间外,没有物存在,而是说,在心的本质所及的范围之外,"无物"。明确内、外的本来所指,才不会对贺麟的这一重要命题产生误会。而类似的误会,在现实中,在学术界,是存在的。

其次,关于心,贺麟说,"心有二义:一、心理意义的心;二、逻辑意义的心。逻辑的心即理,所谓心即理也。心理的心是物,如心理经验中的感觉幻想梦呓思虑营为,以及喜怒哀乐爱恶欲之情,皆是物"②。

逻辑意义的心,又叫逻辑心,它超越生理心理经验而存在。这里的超越,不是超绝、脱离,而是"入乎其中,出乎其外"。它就在普通人的平常心中,是谓"入乎其中";它又是普通人平常心的本质。作为本质,它有克服平常心之不足,主导平常心的发展,直到超越平常心的限制,而又包容平常心之生理、心理、经验内容在内,使平常心扬弃自己,发生质的飞跃,实现自己的本质的主体能动性,所以,它又"出乎其外"。逻辑心,是贺麟学术思想中的核心概念,值得特别关注。

平常心,就是上面所说"有二义"的心。逻辑意义之外,即"心理意义的心",有经验知觉能力,有生理心理功能,所以,又叫心理心、生理心或经验心。"心理的心是物",因此,本质上,它并不是心。逻辑心才是心的本质,心理心只是逻辑心的表现。可见,心是逻辑心和心理心的总和,是一个心物统一体。但在这个统一体中,有本质和现象的区别。贺所谓"心外无物"的"心"不是指能认识评判外物,能审美体验外物的经验心,而是潜伏在经验心里面且又主宰着经验心的逻辑心,是经验心能认识、能评判、能审美的逻辑原因,是心的本体,心的理想,心的

---

① 贺麟:《哲学与哲学史论文集》,第168页。
② 贺麟:《哲学与哲学史论文集》,第131页。

标准。

最后，关于物，贺麟写道，"普通人所谓物，在唯心论者看来，其色相皆是意识所渲染而成，其意义、条理与价值，皆出于认识的或评价的主体，此主体即心。一物之色相意义价值之所以有其客观性，即由于此认识的或评价的主体有其客观的必然的普遍的认识范畴或评价准则。若用中国的旧话来说，即由于人同此心，心同此理。离心而言物，则此物实一无色相，无意义，无条理，无价值之黑漆一团，亦即无物"[1]。

什么是"无物"？物之离心而幽然独存，没有加入与主体即心的相互关系中，所以，它不具有心所赋予的色相、意义、价值、条理等，只是没有任何规定性的抽象存在，"黑漆一团"，既是有，实也是无。可见，"心外无物"，指逻辑心不能管辖"含摄"的，唯有抽象得一无所有的空洞存在，如康德的"物自身"。

我们知道，物有二义。一是普通人所谓物，指具体的现实的物体；二是唯物论所指的物质，即客观实在。客观实在，是唯物论者从万事万物中抽象出来的物质的规定性，它不依现实人的主观意志即贺所谓心理心而独立存在。根据这一界定，唯物论者认为，和主观的心理心相比较，物实有事实上的先在性，即物质事实上先于心理心而存在，心理心是物质发展的产物，所以，物决定心，心被物决定。唯心论者不赞成唯物论者的看法，也不赞成唯物论者对物的界定。

唯心论者界定物，有两个办法。一是康德，将物质的客观实在性也抽象剥离出去，剩下一个光秃秃的、无任何规定的存在。此存在是有，又是无，存在，又不存在。这种不存在的存在，人不可知，和"心"无任何关系，固然也无意义、无价值等，确实是漆黑一团的混沌。贺麟把这样抽象出的存在引入，以指称物，说它在"心外"，诚然。这个存在本就不存在，这个物也可说是"无物"，据此说"心外无物"，很有道理。不过，贺所谓物，还有正面的意义。

和康德把物抽象为无不同，另外一种办法，是用心界定物。贝克莱说"存在就是被感知"。认为物之存在，离不开心的"感知"，或者说，存在的意义在被心感知。比如，我们如果说有某种不可知，不可见，不

---

[1] 贺麟：《哲学与哲学史论文集》，第131页。

可触摸的物存在，或者说，在我们人类知觉之外，还有某物，不为知觉所及，但我们又肯定它存在，这实在是一个矛盾，一个逻辑矛盾。贝克莱坚决否认这种物的存在性。

贝克莱的办法，是将物转化为物的意义，然后谈心和物的意义的关系。贺麟比较了解的实用主义哲学家皮尔士、詹姆士等，均运用这个办法谈心物关系。在唯物论者看来，这个办法和康德的办法，根本宗旨上没有不同，都是要把物质的客观实在性消融掉，转移到心那里去。

从上面的引文可以看出，贺是将两个办法并用的。他一方面运用康德的办法，把抽象的物质的客观存在性，以"漆黑一团"消解掉；另一方面，又用贝克莱的办法，把具体的万事万物所蕴藏的客观实在性转化掉，两条腿走路，为逻辑心的本体地位的确立扫除障碍。在这一点上，他比康德，比贝克莱都更为细密，达到了现代西方哲学的水平。

仅就转化来说，贺谈物，第一步，将物转化为物的色相、意义、价值、条理等；第二步，认为物的意义、价值等，及其客观性，都出自心的赋予。这样，经过转化，物本身的内在规定性"丢失"了。新实在论者细心地发现了这个问题，站出来批评说，唯心论者认为，看见则存在，看不见则不存在，是"戴着绿色眼镜看事物"，是主观主义。贺麟答辩道：

> 就哲学史来看，典型的唯心论的中心问题，决不在看见则存在，不看见则不存在这个讨论上。哲学史认识论上，不论唯物论或唯心论，所注意的是存在的意义和价值。我们不能说连我们想象之中都不存在的空谷幽兰有什么价值，什么意义，因为价值和意义都是思想、欣赏、判断、认识的能力赋予的。周口店的北京猿人，远在三皇五帝以前就已经存在，它的意义和价值对于一普通人只不过一堆骨头；康德如果复生，在中国农民眼中至多也只是一个外国的老头子。假如连这一点点认识关系都去掉，那么剩下的还有什么呢？一片雾，一个谜，一团混沌，一种玄而又玄的未经过人的感知和思考的未知物、无名之朴，如黑格尔所说的"这个"(thisness)。因此，认识论的努力，在于用思想从逻辑上、法理上，对事实上的存在关系、来源、所以可能的条件，加以证明；这不是主观化，而正是客

观化，这不是戴绿色眼镜看事物，而正是开辟混沌，冲破黑暗，赋予万物以意义价值的思想之光的照耀。因此，康德主张，知一物要知其条件，知其法则，知其关系，知者即是立法者。①

可见，根据贺麟本来的看法，他并不否认物离我们的"看见"而存在，只是认为，在我们没有认识物时，就肯定漆黑一团的物的存在，没有什么意义，而且如贝克莱所说，还有逻辑矛盾，没知，怎能就肯定它存在呢？所以，贺麟要沿着康德开辟的道路，对"事实上的存在的关系、来源、所以可能的条件，加以证明"，就是说，暂且把这个有逻辑矛盾、雾蒙蒙的混沌存在先放在一边，先考察更重要的、更有意义的前提条件的问题。而物的前提条件，就在于主体所认识所赋予的物的意义、价值等。所以，将物转化为物的意义、价值，是必要的，也是有逻辑必然性的。

由上可见，贺麟沿着唯心论者的老路，界定出的物，或者是漆黑一团的"这个"，或者是在时空中，在经验中的万事万物，就是没有唯物论者所认为的作为客观实在的物质。"这个"既漆黑一团，则无法认识，自然可以搁置一边；而认识具体的万事万物，实际上就是认识它们的意义、价值、条理等由主体外化出来的中介。因为，除去这些中介，它们所剩下的，仍然是漆黑一团的"这个"。"这个"不可认识，这是康德批判哲学发现的不争的事实。所以，认识物，只能是认识物的意义、价值、条理等中介。即使如唯物论者所定义的"客观实在"性，根本上，也只是物的意义的内容之一，仍然是主体所赋予的，它并不在逻辑心外，幽然独存。因此，只能说，"心外无物"。

这样，是不是承认物的客观实在性，以及客观实在性和心的关系是离心独在还是就在心内，成为唯物论者和贺麟分歧的焦点。为了认识他们之间的分歧的实质，有必要进一步考察贺麟的思维路线和有关概念的内涵。

概括地说，贺麟丢掉物的客观实在性分这样几步进行，一是将物界说成漆黑一团，不可认识的"物自身"即"这个"。它一无所有，当然也没有客观实在性。二是将具体的物转化为物的意义、价值等，认为物即

---

① 贺麟：《现代西方哲学讲演集》，第78页。

便有所谓客观实在性,也包含在物的意义、价值等在内。三是指明物的意义、价值的一切性质,均出自逻辑心。

这里,有必要对贺麟所谓物的意义、价值作一番追踪考察。贺麟曾经将物转化为"物的色相、意义、条理与价值"。对这四个概念,他没有作专门论述。但值得注意的是,他在这里列举四个概念,在其他地方,或只列三个,或只列两个,有时甚至只有一个"意义"概念,殊不严格。如前面所引材料中,就有"无色相、无意义、无条理、无价值"的列举,共有四个概念。就在同一段里,又有"一物之色相、意义、价值之有其客观性"一句,少"条理"一词。又如,他说"不合理性,不合理想,未经过思考,未经过观念化的无意义、无价值之物,均非真实可靠之物或实在"[1],只举两者。关于只举"意义"一词的情况更多,他说,"离心而言时空,而言时空中之物,乃毫无意义"[2]。

由上所述,我们不妨大胆假设,这四个概念中,贺麟最关注的,只有"意义""价值"两个概念。价值,可以说是反映主客关系的概念,是主体内在尺度投射到客体那边去。对此,双方的争议似乎不大。而"意义"一词,则颇复杂。特别是面对西方现象学、语言哲学等相继将"意义"作为其重要概念予以讨论后,看见贺频频使用"意义"一词来谈物、存在,情不自禁让人浮想联翩。但实际上,在对"意义"一词的内涵理解上,贺麟和胡塞尔等并无多大关系。

贺麟说,"一物意义的多寡深浅,视知者的体验、记忆积累的材料之丰富与否为断"[3]。据此,则物的意义,具有"多寡深浅"特征,且这些特征,和知者对作为认知对象的该物的材料的掌握和积累有关。知者掌握物的材料多,积累富,则该物对于知者的意义就多而深,反之,则寡而浅。便如周口店的北京猿人,远在三皇五帝前即已存在,它的意义和价值,对于那些掌握文物材料少而且积累少的普通人来说,只不过是一堆骨头而已,其意义寡而浅如此。相反,如对于考古学家来说,这一堆骨头的意义却丰富深刻得多。显然,"意义"一词,指的是主体对客体的

---

[1] 贺麟:《哲学与哲学史论文集》,第129页。
[2] 贺麟:《哲学与哲学史论文集》,第142页。
[3] 贺麟:《现代西方哲学讲演集》,第79页。

性质的把握，是对客体所以然和所当然的理的把握。这是贺麟所谓"意义"概念的第一个特点：意义有知识性、理想性、理性。

他又说，我们看见一张桌子，"但是这张桌子的一切属性，它的时间上，历史上，功用上……的一切意义和价值都不得而知。所知者只是一张桌子这个空洞的观念而已"①。如果把"时间上，历史上"理解成意义本身，把"功用上"理解成桌子的作用，则价值实际上是意义的表现。那么，很清楚，"意义"所指，就是认知主体把握的认识对象的性质内容，这些内容有时间性、空间性，有现实的价值。"意义"的内容有时空性，有现实性，这是"意义"的第二个特点。

关于"意义"的第三个特点，即"意义"有主体性。贺麟说，"价值和意义都是思想、欣赏、判断、认识的能力赋予的"，出于认识和评价的主体，主体能够凭借想象、语言、感觉、思维等把握之。可见，意义有主体性，是主体性的表现。

贺麟著文，谈爱智的意义，是"意义"的特征具体的表现。他说，爱智是主体追求真理的活动、生活，更是主体的态度、精神。但他并不谈这一活动、生活本身，而是着重讲主体爱智，必须要有为真理而死、为真理而生的精神，着重讲谈主体之所以爱智的原因，在于智慧即真理，而真理乃是真、善、美价值的根本原则，"有其本身的价值，值得爱好"②，在于主体只有爱智，生活才有意义。由上可见，在贺那里，物之转化为物之意义，这个意义，已没有客观实在性，或者说，如果它有客观实在性，也只是主体的实在性的表现，是逻辑心的外在表现，意义的知识性、理想性、时空性等，都是意义的主体性在不同方面的表现。至于条理、色相，可以说是知识性的表现。因此，贺谈四个概念，或只谈三个，两个甚至一个概念，并不严格，在于他的本意并不在于对这几个概念进行哲学考察，只是把它们当作证明"心外无物"命题的中间环节而已。中间环节的价值，不在数量多少，只要有就行。

关于意义的客观实在性的根源，有必要进一步追踪。对同一物，不

---

① 贺麟：《现代西方哲学讲演集》，第82—83页。
② 钟离蒙、杨凤麟主编：《新心学批判》，中国现代哲学史资料汇编第三集第五册，第146页。

同的人在不同时间、不同地点，所理解的意义并不相同，这是普遍存在的事实。不过，在不同之中却有共同的认识存在，这一点，贺很强调。并且他还以此批驳新实在论认识桌子，因东西方位、今明时间的不同而片面孤立地认识之①，主张联系地发展地看，这也是合理的。但贺又因此走向另一端，认为这异中之同，不是物本身的规定性的反映，而是人同此心的"共同的了解"主体的赋予。北京猿人化石，对不同的人有不同的意义，诚然。但这个意义只是猿人化石本身内在规定性在不同人的头脑中的不同反映。它的内在规定性，不因人们是否认识、是否欣赏、是否思想它而存在，人们可以逐步认识它，而且是人们对它的认识正确与否的标准。不能以人们认识物的相对性和差别性，而否认物自身的规定的同一性，即客观实在性。这里固然存在着贝克莱所谓不知道是什么却肯定其存在的逻辑矛盾。不过，这一逻辑矛盾，不能只在逻辑范围内解决，而应站在现实世界的大地上化解，根据桑提耶纳所谓动物的信仰来消除。因为，逻辑本身，也是现实世界的抽象概括，是历史进程的纯形式。离开现实世界，就没有逻辑的诞生、发展和存在。当然，逻辑一当产生，就伴生了超越现实限制的逻辑规则，这些规则，有自己克服矛盾的办法。不过，当逻辑规则对自身矛盾无能为力的时候，不可避免地要考虑现实世界的具体内容对克服逻辑矛盾的积极作用。倘若完全离开现实生活谈逻辑，离开历史进程来求克服逻辑矛盾，会很容易陷入形而上学的泥潭。关于动物信仰，后将详论。贺麟正好不是这样，他也不同意唯物论者对逻辑的看法。所以，为了避免逻辑矛盾，他选择了对现实的客观实在性不予承认，另寻根源的办法。

所以，在唯物论者看来，如果说新实在论者犯了形而上学的错误，那么，贺则犯了唯心主义的错误；而且他犯唯心主义错误的方法论根源，仍然是形而上学的残余还在他的思维深处隐藏着，辩证法没有贯彻到底，没能把这点残余从本体论中清扫出去。从这个角度说，贺麟批判新实在论者的形而上学，无疑也是对他自己的形而上学残余的批评。只不过这时，他还没有自觉而已。

不过，贺麟不承认物的客观实在性，却不是闭目不见，而是认为所

---

① 贺麟：《现代西方哲学讲演集》，第84、86页。

谓物的客观实在性，不能离开逻辑心而独立存在。因为，物的客观实在性，据界说，是物的本质，是物之理。但逻辑心即理，物的客观实在性，作为理的内容之一，并不超越心的范围。"理外无物"，逻辑心即理，所以，心外无物。所谓贺麟通过把物转化为物的意义、价值而丢失了物的客观实在性的说法，贺是决不承认的。物之所以要向物的意义、价值方向转化，是因为物自身要如此，因为物的意义、价值等，正是物的理想，物的本质，物的标准。不是贺要人为地使物如此转化。对此，后面还要论及。总之，贺麟不承认的，只是离心而独立的物及物的客观实在性，而不是根本否认物的存在，或者否认物的客观实在性。根据动物信仰，固可承认物离心而独立，物的客观实在性也离心而实在。但动物信仰，没有达到人类理性认识水平，没有达到逻辑高度，所以不足以作为哲学立论的根据。贺要超越动物信仰，以逻辑为准论心物关系，这是应予肯定的。不过，逻辑也从动物信仰发展而来。看不到这个发展，没有充分认识到动物信仰对逻辑的积极意义，使逻辑成为完全脱离动物信仰的天外来客，将动物信仰和逻辑认识截然对立起来，也可说是辩证法没有贯彻到底的表现。

其实，为了界说物，而将物转化为另一中介，利用中介作参照来认识物，唯物论者也常这样做。在事物的联系和运动发展中，认识事物的本质，正是辩证唯物论认识事物的根本方法。但第一，这种转化，是在事物自身的联系的范围内，而不是不顾事物本身实际情况的随意的转化；第二，转化出的中介只具有参照性质，即工具性质，只能为认识原有观察对象服务，而不能喧宾夺主，把原有认识对象抛在一边，以对中介的认识取而代之。对这两个转化原则，贺也不同意。因为在他看来，万事万物变幻无常，只有超越具体事物的理性才是永恒的独立的实在。但理性就在心中，不在心外。所以，心外无物，逻辑心外无物的客观实在性，这一说法，受到别人批评后，他辩护说：

> 不是唯物论的哲学家，也从来不否认物质的存在。不过所谓物质，一定是经过思考的物质，所谓不可离心而言物。一块黑板是客观的黑板，因为大家公认它是一块黑板。易言之，黑板之所以为客观的黑板，因其建立在人们共同的主观基础上，离开主观，没有客

观。凡是"客"的东西，一定要经过"观"。宇宙自然是客观的。因为我们大家对它有共同的了解、共同的认识。若大家不能认识，无有"观"，则世界即不成其为客观世界了。①

就物而言，若物有客观实在性，也不能离开人的"观"。人观物，结果产生观念。观念，包括前述意义、价值、条理、色相等在内，是它们的总和。所以，在贺麟那里，转化物，实际上就是将物转化成观念，即物观念化。

他说，"唯心论一方面可以说是将一般人所谓物观念化，一方面也可以说是将一般人所谓观念实物化"②。如将"物观念化"理解为思维从物中形成物的观念，将"观念实物化"又理解成使从物中形成的物的观念再回到具体的实物中，则贺的说法和唯物论并无太大的区别。如果说有区别，也只在于"一方面……一方面也……"的句式和"第一阶段……第二阶段……"遣词造句的不同。但恰恰就在这一点不同上，也透露了贺麟和唯物论的根本分歧。

贺麟曾经讲过一故事：波士威记下了与英国著名的约翰生博士在散步时的谈话，问约翰生："贝克莱说任何东西都是观念，你看呢？"约翰生一脚踢开一块石头，说："我踢的是石头，不是观念，我这就把贝克莱驳倒了！"贺接着追问："你约翰生踢的是经验外的石头，还是经验内的石头？只能是经验观察的、知觉的、观念化的石头！而惟一不在观念化（经验）之中的东西就是逻辑之心。……唯心论即应惟此逻辑之心、理性之心、理念之心而起论，研究此种唯心论，就是研究一切知识和意义的前提条件，万事万物的本性精华。"③

从贺的追问、评论，至少可看出两点。第一，所谓观念化，在这里就是经验。物观念化，即是说物的意义、价值等，唯有在经验中才能界定。而经验，只是人类认识世界的一个阶段。贺这个说法，本身没什么不对处。但他真正的意图恐在于否定物离经验而存在，即既否定物超经

---

① 贺麟：《五十年来的中国哲学》，辽宁教育出版社1989年版，第68—69页。
② 贺麟：《哲学与哲学史论文集》，第131页。
③ 张祥龙：《贺麟传略》，载《晋阳学刊》1985年第6期。

验而进入客观实在性行列，又限制物离经验而独立。目的就在于，第二，奠定逻辑心的客观实在性地位。他批评美国哲学家爱默生的先验论说，"对爱默生来说，去进行认识就是通过直觉、天性、想象力去把对象观念化、精神化，去统一主体与客体"①。其实，就心物关系言，在赞成先验论这点上，贺麟和爱默生是相同的。他对爱默生思想的理解，也可说是对他自己思想的描述和展示。逻辑心具有先验性，所以，客观实在性自在其中。而且，认识事物，也只能从逻辑心"起论"，将逻辑心作为主体、出发点、理想等，而不是从离心独立的物"起论"。从逻辑心出发，而不是从具体的物出发，也不是从漆黑一团的"这个"出发，更不是从心外的客观实在的物质出发，这是贺麟和唯物论在认识论上的根本歧异处。

关于经验与观念的关系，何兆武先生曾说过，在康德那里，"经验提供素材"，而把素材构造成知识大厦、历史画面的，则有待于某种先验的东西——观念的加工。"观念并不是历史的产物，而是我们强加于历史之上的。观念是前提而不是结论，没有这个前提的引导，我们就无从理解历史；正犹如心中没有范畴，我们就无从理解物质世界。"观察历史、自然、社会，"我们总需戴上一副眼镜的，观念就是那副不可或缺的眼镜"②。观念，乃是主体认识改造客体的先天之物，是主体本质的运用，也是贺麟"逻辑心"的功能。它是客观的，而不是主观的。经验，则只是观念已经实现在主体实践活动中的那一部分。经验，作为过程，正是物观念化的过程，它是观念和材料、心和物相互统一的主体中介环节。离开经验，则物是漆黑一团的混沌，而心也只是抽象的纯概念。经验的基本内容，就是心所认识所赋予的物的意义。在这里，贺麟遵循的是康德先天哲学的思路。

总结起来，贺麟关于"心外无物"命题的内容，可表述如下：

心外无物。不可离心言物。离心之物，可谓之存在，但是漆黑一团，无规定，有即是无，存在即不存在。必在意识中，经意识照耀，经主体追究，经逻辑证明，即物必观念化，物才稳固存在，才有意义与价值，

---

① 贺麟：《现代西方哲学讲演集》，第27页。
② 何兆武：《历史理性批判散论》，湖南教育出版社1994年版，第89页。

才成为思维的一部分,从而也成为人生、自然的一部分,才成为逻辑心含摄的现实存在,才成为真正的物。物必观念化,物必须领取逻辑心颁发的合格证书,才有资格作为一个概念进入"新心学"思想体系的大厦中,也只有逻辑心才有能力、有资格颁发这个证书。

物观念化,就是心照耀物的过程,是人们认识和改造物的知行合一过程。其结果之一,是具体的物,转化为具体的思想观念。观念,是心照耀黑暗,辟开混沌的产物,是心的呈现。凡物之意义、价值等,皆在观念中。唯有观念才有意义,有价值。故物必观念化。观念化,是物的理想、真理,是物的无价值无意义的克服,是物的发展和升华。所以,物观念化,不是从物中抽象出观念,而是心对物的扬弃而得的收获;从物方面说,观念化,是物接受心的封号,接受心对自己的意义、价值的赋予。

另外,普通人所谓观念也必实物化。具体的思想观念形成,是一个过程,而不是一蹴而就的顿悟,不是没有理智分析、理性进展的直观。主观的、片面的、抽象的观念,必须在对物的认知、评价的主体活动中,充实自己,克服片面、抽象和主观,向逻辑心飞跃,从而实现对物的主导、超越、包括,成为有真理性的思想。

因此,离心言物,固无所谓物。即使离心言观念,则所谓观念,也只是无理想、无方向的死的形式。即使离物言观念,则所谓观念,也只是"幻想梦呓"。观念,是心物合一的中介。必与物相合一的观念,即实物化的观念,才有希望踏上通往逻辑心的路;必被观念所把握,所认识、评价过的物,即观念化的物,才是为逻辑心所含摄,所管辖,所主宰,有意义价值的物。然而,未被观念把握的物,存在否?事实上存在,但无意义。未包容物的观念存在否?事实上存在,然无价值。此无价值无意义之存在,在逻辑心看来,并不在自己含摄管辖之外,皆可照明之、充实之,使之有意义有价值。从而,在物的进展和观念的进展中,实现逻辑心的心外无物的性质。

在主体心审查证明之前,主体心实不知有没有物,故不能就肯定、就承认有物。硬说存在着一个未经验证的物,在学术上是不合逻辑的,所以,是"独断的玄学"。在生活常识上,可以承认有这样一个物存在,是谓桑提耶纳的"动物信仰"。

动物信仰，就是承认物质存在的信仰。例如，现在室外忽然飞来一块石头把我打中了，我只能承认，也必须承认有石头打中了我，虽然我对打中我的石头的色相价值、意义，以及如何会飞进来等问题完全茫然无知。对物质的存在，也作如是观。外界有一震动，我们就必须承认有一震动。"外界的存在是武断的，无理可讲的"，永远在变迁之中，被外在关系决定着，不能自主，和一些不相干的事物杂然并存，只是动物信仰的对象，而不是逻辑心玄思的对象。我们对外在事物的认识，可说是从动物信仰来的。但动物信仰，既是盲目的信仰，另一面，又是不可避免的怀疑。动物信仰，"可以说是在盲目世界中的盲目的工作，它是无明的、直觉的执着的，而在经验里随时变迁的，每一事物也就都成了幻象"①。实际上，动物信仰是一种"黑暗的原则"（Dark principle）。逻辑心有责任有义务用真理的光芒照明它。

照明的第一步，就是去研究那打中我的石头是什么石头，从何处飞来，怎样飞来，去分析外界震动怎么造成，有什么因果必然联系等。所以，根据动物信仰，我们在认识一物之前，可以假设该物存在。尽管有贝克莱所谓逻辑矛盾。各门科学，就是以此假设为出发点，建立起自己的庞大王国。但在哲学用逻辑批准该假设成真之前，不能就断定说，该假设是真正的存在，可以作为逻辑思维的起点。

贺麟说，为了保持人的尊严，为人的自由提供理论基础，"我们不能说不知的事物绝不存在，但必须经过思想签字的事物，我们才能够承认它真实存在。相信思想就是相信理性，而理性正是人的尊严的关键。当然，思想的签字或命名在日常生活中并不是十分严格的。我们只要应用桑提耶纳所谓动物信仰就足够了。但在范畴性的思维上，在哲学问题中，我们却不能不要求严格。因此康德提出，假如你声称你获有普遍必然的科学知识，他就要向你索取证书，索取先天综合判断何以可能的证明书。犹如大的建筑必须经工程师的保险手续人们才会验收一般"②。可见，在贺看来，哲学和科学的区别在于，哲学不能容许动物信仰不经过逻辑化而直接进入作为范畴，作为立论的起点。如果这样，哲学的体系将随时

---

① 贺麟：《现代西方哲学讲演集》，第133—134页。
② 贺麟：《现代西方哲学讲演集》，第133—134页。

受到怀疑的威胁,哲学维护人的尊严的宗旨将不能获得实现;因为哲学的起点是动物信仰,就排除了人的理性本质的起点地位,人将不能成为完全圆满的人。如果这样,哲学和科学将没有什么区别。要求超越动物信仰,进入理智的、理性的认识阶段,是合理的。不过,如果为了进入逻辑阶段反过来不为动物信仰留一毫余地,在两者之间截然划出一条界线,则哲学所建立的逻辑体系,将因人为阻断了体系和现实相联系的中介环节,而缺乏丰富的现实作为支撑自己的稳固基础,终于还停步于形而上学的设定。如此,人的尊严将不能很好地保持,人的自由历程也被那条截然划出的界限所隔断。

可见,贺麟对"物"的认识,采取了两个办法,一是将物观念化,将物转化为主体赋予的物的意义和价值,这样,就将动物信仰中与主体没有本质联系的客体物,转化为与主体有内在关系,为主体所把握主宰的,在主体之光芒照耀下的物;二是在认识上,将较低认识水平的动物信仰,向较高认识水平的逻辑体系提升,强调只有经过整理提炼概括的动物信仰,才有较大的认识价值,才能在逻辑形式里站稳脚跟。通过上述两条腿走路,表面上似乎外在于我们人的万事万物,就成为"逻辑心"即主体所主宰的物,从而树立起"逻辑心"至高无上的地位。所以,总的看来,贺麟谈"心外无物",首先,是将心物关系变成主客关系;其次,在主客体相互运动中,让客体物转化进展为观念,进入"逻辑心"的势力范围;进而,将主客体统一过程,归结为主体自身水平的提高过程,心之能主宰物,实际上是因为心作为主体,它吸收了客体的本质内容——逻辑理在自身内的结果。于是,言"心外无物",便相当于说主体外无客体,也相当于说主体之本质、理想外无主体。在逻辑上,这样说是可以的。而且,动物信仰中的物的客观实在性,客体的客观实在性——这些不依主观意志而独立存在,表面上外在于主体的性质,到这时,经过逻辑的整理、提炼、概括,已经内化为主体的本质内容,成为主体自我发展的支柱,成为主体的新的本质。物的客观实在性,并没有丢失,而是已经被心理心消融吸收,转化成了主体的骨髓——逻辑心。"逻辑心"是本体,绝对永恒,无对待。在它之外,"无物"存在,当然这里唯一可以提出的疑问是,作为绝对永恒的本体,"逻辑心"是如何使心物、主客走向对立和统一的?对此,贺麟也有严密的回答。在后面对他的回答将予以描述，此不多论。

要求超越动物的信仰，进入逻辑阶段，并且从逻辑心"起论"的唯心论哲学，也强调科学的重要性。在贺看来，它和唯物论，"均于促使科学进步有其贡献"，但双方的宗旨、理论、路向显明不同，尖锐对立。如对待科学，"唯物论强调科学成果，加以发挥推广、应用来考察生命、内心、社会、政治、经济等，唯心论则注重批评科学的前提，盘问科学定律之所以有效准的原因，并限制科学方法科学知识的（运用和有效）范围和程度"①。可见，唯物论以科学为思路起点，为思考标准，沿着科学研究的思路，一直往前走，无疑地，它充分承认动物信仰作为认识初级阶段的地位。唯心论也以科学为思路起点，但不以科学为思考的最高标准，不以科学已经取得的巨大成就为哲学满足，反而关注科学中还存在着的不少问题，忧虑这些问题会造成对人的伤害。所以他们要居安思危，预为筹谋，要去追究考察科学的前提以及科学可以作为标准的背后更深刻的原因；认为这个更深刻的原因，才是标准的标准，是万事万物背后的存在，是万化之源。他们要在巩固科学大厦的地基上做工作，努力为科学大厦的巍然屹立奠定基础，所以他们要批评盘问限制科学，以超越动物信仰的低水平。

贺麟抱着这样的先人类之忧而忧的态度，艰苦寻找到的真理，就是"逻辑心"。他反复申述心外无物，就在于，"逻辑心已是极点（太极），更无对待（无待），只依自性而动；所以本质上即是自由的，为主而不为客；依自己创造的对象来认识自己，命物而不命于物"②。作为绝对无对待的第一性，逻辑心将天下万物，尽皆囊括其中，无有遗漏。科学，自然归属心下。即使山高皇帝远，既不知外界信息，又不为外界所知的小国寡民，海外岛夷，天外来客，在逻辑的法律权威面前，也不能不归化于逻辑心，接受其封号、主宰，承认逻辑心——主体有追求自由，保持尊严的特权。

综上所述，贺麟谈心外无物，第一，不承认心外有物，有客观实在性；第二，经过心物双向运动，特别是物观念化运动，建置了一个观念

---

① 贺麟：《哲学与哲学史论文集》，第128页。
② 张祥龙：《贺麟传略》，《晋阳学刊》1985年第6期。

世界，作为心物关系的桥梁。于是，心物关系，转换成心和观念以及观念和物的关系。观念，又被理解为逻辑心和经验心、心理心统一的桥梁。于是，心物关系，成为主客关系。说心外无物，便似说主体外无客体，逻辑上看，其理至明，颠扑不破。第三，认识上，表现为从逻辑心出发，考察科学的前提，奠定科学的基础。在这三个方面，贺都明辨了唯物论和唯心论的区别，坚持了唯心论的观点，并有更细密的阐释和发挥。

从中国思想史看，在贺以前，已有哲学家提出了心外无物命题。[①] 但贺的论证更缜密、更清楚、更系统，对心、物、外等范畴的界定，表现了较高的逻辑思维水平，在现代中国思想史上，也具有突出的特色，占有重要的地位。可以说，贺麟的心外无物说，是中国唯心主义哲学在本体论方面，吸收融会西方近现代哲学中的唯心主义本体论内容以后的新发展，代表了中国唯心哲学的水平，也代表了中华民族在20世纪上半期的理论思维高度。

二　心物合一

关于心物合一说，贺麟没有写专文论述。他对这个问题的看法，曾经演讲过几次，惜未见记录稿。据他自述，若将此说写出，有2万余字。现在，我们只能从他的文章中，将散见论述整理出来，希望能符合他的本意。如此，也见得有论者以为贺的本体论没有什么内容，实乃误会。

他的心物合一说的中心论点是心体物用说。为此，我们先看心体物用的内容是什么。

他说，"心体物用，心主物从说，乃唯心哲学的真正看法"[②]。他认为，体用问题，包括了主从问题在内，体为主，用为从。而体用关系，他说，常识上谈的体用，指主辅，无必然性，非哲学看法。哲学上看体用，首须概念界定明确。所谓体，指形而上的本体或本质，表现为实在、逻辑、规律、道理、法则、精神等。用，指形而下的现象，是具体事物。

[①] 如王阳明有"花不在你心外"说。参见《阳明全书》三，中华书局版四部备要本，第79页。

[②] 贺麟：《哲学与哲学史论文集》，第418页。

体一用多，体用表现为一多关系。在早年，他谈一多关系说，从哲学史看，"一和多的问题，不能用纯逻辑和经验的论辩来解决。因为它主要是一个道德识见或情感的问题，是一个对人的关系和责任进行承认的问题"①。但这识见、情感或承认，建立在认识者个人的经验和需要之上，事实上受着他的性情、兴趣等价值意识的影响，难以避免具有很大的主观随意性。一多关系的说法，潜在威胁着体用逻辑的牢固性，除非将价值意识理性化。贺走的正是这一条路，后将论及。

在贺看来，有相对的和绝对的两种体用观。绝对的体用观，以心为体，物为用，截然分出两极。相对的体用观，"以价值为准，依逻辑次序"②，将事物分成不同的等级，以事物表现心体的多寡，距离心体的近远，而辨其体用。两种体用观是统一的。相对的体用观是绝对的体用观的具体展开和表现，而绝对的体用观是相对的体用观的抽象概括和凝聚。逻辑心是体，万事万物宇宙存在是用。逻辑心永远决定主宰物。这种决定主宰之能进行，不是因为形上形下截然区分，而在于形上形下两个世界逐渐过渡，逐步收缩或展现，逐步发展上升或外化展示。这个"逐步"过程，就是逻辑心的运动过程。

在中国传统哲学里，体用关系是基本问题。有学者认为，对于第一性第二性的问题，西方哲学采取的是谁先谁后的构成或生成形式，中国哲学却"采取何者为根本，何者决定何者"③的体用主从形式。贺麟则努力将两种形式结合起来，用心物体用，说心物先后，又用心物"生造"决定，说心物主从，具体说，第一，用心"生造"物释心体物用；第二，用心"先在"于物、心决定物说心主宰物。他有意识地用西方唯心哲学本体论发挥中国传统哲学的体用论，将传统体用说向唯心论方向发挥，具有鲜明的中国近代中西文化交融的特色。

贺麟说，所谓"生造"，"乃内在的、循目的的、动而无动的"④。如此，"生造"有三个特征。

---

① 贺麟：《哲学与哲学史论文集》，第85页。
② 贺麟：《哲学与哲学史论文集》，第345页。
③ 参见陈来《朱熹哲学研究》，中国社会科学出版社1987年版，第7页。
④ 贺麟：《哲学与哲学史论文集》，第391页。

一是内在性。此内在，是逻辑的内在。故"生造"，不是此物生彼物，比如不是工人生产工业品，学者创立新学说，而是一物本性范围之内的"生造"。另外，"生造"，也不是说形而上的逻辑心生产创造形而下的万事万物，如上帝创世。"生造"只是强调无能生有，旧能创新。这是逻辑心对物的作用。具体说，"生造"只是说一物内部有自我产生的原初动力，有自我更新的内在动力；这动力，不在此物之外，故不源于外力的引发、推动、牵引，而只在此物之内，只以此物之内在本质如矛盾为动力的源泉。内因外因相较，内因是根据，有决定作用，因为有内在动力，若从事物自身产生、发展的原动力看，贺又称内在性为内发性，他强调事物的产生、发展是自我产生、自我发展。

二是目的性或理想性。目的，是理想的现实化、具体化。故"循目的的"生造，最终实现的，只是生造者自身的理想。一物的理想，就是它自身的概念、范型。一个现实的人的理想，就是他作为人的概念、范型。每一个知行活动，归根结底，都指向这个理想。理想绝对、永恒，实现在每一个人的人生追求的各种目的中。它是具体的共相、活生生的现实的灵魂，而不是抽象干枯的概念。一些人目的与理想相反，则他追求结果，也就往往和他的主观愿望相反，被理想"假私济公"利用一次。一些人目的和这个理想相符，则他的人生目的、主观愿望才能实现，如愿以偿。

理想，是逻辑心的表现。它永恒不动。我成功，失败，快乐，痛苦，它却不成功，不失败，不快乐，不痛苦，不为之增加一点什么，也不因此减少一点什么，它只是冷漠地展示自己，实现自己。现实的我，只是它实现自己的工具。它就是未来的、本来的我。从未来的我说，是我的理想；从本来的我说，是我的本质、范型。它自身圆满自足，不待外求。现实的我有成败苦乐，它均以慧眼注视着、照耀着、勉励着、抚慰着现实的我。现实的我，能奋起，能消沉，能向前，能痛心，不因为先有个本来的我在推动着、牵引着、督促着么！否则，现实的我，一直在黑暗中徘徊，无光明，无前途，无理想，无生气，只是行尸走肉，怎知我还是人！由此言，理想，又实在是动的，在推动着现实的我前进。它是我的内在原动力。所以，贺麟说，它"动而无动"。动，就它是内在动力，推动着物前进言；无动，就它本来圆满自足，永恒不易，绝对无待说，这是它的第三个特征。

这里顺便指出，贺麟将中国传统哲学本体论中的动静问题，作了辩证的唯心的发挥，达到了新的高度。这一点，几乎为所有论者所忽略。贺说，"盖理之动静与气之动静不同。物之动静，在时空中，是机械的。动不自止，静不自动。理或太极之动静是循目的、依理则的。动而无动，静而无静。其实乃显与隐，实现与不实现之意。如大道之行或道之不行，非谓道能走路，在时空中动静。乃是指道之显与隐，实现与不实现耳。"①这一段论述，得到当时著名学者汤用彤先生"特别赞许"②。盖以"实现与不实现"状理之动静，乃以黑格尔理念辩证法讲中国哲学本体论，有以西释中，发挥旧说，融会贯通之功，此其一；其二，以显隐讲动静，乃是贺借用近代心理学表象与背景概念的成果，他还以显隐讲知行，尤有新的创获。这一点，贺可能也受到金岳霖以显晦讲式能（《论道》一·一八）的启发的影响；其三，他明确将动静分为两种，即理和气的动静、时空和超时空的动静，两类动静，有体用内外的不同，使形而上和形而下的区别，更加显明昭著，不容混淆。心与物的关系，也是形而上与形而下的关系。两者相即而不容混淆同一，相分而不许割裂孤立。从动静上将心物各自本质特征揭示出来，于心物体用是一有力支持。

理的、超时空的动静，就是"生造"。"生造"的主体，只能是形而上的太极、理、逻辑心，"生造"的对象只能是形而下的宇宙存在、气、万事万物。因为太极等是第一原因，第一动力。他举例说"阴阳之气，乃太极所生造，太极乃生造阴阳五行万物者"。太极是"造物"，能动的自然，阴阳五行乃"物造"，被动的自然。"物造是形而下，是气，造物是形而上，非气。"③ 太极，是"总天地万物之理言"，又指"心与理一之全体或灵明境界言"，"心既与理为一，则心即理，理即心，心已非普遍形下之气，理已非抽象静止之理矣"。④ 太极，是最高本体，逻辑心、理只是太极的另外两个名字。所以，有理由认为，心"生造"物，是贺

---

① 贺麟：《哲学与哲学史论文集》，第388—389页。
② 贺麟：《哲学与哲学史论文集》，第392页"附释"。
③ 贺麟：《哲学与哲学史论文集》，第391页。
④ 贺麟：《哲学与哲学史论文集》，第391页。

心物体用说的一个必然论点。而且心"生造"物，有内发性、理想性、动而无动静而无静三个特征。

"生造"，是贺麟为了说明心为物的内在原初动力，因而心体物用这一关系所创的一个新的哲学词汇。它所指称的心物关系的具体内容对于中国传统哲学来说，颇有新意。概括说来，心"生造"物，有三层含义：其一，心是物的最初根源；其二，心也是物的最高本质；其三，心是物的最终理想。最初根源、最高本质和最终理想，又是本体的基本特征。将这三个特征统一在一个本体上，是西方哲学中近代本体论的新特点。贺麟吸收了这个新成绩，并用来讲中国哲学的本体，建立起"新心学"的本体论。这一点，相对于中国传统哲学来说，也可以理解成将宇宙生成论和体用论结合了起来，宋明学者讲本体，就已经这样做了，但贺讲得更细致，更系统些。所以，在中国本体论史上，"心生造物"的命题，还是有贡献的。从西学渊源上具体地说，心"生造"物，又是贺运用黑格尔辩证唯心论发挥传统体用说的新收获。所以，"生造"说也具有辩证性和唯心性，表现了贺麟学术思想的一般特征。

关于心物体用，第一个意义可说是体"生造"用，心"生造"物。第二个意义则是心决定物，体决定用。贺麟说，"体永远决定用，心永远决定物，心永远命物而不命于物"。他分析道，所谓决定，有三层意思：首先，常识上，指影响。如心影响物，物也影响心，这是心物交感，互相决定的说法，没有什么哲学意义。他误会唯物论说，有些唯物论者就认为先是物质决定意识，等意识发展到相当阶段，又"反过来决定物质"[①]，是为意识对物质的反作用。

其次，决定是因果的意思，原因决定结果。他认为，体决定用，心决定物，不是因决定果。心体物用，不是指心灵活动是物体、物质的科学的事实的原因，而物质、物体是心灵活动产生的事实结果。科学上的因果关系，是形而下的事物，如具体事实之间的关系，是"是什么"之间的关系，它不涉及事物之间的价值关系，不管事物"应怎样"，更不涉及形而上和形而下之间的价值关系。比如，唯物主义者认为，心是物质长期发展的产物，自然史、精神史表明了这一点。这就是具体的物质运

---

① 贺麟：《五十年来的中国哲学》，第69页。

动和具体的心灵活动两种事实之间的因果关系,不能称为体用关系,不能说是物体心用。从这里可以看出,就具体事物言,事实上是原因的事物不一定就是体,反而只是用;事实上为结果的,不一定就是用,反而有可能发展成为体,以至于由事实上时间上在后,变成逻辑上在先、价值上较高。总之,体用,不是指具体事物间的因果。

最后,决定指逻辑决定。即逻辑在先的决定在后的,价值较高的决定较低的。体决定用,即指体逻辑上先于用,价值上高于用。贺麟说,"体为逻辑上的在先,较根本,而为用之所以为用之理"。即是指,用之为用,所以为用和所当为用的逻辑原因,是体。体是用的本质,既是已实现的本质,又是将实现的本质,所以,用的一切,均为体所决定。心体物用亦然。心是物的本质,物为心的表现,心逻辑上先于物,价值上高于物,所以,"逻辑上物永远为心所决定,意即指物之意义、价值及理则均为心所决定"①。

价值上最高和逻辑上在先,是统一的。价值,是主体和客体关系的一个方面、阶段、环节。它的实质是,在主客体相互作用中,由于主体及其内在尺度的作用,使客体趋向主体,接近主体,发生客体主体化的运动,从而实现主体的需要。② 价值,正是人的主体性较集中的表现。在现实中,价值的高低,取决于满足主体需要的程度的高低。价值高的比价值低的,更能满足主体的需要,吸引主体的注意,发挥主体的能力。最高的价值和本质主体,是有机统一的。主体是价值之源,唯有本质主体,才有最高价值;也唯有最高价值,才在所有价值之先。逻辑的先在,就是价值的最高的另一说法。

逻辑在先说,来源于黑格尔。他认为,通常我们认为认识对象首先存在,然后才会有我们的认识活动,其实,"这种想法是颠倒了的。反之,宁可说,概念才是真正的在先的"。而且"事物之所以是事物,全凭内在于事物并显示它自身于事物内的概念活动"③。这个在先的概念,又叫纯粹概念,是普遍的、抽象的,抽去了感性事物的东西,是万事万物

---

① 贺麟:《哲学与哲学史论文集》,第418—419页。
② 参见李德顺《价值论》,中国人民大学出版社1987年版,第55页。
③ [德]黑格尔:《小逻辑》,贺麟译,商务印书馆1980年版,第334页。

的根本。逻辑学，就是研究这个根本的学问。但是，仅仅是纯粹概念，还只是不现实的"阴影的王国"，它必然外化于万事万物之中。外化，类似于贺麟所谓"生造"。它不是时间上先有纯粹概念，后来生产创造出事物来。正相反，"自然在时间上是最先的东西"①。外化，不过是说，纯粹概念是万事万物的根本和核心，是事物所以可能的前提，但可能性还不是现实性，只有通过外化，纯粹概念外化或生造外物，如此，本质与现象，根本和枝叶才统一成为一个整体，过渡成为现实的具体事物。② 所以，逻辑在先，指在辩证逻辑的历程中，处于最初的起点的理念，较之后面诸环节，是绝对的逻辑在先者；另外，在辩证历程里，前一环节较之其后一环节，也具有逻辑在先的地位，这体现了相对的逻辑在先。逻辑心先在于物，是两种逻辑在先的统一。这体现了贺将黑格尔辩证逻辑和柏拉图、亚里士多德哲学相贯通的努力。

逻辑上在先之说，被恩格斯批评为"对超世界造物主的信仰的虚幻残余"③。贺麟把它引入中国，又将它和康德的先验逻辑相结合，概括出逻辑心的三大特征，作为新心学的理论基石。并以此归纳唯物论者和唯心论者关于"在先"问题的区别说，"唯物论以时间上在先的外物为本，唯心论以逻辑上在先的精神或理性为本"④，有意识地为唯心论作论证。

贺麟论述逻辑在先，第一步，将它和时间在先相区别。时间在先，指事实的因果的先后关系；逻辑在先，却是指形而上和形而下之间的本质和现象的价值重轻关系。这一区别，使逻辑在先成为哲学问题，而时间在先只是科学问题，使人们减少以科学误解哲学的可能性，对于宣传唯心论实有贡献。

第二步，他将在先和康德的"先天"一词结合起来，用先天释在先。他说"在知识论中，所谓在先或先天，系指就理论言在经验之先之意"⑤，在经验之前，划出一"先经验"世界。同时又指出，先天或在先，又有"超经验"的意思。超经验，非指超绝脱离经验，而是内在于经验而又超

---

① [德]黑格尔：《自然哲学》，梁志学译，商务印书馆1980年版，第28页。
② 张世英：《论黑格尔的精神哲学》，上海人民出版社1986年版，第2—3页。
③ 引自陈世夫等译编《马克思恩格斯论哲学史》，陕西人民出版社1988年版，第53页。
④ 贺麟：《哲学与哲学史论文集》，第128—129页。
⑤ 贺麟：《哲学与哲学史论文集》，第263页。

拔之。这样，从经验角度看，在先或先天，就有先验和超验两层意思，或两个阶段。先验是出发点，故为在先；超验是归宿点，是理想、真理，仍是在先，逻辑上在先。可见，所谓辩证历程上的较前的环节较之其后的环节是相对的逻辑在先，必须以绝对的逻辑在先说为基础，为本质，必须是先验或超验，形而上的抽象者，才有逻辑上在先的资格，而且越接近逻辑心，便越有在先的地位，具较高的价值。贺麟将黑格尔的逻辑上在先向康德的先天逻辑的方向发挥，唯心论色彩和形而上学残余较黑格尔都更为浓重。

第三步概括总结在先或先天的三大特征，即普遍性、必然性和内发性。在贺看来，逻辑的或理论的在先有两种具体表现，一是全体在部分之先，类在种之先。于是，普遍性，是先天或在先的第一个基本特征。二是原因在结果之先，不过，这里所谓原因，不是指时间上在前之事物，这里所谓因果，不是形而下的事物之间的外在的因果关系，而是形而上的理则和形而下的事物之间的因果关系，原因"指解释一物之理或原理"，就是事物运动发展的必然性。所以，必然性是在先或先天的第二个特征。普遍性、必然性二特征，还只是逻辑在先所固有的含义，和主体尚无必然的联系。所以，贺麟讲在先或先天的特征，还必须讲第三个特征：内发性或内在性。唯有这一点，才使他的思想和各种形式的客观唯心论区分开来。

他说，"凡理论上在先之物，必非经验的产物，乃出于理智的自动或内发为构成经验之先决条件，故具有内发性"①。理智的自动或内发，他用英文表示为 Spontaneity of intelligence。Spontaneity，有不自外起的自然冲动、自然推动、自然产生等意义。据此，它不是经验，又不自外起，则必是形而上的先验或超验。可以认为，所谓内发，就是普遍必然性入主人心，主宰经验，成为内在的理性，并从内心中向外散发呈现于知行活动中。既是内发，则普遍必然的入主人心，只能是人心所固有的普遍必然的理性的觉醒觉悟，是逻辑心的自我显示，"非自外铄"，所谓入主，也就是外化。

内发性，也为内在性。一从动说，一从静说。先天的内发性和生造

---

① 贺麟：《哲学与哲学史论文集》，第 264 页。

的内在性有相同意义，都强调形而上的普遍必然的即心即理的逻辑心是宇宙存在，万事万物，主体客体的原动力和永动力。它"内在于一切经验，而又不下同于任何经验之准则"，乃是超经验而为一切经验成立的必然条件。① 它是"自动的，自己开始的，为独立地产生事物的泉源"②。所以，内在性或内发性，又是作为本体的逻辑心的基本特征。作为本体，就是中国传统哲学所谓太极，"是内在的主宰宇宙，推动宇宙而不劳累，而无意志人格的理或道"是"宇宙之内蕴因"。③ 又是天道。天道的内在性，表现为"器外无道，事外无理。天道并不在宇宙人生之外，而是内在于器物事变中，主宰推动万事万物"④。可见，内在的普遍必然的逻辑心，既是事物运动发展的动力，如事物的内部矛盾乃是表现，又是事物运动发展的法则，如事物的内部规律是其表现，还是事物运动发展的方向，是事物的内在理想，更是事物运动发展的主宰，是事物的自我主宰。说心体物用，心主物从，是可以的。

逻辑心有先天性，是心决定物的原因，心主宰物，是心决定物的表现。贺麟论述心主宰物说"心是主宰部分，物是工具部分。……所谓物者非他，即此心之用具，精神之表现也。故无论自然之物，如植物、动物，甚至无机物等，或文化之物，如宗教、哲学、艺术、科学、道德、政法等，举莫非精神之表现，此心之用具"⑤。他所谓主宰者，是一物的根本、本质，是形而上的理和逻辑心。所说的被主宰者，是一物的外在表现，是形而下的物质材料，是主宰者所利用以达到自己目的的工具。体用关系本身，"体实含有主宰意，用亦含有工具意"⑥。主宰，则是主宰者和被主宰者之间主动和被动、制约和被制约、目的和手段、自由和他由的关系的实现过程。在这个过程中，物之最大价值的实现，即在于充当逻辑心的工具，被主宰者所主宰；心的最大价值的实现，即在于利用制约物，主宰物。在贺看来，黑格尔的"理性的机巧"最足以表现心主

---

① 贺麟：《哲学与哲学史论文集》，第 171 页。
② 贺麟：《黑格尔哲学讲演集》，第 183 页。
③ 贺麟：《哲学与哲学史论文集》，第 389 页。
④ 贺麟：《文化与人生》，第 264 页。
⑤ 贺麟：《哲学与哲学史论文集》，第 132 页。
⑥ 贺麟：《哲学与哲学史论文集》，第 419 页。

宰物的特征：利用物达到自己目的。

黑格尔说，"那作为支配机械和化学过程的力量的主观目的，在这些过程里，让客观事物彼此互相消耗、互相扬弃，而它却超脱其自身于它们之外，但同时又保存其自身于它们之内。这就是理性的机巧"[①]。贺麟评价说，"理性的机巧"，是黑格尔唯心辩证法中一个重要观点。主要是说理性是能动的，不是抽象死板、直线式的，而好像是有机心，有权谋策略、灵活应变的。因而理性有机巧，有力量能利用客体，利用自然事物，甚至历史上的英雄人物，作为实现自己的工具。一旦目的达到，时变境迁，潮流向前，它又有威力和机巧把那些工具抛在后面，而理性自己却仍向前曲折地辩证进展，不牵连其中，也不受任何损害。[②] 贺麟自己也常运用"理性的机巧"说，谈主体的进展，理性的历程，品评英雄豪杰，提出"假私济公"，表扬王船山历史哲学中也包含有类似于理性的机巧的思想等。

必须指出，逻辑心主宰物，利用物而有理性的机巧，只是其中一部分内容的比喻说法。心利用物达到自己的目的，并不是自私自利。因为心的目的正是物的目的，二者是统一的。物的价值的实现，就在于被心利用，充当心达到自己目的的工具。心之能充当利用者，是因为它有先天性有能动性，有追求自由的理想，物之只能被利用，只是因为单独的物既无先天性，又无能动性，是死的材料，而不是如心一般，是活的灵魂。所以，在贺麟看来，理性的机巧，可以表现心主宰物的部分内容，但不能表达出全部。在理性的机巧那里，理性的主体性还未曾高昂起来，它之假私济公，便如顽童之游戏小犬，主体性还很幼稚，还隐藏在不自觉的阴暗角落。对此，贺是不满意的。他要揭出理性的主体性，而且明白宣称主体即理性，心即理，理性不仅有机巧，而且有更深刻的理论基础和更丰富的主宰物的内容，绝不只是如耍权术般地利用众物而已。到贺那里，作为顽童的主体性已经长大成为有意识有能力的壮年汉子。

是物决定心，还是心决定物，是唯物论和唯心论的分歧焦点。贺麟对双方的分歧有明确的意识。他说，"唯物论以工具为体，譬如生产工具、物质条件等，唯物论者认为是决定一切，特别支配人类的上层文化、

[①] ［德］黑格尔：《小逻辑》，第394页。
[②] 贺麟：《哲学与哲学史论文集》，第132页。

意识和精神之本体；唯心论以工具为用，外物为精神的显现，工具为精神的用具。物只是工具，而有造工具、用工具的精神以为主体"①。他本人治学，努力发挥心决定物的论点，为唯心论进行新论证，态度十分鲜明。他公开宣称自己是唯心论，坦诚道出自己所见，自认为这些见解，有自己的宗旨、目的、根据、特色。他认为每个哲学家，当然是真正的哲学家，都有"他自认为苦思力索深信自得的真理"，都"觉得有需要他发挥阐明的真理，也有须得他鞠躬尽瘁，生死以之，去坚持，去维护的真理"②。唯心论，就是他到西方留学所寻求到的真理。他时时不忘把它介绍到中国来，希望唯心论成为中国近代的民族哲学，发挥它在西方奠定现代化精神基础作用，为中国的现代化奠定精神基础。从贺麟对心决定物的关键命题的论证看，他吸收了黑格尔、康德的在先、先天说，结合中国传统哲学的体用论，融会建立了他自己的心体物用的心物合一论，可谓逻辑一贯，命题具体，论证充分，达到了较高的理论思维水平。

贺麟谈心物关系，强调心体物用，他先揭示了心"生造"物，心为物之根据和本质，继而又提出心决定物、主宰物，揭示出心是物的主宰，又是物的理想。总的说来，他的"逻辑心"作为主体，就有根据、本质、理想这三个特征，三个特征又统率在"逻辑心"的普遍必然而又内发的先天性、主宰性特征之下，从而建立起"新心学"的本体论。这个本体论所论述的又是主体本体的特征，所以，"新心学"，实质上是关于主体的学说。从贺揭示的本体的三个特征、两个统率来看，他将西方哲学中有关本体的特征，基本上完全引入了中国，引进"新心学"思想中，确实有囊括众家的特点。在中国哲学史上，像贺麟建立的心本体这样具有全面系统的特征，是不多见的。或许可以说，贺麟的"新心学"本体论，代表了中国现代哲学的最高水平。

三　矛盾及调解

贺麟的心物合一论中，其实有两个论点，一是心体物用，心主物从，

---

① 贺麟：《哲学与哲学史论文集》，第129页。
② 贺麟：《文化与人生》，第277页。

已如上述；二是心物平行，心身平行。由上面两个看似不同的矛盾的论点，又引申出第三点，即心物体用说与心物平行说的关系。下面谈心物平行说。

他根据斯宾诺莎心身平行说，认为心物是不可分的整体。分开说，灵明能思者是心，延扩有形者是物。心物为同一实体即逻辑心的永远平行的两面。① 心不影响决定物，物不影响决定心。心为心因，物为物因。心物是一体之两面，如手掌之与手背，"同时发动"，相互平行。就实体之空间横截面说，是一体两面。就实体之时间进展说，是平行俱进。彼此之间，"主动被动，变迁进退的次序或程度相同"②。

这样，在认识心物时，可以而且只能"以心释心，以物释物，各自成为纯科学研究之系统"。以心释心，用心理现象解释心理现象，形成心理科学。以物释物，用文化物解释文化物、形成文化科学；用自然物解释自然物，形成自然科学。但是，如果用心理解释身体，用物体解释精神，就会流于心物交感说的常识看法，得不出科学结论。所以，心物平行说，心身平行论，为科学研究奠定了理论基础，"应视为科学研究的前提"③。由此可见，贺麟谈心物合一，着力发挥心物平行说，是有为发展中国科学奠定理论基础的意图的。

不过，他既主张心物平行，又主张心体物用，实有矛盾处。因为心物平行，则心不影响物，物不影响心，心物同时发动，平行俱进；心物体用，则心生造物，心决定物，物则被心生造决定。两种说法下的心物关系，明显不同。而且，在中西哲学史上，心物平行说源于斯宾诺莎心身平行论，心物体用说则源于宋明心学和黑格尔逻辑学。就二说的意义言，心物平行说只为科学奠定哲学基础，而心物体用说则要为宇宙世界奠定精神基础。显然，两个说法差距很大。

贺麟的《近代唯心论简释》一书出版不久，哲学家谢幼伟就曾经对二说的矛盾提出质疑。谢幼伟在《何谓唯心论》一文中写道，贺麟的"平行论与主从论，或体用论，能否调和，作者对之亦有所疑。盖心物如

---

① 贺麟：《哲学与哲学史论文集》，第132页。
② 钟离蒙、杨凤麟主编：《新心学批判》，第12页。
③ 贺麟：《哲学与哲学史论文集》，第418页。

确平行，则心物之间，似不能有主从或体用之可言。如心物确有主从或体用之可言，则心物似非平行。以所谓平行者，彼此不相涉之谓，彼此互不影响之谓。若心能为物之主而用物，心为体而物为用，则心物之间已有关系，而此关系，且非第三者所造成之关系，乃心物本身不得不有之关系。谓心物平行，而又有其主从与体用之关系，实所不解"①。将心物体用说和心物平行说的矛盾清楚揭示出来，这才引出了贺的专文郑重回答，并在答文中较集中地表达了他自己对心物合一问题的基本想法。

关于他主张心物合一说的哲学史根据，贺麟说，"关于心物平行论与主客合一论或体用论能否调和问题，我兄提出疑难，确有见地。盖由斯宾诺莎的心物平行论，经莱布尼兹而达与黑格尔认物为心之外在化或精神借自然而实现的说法，确有很长之距离，不容骤几"②。这一段话表明，首先，贺麟自己承认体用说和平行说，确有未合谐处，甚至矛盾处；其次，调解二说的矛盾的路径，可能是哲学史方法，即从斯宾诺莎经莱布尼兹再到黑格尔的历史的理论总结。但贺没有明确提出此方法，所以，也不能即以历史方法调解之。虽然如此，贺这段话，是包含了这一倾向的。

贺麟自述他主张心物合一说的宗旨，是要将斯宾诺莎和黑格尔两人的哲学贯通起来。他说，"我认心物间无交互影响及因果关系，乃欲保持斯宾诺莎之识度，而只认心物间为体用关系，心逻辑上先于物，决定物，构成物之所以为物之本质，则思归入黑格尔'实体必须是主体'、主客统一的唯心论。而斯氏之说，固足为黑氏哲学导夫先路者"。显然，贺主张心物合一，意图之一，是想把从斯宾诺莎经莱布尼兹再到黑格尔的欧洲古典哲学融会贯通起来。但这种综合工作，颇为不易，贺自叹，"困难很多，也许尚未成功，而方向却大概如此"③。那么，这种综合，他到底完成了没有呢？我认为，贺麟基本上完成了这一综合工作，这样才建立起了"新心学"融贯斯宾诺莎、康德、黑格尔等哲学内容的思想体系。

从上引材料可知，贺的综合工作大的方向是，以斯宾诺莎心物平行

---

① 贺麟：《哲学与哲学史论文集》，第414—415页。
② 贺麟：《哲学与哲学史论文集》，第418页。
③ 贺麟：《哲学与哲学史论文集》，第419页。

论为黑格尔哲学之"先路",即首先,要保持斯宾诺莎之识度。这种识度,就是追求形而上的永恒的至善,乃人的神圣责任。心物平行、心身平行论,正使人明白认识到,物实不足以为心追求自由高洁的理想之障碍。由此看来,在心物合一上,与其说心物平行说是论证心物统一于实体,毋宁说,它更是从反面否认物有阻碍心进展的力量,否认物之为实体的可能性和必然性,从而为心之奔向实体扫清外围,准备条件。因此,必须讲心物平行,不能丢。但心物平行说,又有不足,毕竟还没有讲清楚心之进展的历程。物之不能阻碍心进步的必然原因,正在于物永远被心所生造、所决定、所主宰,对此,只讲心物平行,是说不通的。斯宾诺莎必须向前进展,心物平行必须向心物体用逼近。心物平行自有其道理,"唯心论者虽应接受其教训,但似无坚执不变之必要"①。变,就是历史的前进,逻辑的进展。对心物平行说,不是"坚执不变",而是必须执而又变,以达到体用论的高度和深度,以归入唯心论,走近黑格尔。

十分清楚,贺麟希望从黑格尔唯心论角度,吸收、改造、利用唯物主义的斯宾诺莎哲学,拉斯宾诺莎作"赞助",扩大唯心论的阵营,增强唯心论的力量;另外,他又从斯宾诺莎出发,一直引导它归入唯心主义的黑格尔,无疑,这本身就是对唯物论必然向唯心论进展提供了一个历史范例,意义甚大。既重视斯宾诺莎,又重视黑格尔,将两人拉在一起,把他们的思想结合起来,融为一个体系,不仅是贺麟的心物论,更是他"新心学"本体论的重点努力所在。作为典型,仔细推敲他怎样将平行论和体用论调和起来,是很有意义的。

我大胆断定,心物平行说和心物体用说的统一,是辩证的历史的统一,是心物关系分与合的对立统一的进展。或者说,平行论和体用论,是既对立又统一的历程。若静止抽象地看,二者是矛盾的,不能和平共处在同一个星球上。但如果辩证地看,在运动中具体地观察,可以发现二者是不可分割地有机统一的。明确地说,平行说和体用说,是对心物关系矛盾进展不同阶段的反映。心物本平行,故有心物平行论;心物又有体用,故又有心物体用论。心物平行,是心物关系的中间阶段,是心物关系的本质的外在表现;心物体用,则是心物关系的出发点和归宿,

---

① 贺麟:《哲学与哲学史论文集》,第418页。

是心物关系的内在本质。逻辑上的前后两阶段、内外两层次，其实是辩证统一的。心物平行而不进展到心物体用，不以心物体用为前提基础，则所谓心物合一，只是凑合，无理想、无标准、无归宿，甚至也无出发点，是坏的合一。心物体用若无心物平行为阶梯为桥梁，则所谓心物合一，只是混一，只是抽象的幻想，空洞而无内容，玄虚而不落实。必使两者在辩证逻辑历程上，相互去短集长，扬长避短，才可能共同创造出心为主宰，物为工具的心物合一新世界。

不用说，我这个断定的基础在于贺麟深受黑格尔哲学影响，是近代中国较早地系统介绍黑格尔哲学给中国人的学者，又是黑格尔哲学中国化的代表人物。黑格尔对矛盾，对对立和统一的辩证见解，黑格尔的唯心辩证法，贺均有自己深切而独到的体会。根据他自己的体会，有理由认为，他关于心物关系的看法，可具体分解为以下三个阶段。

第一，心物合一。是抽象的同一，"纯粹在思想里的本质"①，是形式逻辑的同一。这时，心物不分，只是"未发"之本体，有似斯宾诺莎的"实体""神"。贺论心物合一，首在保持斯宾诺莎的"识度"。这识度，我认为就是心物同一的最高本体，用贺自己的范畴，它就是"即心即理亦心亦理"的逻辑心。

第二，心物相异。贺麟说，"如思想的职务只是说抽象的同一，那么这种思想是无用处的"。真正的同一，是异中之同，是合一。所以，心物合一，必然进展至心物相异。心物相异有三个阶段：其一，是心物处于"当下直接之异，是外在之异"②。这是抽象的心物相分。心物乃同一实体之两面，心不影响物，物不影响心，同时发动，并行俱进。这便是前述所谓心物平行、心身平行关系；其二，抽象的外在的异，发展到具体的内在的异，发展到尖锐化，就从心物平行进展到心物对立的阶段。心物对立，互成反面，截然划开，泾渭分明，形成形而上和形而下、本质和现象、主体和客体的根本对立；其三，是心物矛盾，是自身内在的不同，是对立中有同一，同一中有对立。

第三，心物合一。合一，非混一，非抽象的同一，乃是具体的异中

---

① 贺麟：《黑格尔哲学讲演集》，第 169 页。
② 贺麟：《黑格尔哲学讲演集》，第 170 页。

有同，同中有异的同一。如上所述，心物相异发展到"内在的异"时，就达到对立阶段。但"对立是同与异之联合，只有在相同的概念下，才能对立"。譬如向东六里，向西六里，都是就路径方位而言，只有在路径的共同立场上才能说向东向西。即以黑白的对立说，也只有在颜色的范围内才有可能，黑色与方形，便不对立。心与物相对立，也有其"共同的背景"，那就是理、逻辑心。心的本质是逻辑心即理，物的本质是天理，理和天理是统一的，是一个理。同理，心物平行说和心物体用说，作为哲学学说也是对立的，二者也统一于一个共同背景下。贺说，"哲学理论愈是相对立，愈是有共同背景，至少其问题是相同的"①。体用论和平行论的共同背景是，它们都反映心物关系的"同一→相异→异中有同"的辩证历程。

相对立的理论的共同背景，对立双方的相同的概念，在心物关系中实现自己，在平行论和体用论中实现自己，并非一视同仁的平均分配，其中有主从轻重之分。比如，心物对立，异中有同，不是从两个对立面——一是心，一是物——中，用形式逻辑抽象出一个物作为二者之同。这种异中之同，仍是抽象的同，是抽象的形式、架格，并无具体的内容，没有反映出心物关系的实际进展，没有逻辑的进展的必然性。异中有同，乃是心生造物，心决定物的运动的结果。同一，相异，异中有同的过程，正是心生造物、决定物的过程，是心物平行的出现而又发展到心物体用的过程，是心物体用关系的实现，也是心物体用论的完成。心物平行的打破，根本原因在于心有先天性、先在性，而物却没有。这个过程，以逻辑形式表达出来，就是心物矛盾的进程。矛盾即理，"是推动宇宙的根本原则"，它"自己进展，自己超越，最后归于统一"。矛盾对立非究竟，非永恒②，矛盾的克服、超越和统一，才是趋向理想的积极进展。心物关系的历程，平行说和体用说的统一进程，就是矛盾的进程。

可以这样说，心物同一的最高本体，即是太极，即是心即理也的逻辑心，是心的先天性的蕴而未发。普遍必然，故超时空，为形而上；普遍必然又内在于心，是谓理性，即逻辑心，也内在于物，是谓理。故本

---

① 贺麟：《黑格尔哲学讲演集》，第171页。
② 贺麟：《黑格尔哲学讲演集》，第172页。

体不离万物，又在时空中，在形而下中。未发则纯粹抽象，不可见；但又在具体的事物中存在，实有内发的功能。由未发，经内发，而至已发，是逻辑心的运动阶段。内发，指逻辑心不是孤悬太空的游魂，实与物不可分。未发，指逻辑心之本然原始状态。已发，指逻辑心与物相接的状态。

逻辑心已发，则心物分为二。此分，是上下主客之分。但从心之内发、内在说，上下主客实不分，也不能分。故分为二的心物，必然又将合一，必然以合一为前提基础，为共同背景。心物由分到合，表现为物观念化，观念实物化两个过程。如前已述观念，也是心，是逻辑心和经验心的统一。但在心物相分时，心仅是个"灵明能思者"，即在时空内的主观观念，物则是个"延扩有形者"，即在时空内之存在绵延。二者平行，互不决定，乃逻辑心的两个方面。这是心物平行时。当心物对立时，观念反映物，实受物支配，则"被物支配之心，心亦物也"，观念仍是物。不过，能支配作为观念的心的物，并非物，乃物之理也。物不能入心，能入心者，唯物之理也。物本身无主体性，无追求自由的理想，也不能选择创造，不能随意出入于人心；人心也非空旷的容器，任由物之出入。心即理，且只有人心才有主体性。故理之入心，实心之自入。是心之回归。回归结果，是心与理一。如此看来，心物二分时，观念、物之产生，也只是逻辑心之外在化。心生造物，即心外化物，即心之物化。所以贺麟说，"能支配心之物，物亦心也"①。

心物相合，意味着物之所以然与所当然之理，尽皆纳入观念之中。这时，观念，实已扬弃了物之外表、偶然、无价值、无意义部分，而把握了其本质之理；观念以此理充实自身，从而扬弃了自身的主观性、片面性、抽象性，使自己从观念向逻辑心飞跃，实现心与理一。理，是物之本质、主宰。心与理一，实即心之认识、掌握、改造物，即主宰物的过程。这就是逻辑心之自心物平行，被物支配，而后回归老家的过程。从整个过程看，物只作了工具，心始终是主宰。心主物从，心体物用。只从心之未发看，心物本来同一；又从心物之未相接言，心物平行；从心物关系的归宿、理想、本源看，心体物用。心物平行，乃现象，乃一

---

① 贺麟：《哲学与哲学史论文集》，第 133 页。

过渡环节，心体物用是本质，是出发点和归宿，是心物关系的根本法则。故曰：心物合一。

综上所述，贺麟论心物合一，主张心体物用，心外无物，心决定物，心是第一性，所遵循的思路是：第一，不是从物之实际出发，而是从物之概念出发；第二，将物转化成物之意义、价值等中间环节，不承认物的客观实在性能离心独在；第三，心生造物，心决定物，并涉及心理关系、心性关系和主客关系。为了较全面地了解他的心本体论，下面我们要着重谈他的心理关系论。

第 三 章

心理关系论

　　心理关系，是心物关系的引申或转移。心物之间，不论物决定心，还是心决定物，均需要连接的中介。这个中介，既具有精神性，又具有物质性，能把二者有机结合起来，使二者发生关系，实现有机统一。唯物主义者，把这个中介，概括为实践活动。贺麟则将这个中介抽象为逻辑性多于历史性的理性。于是，在贺那里，心物关系，引申或转移成心理关系和物理关系，心物合一具体化为心理关系和物理关系两个过程的合一。

　　关于物理关系，理又是性。性即理，是宋儒发现的根本命题。贺麟用现代语言和西方哲学对这一命题进行新的表述和发挥，并将它纳入他所谓唯心论的体系中。他说：

> 　　性，为物之精华。凡物有性则存，无性则亡。……性为代表一物之所以然及其所当然的本质，性为支配一物之一切变化与发展的本则或范型。凡物无论怎样活动发展，终逃不出其性之范围。但性一方面是一物所已具的本质，一方面又是一物须得实现的理想或范型。如生命为一切有生物的本性，自播种、发芽、长躯干枝叶、开花结实，种种阶段都是发展或实现生命的历程。①

　　性是物的本质。内容上有两方面或两阶段，是已经实现的必然性和还没有实现，但将会实现的必然性的统一，是所以然和所当然的统一，

---

① 贺麟：《哲学与哲学史论文集》，第133页。

是真理和价值的统一，是现实和理想的统一。所以性既是主观统一于客观的真理，又是客体统一于主体的自由。

从认识上看，我们认识一物的关键，即在知其性。所以，心物关系，可以说主要的就是心和物之性、物之理的关系。理外无物，性外无物。物性和人性，关系较复杂，不能截然分开，又不能混淆同一。贺麟说："本性是普遍的具体的，此种具体的共相，即是理，如人、物之性各为支配其活动之原理。故唯心论即唯性论，而性即理，心学即理学，亦即性理之学。"[①] 物之性即理，人之性即心，心的本质还是理。物性和人性，都是理性这一具体共相的表现。站在理性的立场看，心和理是不同方面的表现，心学和理学，也正可以统一在唯心论的旗帜之下。

一　心理关系概论

关于心理关系，有论者已注意到贺麟提出了两个有所不同的命题。一是心即理。他说，"逻辑心即理，所谓心即理也"。二是心与理一。他说，唯心论，又称精神哲学，"即注重心与理一，心负荷真理，理自觉于心的哲学"[②]。这两个命题，表达了不同的意义，应当区别开。

从渊源说，陆王讲心即理[③]，朱子讲心与理一，也讲心即理。比如朱子说"仁者心与理一，心纯是这道理，看什么事来，自有这道理在置他，自不烦恼"[④]。也讲心即理，如说"仁者理即是心，心即是理，有一事来便有一理应之，所以无忧"[⑤]。朱子所谓心与理一、心即是理，都是"仁者"的特征，而"仁者"乃是个人道德修养的最高境界。从修养者主观的心和客观的理相统一言，心即是理和心与理一并无区别，所言只是一事。所以，朱熹和王阳明虽都讲心即是理，但有根本的不同。朱子的心，无本体义，心即是理，似指修养者通过自身不断修养达到的理想境界，是主体努力奋斗的结果，重点强调主体努力奋斗的工夫、方法。而王阳

---

① 贺麟：《哲学与哲学史论文集》，第134页。
② 贺麟：《哲学与哲学史论文集》，第131页。
③ 《阳明全书》一《传习录》上。
④ 《朱子语类》卷三十七，林恪录。
⑤ 《朱子语类》卷三十七，李方子录。

明则在朱子的基础上，进一步追问主体努力修养能达到心即是理或心与理一的原因，特别是主体自身内部的深层原因、本体原因，认为心不只是主体，而且是本体，修养者在修养之前，先天具有"心即理也"良心。据此，理不在心外，心外无理，心即理。后天主体的努力修养，奋斗进取，根本上，只是自身固有良心的表现。所以，陆王心即理，心的地位提高到和朱子的理同样的高度，主体的本体性被显明揭示出来，却不怎么讲现实主体向外观认物理，以与理一的工夫、方法。

朱子以总结性口吻说，有两种心与理一。一是心即理也的心与理一，较抽象空洞。此心是本体，又主体。二是只作主体而不作本体，却向本体逼近的心与理一。他说，"儒释之异，正为吾以心与理一，而彼以心理为二耳。然近世一种学问虽说心与理一，而不察乎气禀物欲之私，故其发亦不合理，却与释氏同病，不可不察"①。朱子的说法，夸大了三者之间的歧义，却没有发现其共同处。心与理若不先天合一，则后天之心与理怎能达到合一的境界？后天心与理一既称理想境界，则在达到此理想境界之前，不是陆王的心即理的先天合一，必然就是释氏的心与理二。朱子却并陆王与释氏俱斥为不合理，有弊病，实有矛盾处。陆王斥其支离，颇中其病。所以，在贺麟看来，陆王虽简易，却抓住了根本；朱子虽支离，却也抓住了工夫、方法；至于如朱子所指的释氏的心与理二，只是常识的浅近看法，不足与二者并。他谈心理关系，既谈陆王的心即理，也谈朱子的心与理一，会合朱陆于一处，以建立他的"即心即理亦心亦理"的"新心学"。谈心，较陆王更崇高；说理，比程朱尤细密，这是他思想的特殊处。

贺麟认为，心有两层意义：一是逻辑心，是心的本质；二是心理心，是逻辑心的表现。理也有两层意义：一是天理、太极、大道，是"潜伏在万物中的精神，此精神尚未分化，尚未树立对象以资征服"②，是众理之全体，最高的本质，最初的本源；二是天理的表现，即众理，如标准、法则、尺度、规范等。他说："理是一个很概括的名词，包含有共相、原

---

① 《晦庵先生文集》卷五十六《答郑子上》十四。
② 贺麟：《黑格尔哲学讲演集》，第154页。

则、法则、范型、标准尺度以及其他许多意义。"① 就"很概括的名词"说，是天理，就"许多意义"说，是众理。比如他谈物，将物转化为物的色相、意义、价值、条理等，都是众理，色相乃物之感性认识之理，条理乃理智认识之理，价值是规范客体的主体之理，意义乃制约主体的客体之理。

这样，心理关系就有四个方面。

其一，逻辑心和天理关系：逻辑心即理。两者名称不同，其实则一；

其二，逻辑心同众理关系："理出于心"，理是心之外在化，是逻辑心的表现。心也必须通过众理才能表现自己作为万物的生造者、决定者的本体和主体地位；

其三，心理心和天理的关系：理在心中，心与理一；

其四，心理心和众理的关系：反映了现实世界中，主观和客观、主体和客体的分裂对立。虽分裂对立，但主体并不灰心丧气，沉湎其中，须认识到分裂对立只是现象，现实的暂时的事实。根本上，本源上，二者是统一的，未来必能达到心与理一的理想境界，只要主体遵循本性的指导，不断地努力奋斗。心理心和众理的关系，乃是逻辑心和天理的关系的最具体的表现。这一层次的关系，可以归入第二类或第三类关系中。其实，第二、三、四类关系，都是心即理的展开，都可归属于第一类关系。

心即理的展开，是一个过程。从主体角度说，这个过程有三个阶段。第一阶段是心即理；第二阶段是理出于心，理在心中，表现为心与理二的现象；第三阶段是心与理一，心即理获得实现。第一阶段时，心即理，尚抽象、空洞，缺乏具体内容，现实力量；第二阶段，是对心即理的抽象性、空洞性的否定，而肯定了现实中的平常心的主体性地位和理的客体性地位；第三阶段，又对第二段的主客二分进行否定，主体努力奋斗，实现心与理一的理想，心即理的本质也得到具体的实现，或回归。心理关系运动的历程，充分表明"心即理"和"心与理一"不仅是两个不同的命题，而且是有机统一的两个不同的阶段，或者更准确地说，"心与理一"，只是"心即理"在它运动过程中某一阶段的表现，是"心即理"

---

① 贺麟：《哲学与哲学史论文集》，第147页。

的具体化。如果说,"心即理"还只是没有丝毫形下世界尘俗烦扰、绝对圆满、永恒至善的天堂,那么"心与理一"正是此天堂在尘世的实现。

这里,有必要对"心即理"展开的第二阶段进行较详细地考察,看看从"心即理"到"心与理一"的中间环节是如何充当桥梁作用的。

贺麟说,思想表示事物的真性质,思想的活动,就是自我的活动,因此事物的真性质,就是思想自我的产物,"是我的心灵的产物、纯粹自在自为的自我的产物"①。思想、自我,即心,事物的真性质,即众理,"理出于心"根据何在?贺麟解释说,"理既是规定经验中事物的必然秩序或法则,既是经验中事物所必遵循的准则,既是衡量经验中事物的尺度,则必是出于经验的主体,即规定者衡量者所先天固有的法则,标准尺度,而不是从经验以外突然而来自天降下的奇迹"②。

他在这里提供的根据,在唯物主义者看来,是站不住脚的。"出于经验的主体"的理,不必然是主体的先天性的表现,也可以是主体后天对客体的认识。但如果我们回顾他讲的"心外无物",不承认有离心独在的物的客观实在性,那么,出于主体的理,唯一的内在根源,就只有形而上的先天性了。

所以,他进一步阐释说,"理是思想的结晶,是思想所建立的法则,是思想所提出来自己加给自己的职责,不是外界给予的材料"。要提醒的是,这里的"外界",也是逻辑的外界,不是空间的外界。即逻辑上不存在思想不能把握,存在于思想之外的材料,心外无物。理不是外界的给予,则对于主体思想来说,心对理之认识,不是从无到有,而是从隐到显,从晦到明;理不是外界的给予,对客体的材料而言,理之被认识,不是因为主体是空空的"白板",理进去在白板上写字,不是客体给予主体什么,而是客体和主体的内在关系,即客体被主体所生造决定的本质的显示。

站在主体的立场,客体除了帮助主体达到自由以外,没有其他价值。对心来说,理就有客体的地位。贺麟称:"理是此心整理感官材料所用的工具,是此心用先天工具在感官材料中所提炼出来的超感官的本性或精

---

① 贺麟:《黑格尔哲学讲演集》,第 250 页。
② 贺麟:《哲学与哲学史论文集》,第 147 页。

蕴，而不是感官材料的本身。"理不是物本身，而是物之本质，不是独立于主体心的实在，而是心决定物、生造物的工具，也是心决定物、生造物的过渡的桥梁。就是说心生造物、决定物通过心决定理而实现。

心即理，故心外无理。此心非经验心，乃逻辑心，乃心外无物之心。心外无物，故心外无理。此理乃众理。心外无理，便如说天理之外无众理，离心言理便如同离天理言众理，此理，此众理皆非真正的理。贺麟说："心之有理，犹如刃之有利，耳之有聪，目之有明。我们说心外无可理解之理，犹如说刃外无利刃，耳外无耳聪，目外无目明。"在这里，理是心的工具、功能，故不能离心言理。"凡彼认理在心外的说法，大都只见得心的偶性，只见得形而下的生理心理意义的心，而未见到心的本性，未见到形而上的心即理也的心。"①

除了理出于心、心外无理以外，贺麟认为，在心理关系的第二阶段，还有如下的内容。

第一，心构成理。心构成理的生动性、主体性。有心，故理不是死的架格，而是活的理想、活的生命，不是空虚的无力量的本体，更是现实的有力量的主体。理不离心而在。逻辑心是主观与客观、思维与存在的统一。心能构成理，而理也必由心构成。

第二，心揭示或表示理。天理、众理，均在心中呈现反映出来。

第三，心主导、超越、包含理。此心指逻辑心，此理指众理。心能包含理，乃是因为理即是心的产物。②

由上可见，所谓心与理二，心理二分，其前提，其归宿，其出发点，其理想，都是心理合一，心与理一，心即理。心理二分是表面的、暂时的，有工具性意义。就在心与理二时，其内部就蕴含了心即理，心与理一的必然性普遍性。心与理二内部，也非心理一分两半，截然对立，仍是心主导理、超越理、包容理的过程。可见，心理二分、心与理二只是常识的表面的看法，不能反映心理关系的真实情况。在贺看来，即使在心理二分、心与理二时，也是理出于心，心外无理，理在心中。

贺麟说，理在心中，"因为据界说理即是指心中之理。理即是普遍的

---

① 贺麟：《哲学与哲学史论文集》，第148页。
② 贺麟：《黑格尔哲学讲演集》，第245页。

根本的概念，概念当然是意识内的概念而不是意识外的茫昧。理既是理想的范型，即理是心中的范型的另一种说法"。理是出于经验主体的先天原则，而又为经验中的事物所必遵循的准则，"理是心的一部分，理代表心之灵明部分。理是心的本质。理即是本心而非心的偶然性，如感觉意见情欲等"①。总之，理是心的本质，必然是理在心中。假如心而无理，即失其所以为心。譬如，禽兽就是没有理性的动物，所以我们不说禽兽有心，只说禽兽有感觉。理必在心中，心之所以为心，即因心能"聚众理而应万事"。因理在心中，因心聚众理，故心是"一而不二，为主而不为客，命物而不命于物"的真纯之主动者。②"一而不二"，言逻辑心圆满自足，绝对无待，为最初本源，最高本体；"为主而不为客"，言逻辑心是主体，不是客体，是最高的本体主体，后详论："命物而不命于物"，则逻辑心与物的关系，心是生造者，决定者，永为主宰。如是，理出于心，理在心中，便顺理成章。

综上所述，贺麟从理的角度，说理出于心，心外无理，不可离心而言理；离心言理，则理无本源，不踏实，没有生命、力量，只是死的形式，而非真正的理。又从心的角度说，理在心中，理就是心的本质，理外无心，不可离理言心；离理言心，则心无内容，无规范，只是主观的幻想，愚昧的盲动，而不是真正的心。言心，则理在其中；言理，则理出于心，心为其源。他从两个角度，都证明了即使在心理关系的第二阶段，即所谓心与理二、心理相分时，心即理，心理合一，都仍然是颠扑不破的命题，理出于心，理在心中，均是心即理的不同表现。

二　心即理

"逻辑心即理也"，是"新心学"的核心命题，简称"心即理"。贺麟主要从两个方面论述"心即理"命题。一是吸收改造黑格尔"实体即主体"说，建立主体即本体、心即理命题，并在对本体特征描绘中，揭示本体兼主体性与本体性于一身的特征；二是从哲学历史发展角度，证

---

① 贺麟:《哲学与哲学史论文集》，第147页。
② 贺麟:《哲学与哲学史论文集》，第174页注释3。

明"心即理"命题乃是西方而且也是中国哲学发展的必然结果，是中西哲学所共同揭示出来的最高命题。他用黑格尔的辩证唯心论，并上溯到斯宾诺莎的实体学说，将西方古典哲学，从斯宾诺莎，经康德、费希特，到黑格尔，联贯一体，并以这一历史过程为基础，证明"心即理"的坚不可摧、牢不可破的地位。更进一步，他又从中国学术历史上，从程朱到陆王，迄于王船山，而达到心即理的集理学心学之大成的认识，总结出来这样一个结论："心即理"说，不仅是西方学术史，也是中国学术史发展过程的真理性概括。显然，哲学史，或学术史，是贺麟论证"心即理"的基础之一。而且，总的看来，以哲学史研究揭示哲学史中蕴含的基本精神，是贺麟建立"新心学"体系，表达"新心学"思想的主要途径。这一点，正是贺麟"新心学"有鲜明特色的地方。借谈历史上的思想，谈自己的思想，这在历史上并不罕见。传统经典解释活动中，义理解释派大都用这种方法。与传统解释不同，贺将义理解释对象扩展到整个传统思想文化，特别是哲学史；其次，他的解释有辩证法作基础，而且主体性崇高，辩证主体乃是他一方面讲历史实际，另一方面又发挥自己心得，将历史学和哲学很好地结合起来的基础和根本要求。他论证"心即理"命题，就是这种解释的运用的一个范例。对他的文化解释方法，后面还要详论。这里要指出的是，贺麟虽然是从两个不同方面——一是哲学的吸收改造，对范畴的直接描述；二是历史的解释发挥，对命题的归纳概括——来论证"心即理"命题，但实际上，这两个方面都统一于辩证主体。历史和哲学，分别只是辩证主体的时空展示和逻辑形式。论证"心即理"，根本上只是它自我展示、自我证明，贺只是稍作提示而已。

贺麟认为，黑格尔曾经提出"实体是主体"[①]的深刻而精到的命题。实体和本体是二而一的。本体，从根本、本源说，实体则是"实实在在的不可动摇的存在的东西，它有力量实现自己，并不是软弱无力的"[②]。故凡实体，皆是真实有力量的，本体也真实无妄，并不神秘。所以，黑

---

① 贺麟：《黑格尔哲学讲演集》，第253页。黑格尔在《精神现象学》（参中译本上卷）中说："说实体在本质上即主体，这乃是绝对精神这句话所要表达的观念。"

② 贺麟：《黑格尔哲学讲演集》，第359页。

格尔的"实体是主体",也可以说成"本体是主体"。如果再把实体的主体性提高一些,提到本质的高度,则"实体是主体",也可以调换主词宾词,说成是"主体是实体"或"主体是本体"。

贺把黑格尔的"实体是主体"命题移植到中国,运用来讲"心即理",就经过了提高主体性这一悄悄改造的活动。心,是主体,经过提高,又有本体性;理,是实体或本体,经过改造,它又以主体性为基本特征。于是,"心即理"说一出,黑格尔的本体论中,理性的主体性就格外鲜艳夺目,似乎黑格尔也成了心学家。在贺的心目中,大约是如此的。但其实,黑格尔只是客观唯心论者,而贺,则是主体唯心论者,两者之间,有主体性的高低的不同。

关于"心即理"命题,贺麟没有直接进行论证。他更多的是在描述本体时,有意识地、浓墨重彩地突出本体的即心即理亦心亦理的特征。在他看来,本体上的太极、天理,既是物理,又是人性,还是自我,是人我合一、人物合一、主客合一的。他说,作为本体的太极,既是天理,也是天心,"大约是向外观察,乃物所同具,心所同然的至理;向内反省,乃己所固有,非由外铄的本则。它是求之不来,挥之不去的。你盲目不理会它,它会在那里潜移默化,无为而无不为。你用力去钻研它,你也不能包办它、掠取它、助长它。它是取之不尽,用之不竭的。你说它旧,它乃是活泼泼的源泉,变化无方。你说它新,它乃是万古如斯,在古典诗人的灵感里,在古圣先贤的箴言里,在英雄义士的生活里,在野老村妪的本能信仰里,随处都是它的表现,它的降衷"①。

就物言,本体乃统率万物之主宰;就理言,本体是众理之大全;就人言,是人性;就心言,是逻辑心。心的先天性本质,即普遍性、必然性、内发性,正是天理、天心的特征。天理即理,天心即逻辑心。故站在本体的层次和角度,看心即理,无非是说,本体心和本体理,就是一个本体的两个称谓,两个称谓所指称的只是一个本体。所以,从本质上看,两个称谓相等同,心即理。心在内,是己所固有之理;理在外,又是物所同具、心所同然之心。无论内外,心理都先天地统一在一起。因此,心是心理合一的,有主体性,又有本体性;理也是心理合一的,是

---

① 贺麟:《哲学与哲学史论文集》,第125页。

本体,又有主体性,所以才有能动性,才能外化,实现其自身于外界。心是心理合一的,所以,心才有客观的必然性,主体的自由才有牢不可破的逻辑基础。心即理,正是对心、理各自作为心理合一体的本质的抽象描述。

这样,我们再回头看看贺所说的"理出于心""理在心中"二命题,不仅是对心理二分时的心理关系的描述,也可以说是对心理合一时内在关系的描述。理出于心,乃就理之主体性言。理之主体性必先在于其他性质。其根据来源于笛卡尔"我思故我在"命题所确立的思维主体不可怀疑的逻辑先在地位。这种逻辑先在,不是事实上先有心,然后才有理,不是事实上先有主体性,然后才有其他性质。事实上理的主体性和其他性质是一个不可分割的整体。故理出于心,实际上也是作为心理合一体的逻辑心或天理的自我产生、自我运动。如此,则"心外无理",无异于说心外无心,理外无理,如同说人外无人,天外无天一样,其理显然。

而"理在心中",则恰恰是强调逻辑心的先天性等性质,和主体性是融贯一体、无有内外彼此的。理是心的本质。恰恰是说,在逻辑上先在的心,又必以拥有理,以理作为自己的本质为自己存在的前提。如是,"先在"更有前提,前提更有"先在",似乎无有止境。其实,在第一前提、最先的先在处,即在逻辑心那里,它更无对待,它就是自己的本质,第一本质,是本体,它自为前提,自处先在,在它之先,无有更先的先在,在它之前,也无有更前的前提。

根据上面的分析,我们有充分的理由,把理出于心,心外无理,理在心中,理是心的本质等命题,作为贺麟"心即理"论的证据、内容或展示。

另外,"心即理"命题,又是主体和本体关系的中国式表达。主体即本体,主体的地位得以提高;本体即主体,本体的主体性得以张扬。这是贺麟学习西方古典哲学的收获。是他从近代西方哲学中"发现"的真理之一。

贺麟认为,西方哲学本体论,由于获得近代科学方法的支持赞助,至斯宾诺莎,始获得理性的表述。作为神或上帝的实体,是自性的必然,内在的必然,自身的根据,所以,它独立自在,实体以外的万事万物都仰赖于它;实体又是无限的,无条件的,只能自己限制自己;实体还是基质，实体以外的万物都得以在实体上生长；实体又是无所不包的大全，它永恒不易，唯一的最有力量者。宇宙存在，万事万物之所以为真、为善美，都因为它们符合了实体的要求，分享了实体的荣光。

不过，贺认为，斯宾诺莎的实体说受到了黑格尔的批评，为黑格尔所扬弃。在黑格尔看来，斯宾诺莎过于强调本体，压抑万物，令人沉醉于无限本体的一，而忘怀有限世界的多。根本原因在于，斯宾诺莎的实体，只是本体，不是主体，只是理，不是理念不是心，没有自我意识，不能建立事物。即是说，斯氏的实体，不是心理合一体，心在理面前，毫无地位，抬不起头。所以，贺评价斯宾诺莎，"只是一个理性主义者，不是一个唯心论者或理想主义者"，他的哲学，也"只是理学而非心学"①。

于是，黑格尔便从两个方面继承改造斯宾诺莎的实体。一是认本体为万事万物的最后根本原因，第一原因，第一动力，第一前提，第一根据；二是揭示出本体的主体性。本体既是原因。又在辩证运动中发现自己，回复自己。本体在原因中，在结果中实现自己，是自我发展，自我实现，故可称为自由。现在，因是自我，果是自我实现。于是，自由就包含了必然。由本体到主体，由必然到自由，是本体的逻辑进展。

贺麟很赞成黑格尔对斯宾诺莎实体说的继承和改造，并发挥说，"照斯宾诺莎的讲法，实体是自因。既然是自因，当然是自由了。故将斯宾诺莎本体观充分发展，则一方面是自因，一方面是自由"。又说，"真理不只要直认本体，且须体验得其为主体。这是从斯宾诺莎（本体）经过康德（互因）到黑格尔（自由）的线索。这也可以说是从理学到心学"②。还说，由实体或本体到主体，"斯宾诺莎认为实体是自己的原因，黑格尔说，真正讲来，只有主体才是自己的原因。作为主体的实体，或只有作为实体的主体，才是自由的"，它就是纯概念，就是自我，不为外来事物所决定，普遍必然，能动而自由。③ 说概念是主体，又是吸收批判了康德的先验自我而来。

---

① 贺麟：《黑格尔哲学讲演集》，第182页。
② 贺麟：《黑格尔哲学讲演集》，第185页。
③ 贺麟：《黑格尔哲学讲演集》，第336页。

康德的先天自我，在西方哲学主体论历史上，可以说是对笛卡尔思维主体的进一步发展，进一步挖掘了主体的本体性内容。先天性，是主体性向前进展的里程碑。贺麟评价康德学说谓，"康德崛起，一方面把握住理性派的有普遍必然性的理，一方面又采取了经验派向内考察认识能力的方法，但先天逻辑代替了心理学的方法，对于人类心灵的最高能力，纯理性，郑重地加以批评的考察，因而成立了他的即心即理亦心学亦理学的批导哲学或先天哲学"。康德的贡献，就在于"系统地发挥心者理也的学说"，在方法上，"指出要了解宇宙须从批评地了解自我的本性、认识的能力着手。不然便是无本的独断，无根的玄谈。"①

总之，"心即理"说，不仅仅是心学的命题，而且包含了"从理学到心学"的历史的逻辑的必然性在其中，包容了从斯宾诺莎经康德到黑格尔的西方古典哲学的巨大进展的丰富内涵。

在中国古代哲学史上，贺麟认为，也存在着从理学到心学的历史发展过程。宋代理学崛起，"物者理也""天者理也""性者理也""心者理也"等伟大见解才"显明地系统地精详地加以发挥"。心理关系，尤为其中的关键。但是，"朱子对于心与理的关系的问题尤甚费踌躇，而陆象山直揭出心即理也一句，贡献尤伟"。因为，自陆象山以后，中国哲学"乃根本掉一方向，心即是理，理即是在内，而非在外，则无论认识物理也好，性理也好，天理也好，皆须从认识本心之理着手。不从反省心着手，一切都是支离骛外。心即是理，则心外无理，心外无物，而宇宙万物，时空中的一切也成了此心之产业，而非心外之傥来物了"②。

在朱子那里，理是本体，心是主体。发展到心学的"心者理也"命题，恰恰强调的是主体的本体性的弘扬、和西方哲学彰显本体的主体性质恰成鲜明对照。但二者之中，无论走哪一条路径，都殊途同归，达到了"心即理"，主体即本体的最高境界。在中国，贺认为王船山可以作为达到这一境界的代表。他说，"船山不离理而言天，由事物以求明理知天，处处不离理学规范。然而他又不离心而言理，不离心而言天，处处鞭辟近里，一以心学为宗主。所以我们敢断言他是集理学与心学之大成

---

① 贺麟：《哲学与哲学史论文集》，第153页。
② 贺麟：《哲学与哲学史论文集》，第151页。

的人。他格物穷理以救心学的空寂,他归返本心,以救理学的支离","心学理学的对立,已经被他解除了,程朱陆王间的矛盾,已经被他消融了""所以,船山似乎是最能由程朱发展到阳明,复由阳明回复到程朱"①,深得"心即理"之精义的学者。

不论怎么说,贺麟很清楚地意识到,只有达到了"心即理""主体即本体"命题的境界,心物合一的唯心论才算真正成立,"新心学"的旗帜才可能稳固地插在近代中国学坛上,迎风招展。

三 心与理一

主体的本体性的弘扬,或者说逻辑心的理性的彰显,与主体的本质的实现、主体的理性化,有所不同。前者是后者的内在基础,后者是前者的外在表现;前者是出发点和归宿,后者是中介环节和运动过程。前者的命题是"心即理",后者的命题是"心与理一"。所以,"心即理"和"心与理一"二命题有体用的不同。从"心即理"出发,"心与理一"的过程,不是主体心一心向外骛外,也要向内回归,是"合内外",以内为主的历程。向外格物穷理即是向内明心见性,明心见性即是格物穷理,二者原不可分。所以,"心与理一"过程,既是内在的超越,又是内外俱进的过程。在这一过程中,"心即理"也经受考验、实现价值,并走向回归。

总的说来,心理关系的核心命题"心即理",在"心与理一"过程中,得到比较具体的表现。在这个过程中,贺麟认为,心是第一位的,是出发点,又是理想归宿,是实现"心与理一"理想的主宰者。所以,"心与理一"过程,从心的角度说,就是心的自我外化、自我发现、自我认识、自我建立,从而达到自我实现的过程,就是心做主宰,心主宰理的过程。心主宰理,自然地便能主宰物。心主宰理,又只是理之自我主宰,不是理之外别有上帝、神等来做主宰。这样,逻辑心的本体地位,才牢固建立在理性的基础上。所以,心物关系,心理关系,是贺麟学术思想中的中心问题,而心作主宰,心即理,心与理一,则是他思想体系

---

① 贺麟:《哲学与哲学史论文集》,第265、258页。

中的核心命题。

贺麟说，依照黑格尔的看法，"凡是经过我思想的东西，才是真的"①，而思想的出发点，则在于探寻事物的必然性，即理，也就是揭示事物的矛盾进展。黑格尔说，"思想的路线应该循必然性作出发点，不能提出一些偶然的孤立的不同事物作出发点。必须把事物的对立性揭示出来，才算是真正的思想"。贺麟吸收费希特的自我说进行解释，说揭示"事物的对立性"，即把事物如人、山、水、星球、禽兽等不同的物，归结为我与非我的区别，把它们对立化，通过这样的逻辑思维，"其意义乃愈显"②。贺麟认为，事物虽然在主客之间对立，但"它们之间的根本关系却因此而显示出来，以自我为出发点来表明世象之关联。所以，虽是对立，却非二元"。故对立是一种自相矛盾、自我分化，而不是不同的东西的对立。因此，对立的结果，双方不是彼此消灭，或一方消灭另一方，而是"互相建立"③。心、理的关系就是这样。先从心出发，由心建立"非我"的理，再由"非我"的理建立作为自我的心。只抓住其中的一个环节，而不顾其余，是不全面的。从这里也可看出，贺麟还有把黑格尔向费希特方向进行解释的努力，这个努力方向，和他将黑格尔往康德的方向进行解释的努力，是一致的，都在于要提拔黑格尔哲学中理念的主体性地位。

那么，心作为出发点，向理的方向运动，达到"心与理一"的理想，其动力何在？在贺看来，其动力在于自己内部，出于"自性的必然"，出于心的先天性。作为现实的、有限的经验心，却有所不同。这个问题，实即是问，有限如何扬弃自己，达到无限。贺麟说，这其实还是因为内在矛盾。有限的事物，有它内在的限制，有它的命运，即有其内在的矛盾。"因为有了内在的矛盾、乃不能不为内在的驱迫以解除其矛盾，以超出其自己"，达到无限。④ 事物这一"内在的矛盾"，并非事物独立自在的、不依人的精神而存在而运动的。恰恰相反，它正是心物矛盾、主客

---

① 贺麟：《黑格尔哲学讲演集》，第261页。
② 贺麟：《黑格尔哲学讲演集》，第171页。
③ 贺麟：《黑格尔哲学讲演集》，第172页。
④ 贺麟：《黑格尔哲学讲演集》，第160页。

矛盾的表现，是逻辑心的自我矛盾。

关于矛盾，贺认为，在黑格尔那里，矛盾有相反、递进、相辅三种类型。有与无的矛盾，是相反的矛盾，有与无的合，是变，为矛盾的解决。这是黑格尔存在论的第一环节；存在和本质的矛盾，是递进的矛盾，存在递进到本质，再进而为具体的概念，是为矛盾的解决。"三者之间，层次虽属递进，但否定原则仍通行于其间。三者相合则彼此相通，并存而俱真；三者分离，则自相矛盾，并亡而俱幻。所以这种递进的三分，其关系也是矛盾。"① 相辅的矛盾，如哲学、宗教、艺术，也是合则俱存，离则俱亡，所以，也是矛盾关系。不过，相辅的矛盾，可谓"平行"关系，互不决定、互不影响，各自以实现自我的价值为整体大全作使命、尽职责。所以此"平行"是现象，体用才是本质。就心理关系说，经验心向绝对的逻辑心运动，是本质，外在的关系，如心物平行、心理平行等，是表面现象。那么，相辅的矛盾，也必然向递进、对立的性质转化。矛盾终归是"自己进展，自己超越，最后归于统一"②。这个"自己"，就是逻辑心，乃经验心的本质；其进展，就是逻辑心的自我外化，尔后表现为经验心主导理、心超越理、心包含理，最后实现经验心的理想，达到"心与理一"，回归到"逻辑心即理"的出发点。

心理平行的进展，达到心主导理阶段。心主导理，是心理的相辅的矛盾递进的结果。作主导的心，是心理矛盾的主要方面，因为心有先天的能动性，而理却没有。心主导理的结果，是心超越理。超越，不是超绝，不是离开理的超脱，而是在理中的自我觉醒，认识外在的理，同时即觉悟了内在的理；把握了理的外在逻辑形式，同时也体验到理的内在生命实质。超越的结果，是心包含理，理在心中，心外无理，达到心与理一。

"心与理一"的过程，就是逻辑心的自我实现的过程。贺麟认为，心对理有两个突出的功能。一是认识功能。心要"认识全体"③，如良心、直觉，都是心认识全体的表现。全体，也称大全，就是理，即逻辑心。

---

① 贺麟：《黑格尔哲学讲演集》，第647页。
② 贺麟：《黑格尔哲学讲演集》，第172页。
③ 贺麟：《现代西方哲学讲演集》，第20页。

故心"认识全体",实际上是心的自我认识,"即在他物中遇见或发现自己"①。向外格物穷理,根本上就是向内明心见性,认识全体,就是通过认识他物而发现自我,为实现自我创造条件。

心之所以能"认识全体",因为根本上,心就是全体,"心即理"。在真理的标准问题上,若仅持符合说或融贯说或约定说,在贺麟看来,都不全面,也没有深入骨髓,直探本体。贺认为,真正说来,大全、真理,它是自己的标准,也是它所外化的众理的标准,当然更是谬误的标准。它内在于真理与谬误之对立中,而又超越其上,它包含了两者对立统一的成果。这样得来的真理,是大全,是宇宙万物的本质。对这个全体的认识,根本上,是主体本体对宇宙本质的直觉,是心和理的同一。心理同一,也是主体认识世界的基础和最高境界。主体要达到这种境界,又不只是直觉的,必须经过感觉、知觉、理性等各阶段的进展,是逻辑和直觉相统一的最终成绩。总之,心"认识全体",乃是逻辑心全体、主体本体自我运动的最高形式,它为"心与理一"的到来奠定了必要的认识基础。

二是建立功能。贺麟说,心"不只要认识全体,它另一方面又是规模、法度、理则、真理、大道的建立者"②。没有心做主体的理,只是空洞的架格、形式,没有力量。但就是这架格、形式,也是心创造出来表达自己的架格、形式。不用说,理的功能、力量,都是心的赋予,是心的外化表现。理在心中,理必与心合一,才有力量,有生命,这个过程,也是由于能动的心努力的结果。离心无理,理而无心,则无生命,无前途,也不存在这样的理。整个说来,理出于心,理由心建立,是心的产物,心的外化,心的表现,只是心的一个部分,一个阶段,一个层次。心建立理,站在逻辑心即理的角度看,其实只是心的自我建立。

心能认识理,所以,心能够主导理;心更能认识天理、全体、自身,所以,心还能够超越理,不为理所束缚、限制,站在主体的山顶,俯视众理,将见得理的曲折、脉络和全景,使山下美景,尽收眼底,从而见得自身的地位崇高和自由本质;心不仅能认识理,而且能建立理,以满

---

① 贺麟:《黑格尔哲学讲演集》,第185页。
② 贺麟:《现代西方哲学讲演集》,第20页。

足自己不断增长的需要。心能建立理,则理在根本上已被心所主宰、所包容。因为,心建立出来的理,毋庸置疑地仍然为心所主宰、所包容,它们只不过是心的新的外化。可见,心之能主导、超越、包容理,实乃心发挥自己的认识建立功能的成绩,"心与理一",则是心发挥自己的功能,进行这一系列运动的最终结果。

心的自我发现和自我建立,是一个统一的整体,都是心的自我实现的体现。发现是建立的基础,前提,是体,建立是发现的结果和展示,是用。二者只是一事。自我发现,则必自我建立;自我建立,则一定已经自我发现。发现和建立,共同构成了自我实现的过程。自我实现一当完成,就达到了"心与理一"的境界。

"心与理一"的境界,在贺麟看来,有似于桑提耶纳的"本性世界"。他写道,"它是一种空旷虚灵的富于新奇、甜美而又孤寂静穆的境界。这静穆境界被玄学家所沉思,被诗人所歌颂向往,犹如经历了千辛万苦九死一生而达到的至善的乐园。又如在飞机中,在驰向远方的火车中忽然看见的一片美山好水。人在发现它的那一刹那间会心旷神怡,胸襟开朗,俨如成了一个透明无渣滓的存在"[①]。这是一种直觉的境界。但这种觉悟的到达,却是经过"千辛万苦九死一生"的艰难曲折的努力奋斗的收获。可见,"心与理一"的历程,绝不是和风细雨,一帆风顺的,而是有奋斗,有曲折,有沮丧痛苦,有死亡的恐惧、失败的忧愁的,它是一个辩证的过程。

贺麟的心,就是现实主体人的抽象。经验心,即经验主体,逻辑心是逻辑主体。撇开他的形而上学残余,可以看出,他对"心与理一""心即理"的见解,有力地揭示了现实的实践主体实现自己的自由的本质具有内在的必然性,"心与理一"只是作为实践的人的自身本质的外化和回归,是自我内在力量的实现,这无疑极大地提高了现实的主体人的自信心和勇往直前,不屈不挠,不淫不移的精神。他强调主体必须和真理相结合,才成为真正的主体,真理必须为主体所把握,才具有生命;内容和现实的强大力量,都具有十分重要的意义。

[①] 贺麟:《现代西方哲学讲演集》,第137页。

第四章

逻辑主体论

中国传统哲学，较多地讨论体用问题。但"体用合一"命题一直没有获得有力的逻辑论证。迄于现代，熊十力先生继承发挥这一命题，作为自己学术思想体系的基本骨架，并提出了"体用不二""翕辟成变"等命题，比较具体细密地论述了体用关系，可以说是中国传统体用论的发展。贺麟则在吸收融会和改造西方哲学的基础上，提出逻辑主体范畴，作为传统体用论强调的"体用合一"的中介桥梁、能动主体和内在根据。

贺麟说，东方哲学不是不玄妙，不是没有形而上学，却始终"缺少一个从本体打入现象界的逻辑主体"[①]，致使体用合一，不能成为逻辑缜密而且有现实力量的真理。这个逻辑主体，就是贺提出的"新心学"核心概念：逻辑心。逻辑心即理，所以它是本体；逻辑心是心，是心的本质，所以它又是主体。集中论述作为主体的逻辑心，逻辑主体，正是贺麟"新心学"的首要任务。

逻辑心即理，是对逻辑主体本质特征的高度概括。而"心与理一""心物合一"等命题，则是逻辑主体本质的表现，是逻辑主体的运动过程。这几个命题结合起来，构成了"新心学"的逻辑体系的骨架。从这几个命题都紧紧围绕着逻辑心、逻辑主体来论述，称贺麟的学术思想体系为"新心学"或主体哲学，是合适的。

[①] 张祥龙：《贺麟传略》。

一　渊源和特征

从渊源看，逻辑主体（逻辑心）概念，是贺麟融会中西哲学的成果。中国传统哲学谈"体"，如"道""气""理""心""仁""礼"等，在哲学家那里，每个概念往往是三合一的，集三种性质——物质性、精神性和规范性于一身。但在贺看来，它们如何与"用"合一，表现在人身上，如何解决人性与人身的统一，仍没有令人满意的答案。所以，总的说来，中国古代学者，关于主体的思想不特别突出，所以，像对于人和禽兽的区别，也不能做出理性的解释，只有一些经验的观察和天才的猜测。在他们那里，理和人的关系，只是外在的关系。即使在有较高理论思维的宋代理学家那里，人和禽兽的区别，至多只是禀气清浊的不同，而较少关注主体本身的内在原因，没有人的本质根据。心学家对此不满是理所当然的。不过，心学所讲的心，却大多似乎是将经验心无限拔高，变成直接等同于天理。"心即理"这一命题固然大胆卓绝，但缺乏必要的逻辑历程的支持，仍然只是经验的直观或猜测。于是，在古代，中国人只能在物（禽兽）和天理（圣贤）之间作非此即彼的选择，缺乏现实的过渡。活生生的人被撕成两半，一半是圣贤，一半是禽兽，截然对峙，仍然只是没有人，没有活生生的、理性的、现实的人。在两难抉择中，人本身被遗忘，从追求不遗忘的努力中，走向了遗忘。不从现实的人本身去解释人，在理学家、心学家那里，各自走出不同的道路。

与此相反，西方近代哲学的一个重大成就，就是主体的发现和建立。笛卡尔建立了不可怀疑的"我思"主体，开西方近代哲学的先河。中经斯宾诺莎的神圣实体、康德的先验主体，到黑格尔才建立起辩证主体。黑格尔的辩证主体，既具有实体性或本体性，又具有先天性，还具有辩证性。通常理解，体即理性，用即理性之表现和材料。辩证主体一旦建立，作为主体的人体用俱备，有理想性，有实在性，有现实性。人有成圣成贤的先天必然，却也有为禽为兽的事实和偶然。辩证主体，虽然仍只从逻辑思维上解释人，但较之中国古代，毕竟有更多的"人"性，离人更近了，看着更亲切了，作为本体界和现象界相统一的逻辑主体，也具备了。贺麟希望把这个主体引入，以弥补中国古代哲学之不足，以谋求中国传统哲学的现代化。辩证的、先天的、神圣的主体,本体主体,是贺麟从西方留学带回来的一份厚重礼物。

还在早年,贺就十分关注主体的问题。只不过,当时的主体思想,是通过他关于自我的论述表现出来的罢了。

贺麟通过对近代西方哲学历史的考察,认为笛卡尔发现了怀疑或思维的自我,"把自我与思维近乎等同起来"。此后,霍布斯、洛克又发现了自我的外在的政治权利,尚未接触到自我的基本要素,卢梭则强调自我的情感方面。总之,在法国革命和康德以前的学者,纷纷把力量贯注到主体身上,虽未发现主体的本质,却共同努力,"摧毁束缚自我的专断的权威和机构","除去加于自我的专断锁链和限制,为自我的积极发展和扩展开路"。紧接着,康德极其强调自我的意志方面,认为自我自身就是目的,它"尊贵就在于它能遵从普遍的规律"。贺麟赞扬道,康德哲学,是"真实的标志着自我积极发展的开始"。费希特更进一步认为自我乃一"最终的实在",特别在道德方面获得了最高发展。自我永恒的职责就在于"设置非我并战胜非我"。谢林则认为,自我的最高发展在艺术和美学方面。与此相联系,他调解了费希特的自我与非我的矛盾和冲突,使其消失于绝对之中。自我在黑格尔那里发展到"顶峰"。

黑格尔认为,最终的实在是绝对自我,但有具体内容。绝对自我是一个综合的凯旋,或者说是有限自我的持续不断地自我更新的过程,这个过程有存在、否定、超越的阶段,是一个自在、外在、回复自身的过程。[①] 贺麟认为,自我发展到黑格尔,"自我积极发展的新方向、新渠道被打开了"。绝对自我概念的提出,意义尤其重大,从此有可"避免贝克莱唯心主义的主观性之工具"。但"什么是深我或绝对自我的问题,总会引起哲学学者的关注"[②]。对这个绝对自我,贺继承了下来,并向逻辑主体的方向改造。

改造的第一步,是对自我进行分解,即分为绝对自我和个体自我、理想自我和现实的自我,他认为,个体自我之能存在,一是在于它是"绝对自我的表现和形态";二是在于它有"自己独特的限制和特性",由

---

① 贺麟:《哲学与哲学史论文集》,第96—97页。
② 贺麟:《哲学与哲学史论文集》,第98页。

于分有了绝对自我，所以个体自我才有"价值和现实性"。又由于它是有限的，所以又是自相矛盾的。由于矛盾，个体的自我，要经过斗争和冲突，向绝对自我飞跃。绝对自我仅仅是理想，没有个体自我总是"努力寻求更高级、更纯粹、更完全的东西的经历"，就没有绝对自我。[①] 这时，他已经意识到他和新黑格尔主义者布拉德雷有不同的看法。他说，"我在这里与他（指布拉德雷）有不同的看法，我认为，自我在其飞行过程中也是实在的，而不仅仅是一种现象"[②]。可见，和布拉德雷不同的是，他更重视主体实现自己本质的过程。主体的最高本质，最后理想当然是实在的，但走向最高本质、最后理想的每一个环节和阶段，每一个现实的具体主体的努力，也都有自己的价值和实在性，而并不就全是瞬间即逝没有永恒性的现象。人的本质、理想是人的根本，但每一个人的短暂一生，只要向这个方向努力了，做出了贡献，留下了成绩，不论有没有其他人的歌颂和宣扬，都有其内在的永恒价值。强调逻辑主体和具体主体的体用统一、有机联结，强调二者都具有实在性，都有永恒价值在，是贺麟主体思想的一个重要特征，这个特征的逻辑实质是"体用合一"的辩证思维。辩证思维，乃是"新心学"的方法论核心。

贺麟还谈到主体的自由问题，他认为，"只有在理想自我的领域里，我们才有自由"，即是说，"一切事物得到理想自我的承认就是合法存在。合法存在就是一个事物为自我有意识地承认具有价值和意义，它是与现实存在相对的"。"理想自我的自由在于它的权威和统治权，如果你乐意，可以对一切自我之外的现实存在都合法地承认，但这样做，自我就运用了它的自由，认识了它的目的，而且扩展了它自身，扩展了它的边界，因为得到自我正式合法承认的东西就属于自我了。"理想自我，对现实自我，不断进行再确定或再估价，由此而给现实的自我以"自由的机会"，使死的事实变成活的灵魂。比如，"在现实自我那里的坏事，靠理想自我自由更新的结果，可以转变为好事"。理想的自我，在一种意义上，是无限的、普遍的、崇高的。之所以说"一种意义上"，因为"它只是一种理

---

① 贺麟：《哲学与哲学史论文集》，第89—90页。
② 贺麟：《哲学与哲学史论文集》，第89—90页。

想，它的功能是扬弃，是现实地承认一切事物，是对自我永恒飞行的庇护"①。

由上可以看出，贺麟对自我的分解，一是强调绝对自我、理想自我的重要性；二是强调个体自我向着绝对自我、现实自我向着理想自我飞跃过程的实在性和辩证性。到他的学术思想体系形成时，他对自我的理想性、绝对性更为强调，提高到了本体的地位，并揭示出"逻辑心"范畴。这一改造，主体性更高昂，辩证性更具体，是"体用合一"逻辑在主体学说中的创造性运用和发挥。

从中西学术渊源看，贺麟建立的逻辑主体，又是融会贯通中西古典哲学的成果。"自我"，是西方哲学特别是费希特、黑格尔思想中的主体范畴，它和"非我"对立，所以，"自我"又只是主体的一个环节、一个层次和一个方面。"自我"要超越"非我"，包容"非我"在自身内，必须建立"非我"、克服"非我"、认识把握"非我"，经过一段十分艰难困苦的历程。"心"，则是中国哲学特别是陆王心学的核心范畴。在陆王那里，"心"超越包容了主体人自身内部的对立，也超越包容了心物之间的对立，成为绝对的本体主体。贺麟将表达主体的概念从"自我"改造成"心"，正是他的主体哲学建立形成的过程。他由此建立起来的"逻辑心"，一方面继承了"自我"运动的辩证过程，把它纳入"逻辑心"，成为"逻辑心"的运动逻辑；另一方面又使主体的范畴形式具有了民族特色，实现了中国化，从而建立了中国式的主客体既对立又统一的主体哲学之"心"本体，即"逻辑心"。显然，贺麟的"逻辑心"既吸收了西方哲学中的主体论和辩证法，又继承改造了中国哲学中的"心学"思想，是中西主体思想交融的产物，当然，它也是传统"心学"的新发展。

贺麟的逻辑主体，概括地说，有以下几个特征。

第一，本体性：逻辑心即理也。逻辑主体是本体，如前述。

第二，中介性：逻辑主体，是体用合一的桥梁。主体的中介性，源于主体的运动性。

第三，运动性：逻辑主体，不是一个抽象的静止不动的概念，"不是

---

① 贺麟：《哲学与哲学史论文集》，第93—95页。

一个抽象的纯粹的"东西,"而是具有无限丰富内容的具体共相"。①"具体共相"即理。逻辑主体到达具体共相的过程,就是"心与理一"的过程。逻辑主体运动的动力来源于逻辑主体自身的内在矛盾,即自我和非我、抽象和具体、主体的本质和现实中的限制之间的矛盾对立,一句话,即体用矛盾。

逻辑主体作为认识主体,其运动历程可以简括为:"心→心中之理→时空→'感之理'→自然知识→科学→哲学→心"。理出于心,故理皆是心中之理。贺麟说,时空,也是心中之理,但"只是自然知识可能之理而不是使别的知识,譬如价值之知可能之理",就此而言,可称为"感之理"。自然知识经过一番理智的整理,即成为科学的自然知识。② 而哲学,又是科学的进展,也是逻辑主体的集中表现。同理,逻辑主体作为行为主体,它的运动历程可概括为:"心→心中之理→时空→行之理→行之知识→道德→宗教→心。"③ 他所谓行为主体,并不是我们通常所谓和认识相对的实践主体,它仍然是认识主体,只是对主体行为的认识而已。所以,贺麟的逻辑主体,是知体行用,知主行从的,可以概括为认识主体。唯物论的实践主体概念,这时还被掩藏着,戴着面纱,只是到他思想成熟时,才公开显示出来。

第四,层次性。贺麟的逻辑主体,从高到低,有两个层次。一是本体主体,命题是"心即理"。逻辑心是主体,理是客体,心即理,就是心理合一,从而主客体为一。本体主体,表现为本质主体:以主体内在的本质为主体,以主体外在的心理经验、言行活动为客体。本质主体的运动,表现为主体本质的实现,即主体自我外化,自我认识,自我建立和自我实现。所以,本质主体的命题,可以概括为"我我合一"。本体主体,也表现为思维主体。以思维、精神为主体,以存在、物质为客体,主客体合一,表现为心物合一、心身合一的命题。认识主体,则是思维主体的表现。认识者为主体,认识对象为客体,主体客体合一,表现为"知行合一"的命题。"知行合一",不是唯物主义认识论上的认识和实践

---

① 贺麟:《黑格尔哲学讲演集》,第246页。
② 贺麟:《哲学与哲学史论文集》,第148页。
③ 贺麟:《哲学与哲学史论文集》,第148—149页。

的统一，而是认识主体的自我认识，主体、客体都是自身，是自身的合一。主体自身，即逻辑心，也是理。唯有真理，才是真理的标准，又是谬误的标准。主体之能认识客体，不过是真理的自身的统一，在意识中的统一。真理是真理的标准，这个说法很有道理。但如果单独看，不结合实践活动，就不完全。完整地说，真理是真理的标准，实践过程则是检验真理标准的可操作过程。一从内容说，一从形式说，二者不可分开看。① 如此，庶可满足"体用合一"逻辑的要求。另外，认识客体，根本上说，乃是逻辑主体的外化，相应地，它也包括两个方面的内容：一是主体生产、生活、生存的外在世界，即周围环境；二是作为生产、生活、生存的主体自身。主体"认识全体"，乃是建立在对这两方面客体的认识、理解的基础之上的。在逻辑环节上，两方面的认识对象——认识客体，因此构成认识主体向逻辑主体进展的工具和阶梯。从认识主体的层次看，它又可称为经验主体。

逻辑主体的第二个层次是经验主体，即经验心。贺麟认为，逻辑主体是经验主体的本质，而情感、意志、思虑营为等，则是经验主体的表现。主体是逻辑主体和经验主体的统一。这一点，他沿用传统哲学的"心统性情"的命题来说明。他说，"理是心之性，而非心之情，而心是统性情的全体"②。性是逻辑心，心是经验心，情是经验心的表现。逻辑主体和经验主体的两个层次，是内在统一的，不是彼此隔绝孤立。内在统一，由逻辑主体的运动性特征来完成。但逻辑主体的运动，又不能不表现为经验主体的运动。经验主体，在主体和客体的相互关系中，逐渐扬弃自身，发展自身，实现和客体的统一，这是逻辑主体实现自我的外在表现。

逻辑主体是经验主体的本质抽象，谈逻辑主体，不能不谈经验主体。而经验主体，也是现实主体的本质抽象，所以谈经验主体，也必须谈现实主体。只有在现实主体和客体的相互运动中，才能较准确地把握主体的特征，从而，也希望能更进一步理解贺麟的逻辑主体的本意和意义。

但是，逻辑主体建立后，本身也具有重要的意义。在本体论上，概

---

① 参见李德顺《价值论》，中国人民大学出版社1987年版，第290页。
② 贺麟：《哲学与哲学史论文集》，第147—148页。

括说来，它揭示出主体人的本质，也找到了主客体运动的出发点、归宿点和运动准则。有本体主体，主体从此将不再局限为现实中生死变化的个体主体，不再被这些个体主体活动的历史局限性所桎梏，它督促、引导着这些个体主体向前看，往前走。而个体主体也将因为自觉到逻辑主体的支持和召唤而树立起坚定的信心，平添无畏勇气，艰难却坚定地向着理想的、集体的主体，向着本体主体，脚踏实地，一步步靠拢、逼近。在此意义上，可以说，"逻辑心"乃是现实中的人们的指路明灯、宏伟理想和内心深处的希望。而这种建立在"体用合一"辩证思维基础上的本体主体，对于我们今天建立科学的主体哲学也具有重要的参考意义。

二 主体和客体

主体和客体相互作用过程，可分解为两个方面：一是客体的主体化，即主体作用于客体；二是主体客体化，即客体作用于主体。

主体作用于客体，指主体以知行活动，从物质、观念上去接触、影响、改造客体，在客体身上显示而且直观自己的本质或"本质力量"，从而实现自己的发展。[①] 主体作用于客体，以自身的"内在尺度"来影响、改造客体。其内在尺度表现为主体的主体性，即主体的自身规定性。主体性，包括自为、自觉、自主、自由[②]，是主体追求理想的历程，它现实地表现为主体自身的需要的满足、目的的追求、效益的获得。由于自为，在客体进入主客关系时即已被选择和改造。人只能以自己的器官，以自己的知、情、意去认识、实践客体，只能认识和实践主体愿意且能够认识和实践的客体对象及其方面、层次、环节。而主体具有需要，表明主体有所缺乏。客体或直接或经主体改造，而间接满足主体的需要，使主体实现自己的目的，获得现实的效益，意味着客体向主体的转移，客体主体化。这时，客体被主体主宰。主体经过努力，消灭了主客的对立，使客体成为主体发展自己、实现自己的一个因素和环节。客体主体化的完成，表明主体完成"外化"回到自身，实现了自己的发展和价值，主

[①] 参见李德顺《价值论》，第84、90页。
[②] 参见王永昌《实践活动论》，中国人民大学出版社1992年版，第100—103页。

体的本质力量得以实现和展示，达到了从客体身上直观自身、映现自身的目的。主体的本质，或者说人的主体性，包括自为、自觉、自主、自由等内容，因此得以实现。

关于主体的本质，或人的主体性，或人的本质在主客关系中的表现，我理解，三者是一个意思。关于人的本质的内容，马克思对此有全面的论述。总的来说，马克思是从辩证的过程来看人的本质的主体性表现的。

其一，马克思说，人的需要即人的本性。这个需要本性还是抽象的，是有待在主客体关系中验证和实现的。

其二，即通常所引用的马克思的话，人是一切社会关系的总和。[①] 我理解，这里的社会关系，不是抽象的概念，也不是现实的静止的人际关系网络，而是社会关系中包含的人的社会实践活动，以及在实践活动中体现的主体客体关系。如人的需要，必须在主客体相互作用的过程中获得满足，并逐步提高。因此，社会关系，是对人的需要的扬弃。在为满足需要而进行实践，提供条件下否定抽象的内在的需要。这不是简单的否定，而是否定中有肯定，否定的目的是肯定。这是一次辩证的进展。

其三，马克思说，"自由是全部精神存在的类的本质"，"自由确实是人所固有的东西"。[②] 自由，是人的本质的实现，是人的需要的满足，是人的社会关系运动的结果。所以，自由是主体性内容的实现，是对作为主客体关系的社会本质的又一次扬弃。

"需要→社会关系→自由"的逻辑进展历程，正是马克思所论的人的本质的运动过程。如果我们把这个历程每一个环节的主词列举出来，就是"主体→主客体关系→主体"的形式或过程。说它是过程，因为它正是主体自我外化，建立客体，并主导、超越、包含客体，最后回归自身，实现主体的本质的过程。据此，我们可以得出这样的结论，人的主体性及其实现，实即就是人的本质在主客体关系中的实现，前者就主体性的形式说，后者则就主体性的内容说。主体性，乃是人的基本特征。

从主体性的内容说，自为，集中体现主体的需要；自觉，体现主体对客体的认识，本质上是在客体身上直观自身，映现自身，认识自身，

[①] 《马克思恩格斯全集》第3卷，人民出版社1960年版，第5页。
[②] 《马克思恩格斯全集》第1卷，人民出版社1960年版，第67、63页。

是自我认识，故曰自觉；自主，体现主体在与客体关系中，自作主宰，选择、认识以至实践改造客体，以满足主体的需要。所以，自觉、自主，均是就主客体关系说，是马克思所谓"社会关系"本质阶段的内容在主体身上的表现。实践，必须是自觉的自主的活动，盲目的、被动的、无理性的活动，不是实践活动。自由，则是主体本质的实现，是自觉、自主的实践活动的结果。所以，我认为，自为、自觉自主、自由是人的主体性的基本内容和发展历程。

客体作用于主体，指客体以其自身的规定性影响、制约以至改变主体，使主体客体化，在主体身上映现自己，打下烙印。如反映对象对反映者的刺激和占有，环境对人的制约和改造等。① 客体作用于主体，就是以自身的规定性制约和改变主体。客体的规定性，现实地表现为不依主观意志而存在的客体的规律性及客观效应。客体以其规定性作用于主体，要求主体必须承认尊重客体，理解、遵循客体的运动规律，才能实现主体的本质。但是，客体作用于主体，不是客体能动的作用，而是通过主体的能动作用实现的，或者说通过主体对客体的作用，特别是实践活动作为中介桥梁而实现的。客体作用于主体，不是限制取消了主体的能动作用，恰恰相反，这是对主体能动作用的考验和证明，是主体培养能动作用的学校，是主体锻炼能动作用的加工厂，是主体展示能动作用的竞赛场。

主体作用于客体，和客体作用于主体，其实是一个有机的辩证统一的过程，而不是互不干涉，也不是平起平坐，不是"中立体、平分体或混一体"②，其间有发展的阶段性。这个阶段，是逻辑上分的。主体和客体相互作用，同时进行，并无事实上的先后关系。逻辑上，却必然分出先后。

第一，必先有个主体。按贺麟的看法，主体客体二分，不是"男女平等"，主客体各顶半边天。而是有主从，有体用，有先后。主体为主，是体，在先，客体为从，是用，在后。在先，是逻辑上在先，非事实上在先。主体、客体二范畴，乃逻辑概念，只可言逻辑先后，不可言事实

---

① 参见李德顺《价值论》，第84、90页。
② 贺麟：《黑格尔哲学讲演集》，第203页。

先后。譬如，若以主体为人，客体为物，则事实上物先人后。但逻辑上说，必先有个人，物才有其意义，才有其价值，才有物先人后的事实的认识。人比物有价值、更重要。在人与物的相互关系中，人是物之为物的原因，而物不是人之为人的原因。所以，人逻辑上必先于物。又比如，如果以心为主体，理为客体，则事实上不能说孰先孰后。因为二者都是从主体、客体中抽象出来的概念。所以说先后，必是主先客后。必先有个主人，然后才有客人，即使客人年高而德劭，也不能喧宾夺主。所以，贺认为，客体之存在有意义、价值等，皆须以主体的确认、审查、签字为前提。否则对主体来说，客体只是漆黑一团，不成其为客体。客体之所以为客体，必经主体的验证、证明。当然，主体之能为主体，也必经证明，但却是由主体来利用客体以证明自身，本质上是主体自我证明，而不是客体直接证明主体的意义、价值、条理等。故曰：主体客用，主主客从。从这里可以看出。贺麟论心物关系，其中一个方面，是将心物关系讲成主客体关系；而主客体关系，又是抽象的概念——在他看来是具体的共相，但仍有逻辑的思辨性——的关系。这可以说他走向唯心主义的一个重要原因。

第二，主体在先，却抽象，主体不离客体而存在。虽然主体逻辑上在先，但不是像上帝创世般，在客体之前，有一主体来创造客体。主体、客体不能分离，同时存在。亡则俱亡，生则俱生。这也是从逻辑言。逻辑上的"同在"和逻辑上的"先在"不矛盾。同在，是形式逻辑的说法，在主、客体二关系中，必二者同在，主、客体关系才存在。"先在"是辩证逻辑或者说价值逻辑的说法，在"同在"关系中，仍有价值大小之别，故有逻辑先后之分。而形式逻辑发展上升至辩证逻辑，具有必然性。所以，"同在"和"先在"，是统一的，又有发展的阶段性。

既然主、客体同在，则先在之主体，必然客体化。认识客体，反映客体，被客体占有，也就是建立客体，主体自身外化，向客体委托授权，发合格证书。总之，就是主体向客体方向运动，是为主体客体化过程。贺麟把这个过程，作为"心与理一"过程的前半部分，或者说是"心即理"过程的第二阶段、第二环节，即"理出于心"，心认识理、心建立理的过程。在这一过程中，逻辑心一无所为，投入客体内部，让客体的规定性当权。

第三，客体一当建立，还没有完成使命。客体还必须主体化，向主体方向运动，这便是主体的回归。之所以说回归，是因为主体客体化即外化，如同一游客，从家里外出旅游，增长了见识，陶冶了情操，高兴而出，尽兴而归，愉快满足地回到故乡。主体客体化，表现为当主体不自觉时，客体限制、制约、逼迫着主体向自己靠拢，表现为外在于主体的力量牵引着主体前行。但当主体自觉时，便觉得客体的压迫，不过是主体自身的自我逼迫、自我压迫，自己压迫自己；主体自己否定自己，克服自己的缺点，自己战胜自己，不是外物打败了自己。对此，贺麟详细发挥说：

> 最好把外界事物看成出于自性的必然。罪恶、受苦、错误、失败、贫贱、寿夭，都是命的事，最好从自性的必然性去解释它。其原因是内在的，不是外在的。若不从自己解释，则怨天尤人，只觉自身不自由。若从自性的必然来解释，则有自由。自然科学以外在必然释自然，但在精神生活方面当从自性出发，须以自性的必然去解释。这是从道德方面去讲。这样的必然，也不单是知识论方面的东西了。①

"自性的必然"，指必然性出于自我的本性，必然性有目的性，便如同蚕之吐丝，鸡之报晓，出于内在，自然而然，不是盲目的、外在的力量。真正的科学，不仅要用外在的必然性来解释，更要从内在的自性的必然来解释事物，解释人。这个说法，很有道理。

只不过，说自然科学只是"以外在必然释自然"，当今的自然科学家也许不会赞成。如果说因果关系，是自然科学研究所关怀的重点，因果解释法是自然科学的基本方法，那么，因果关系，正是"自性的必然"联系的表现，因果解释法，也是从"自性的必然"认识事物的方法的具体化。应该说，真正的自然科学，正是以自然事物内在的自性的必然来解释的科学。真正说来，贺麟和自然科学家的分歧的根本在于，贺麟不承认自然事物的离心而在的客观实在性，而这一点，却是自然科学赖以

---

① 贺麟：《黑格尔哲学讲演集》，第 181 页。

诞生成长的立脚点、出发点。所以，在贺看来，自然界的自性的必然，如果说有客观实在性，而科学得以立脚出发的话，这一客观实在性正是逻辑主体的外化、赋予、授权。他认为逻辑主体是比客观实在性更深刻的自然物的本质、更原初的自然物的起点。于是，自然物的"自性的必然"，是客观实在性的本质——逻辑心或逻辑主体。认识，必须从逻辑心"起论"，是贺麟"新心学"的方法论特征。从这个逻辑出发，自然科学当然就只是"以外在必然释自然"，有所不足，必须审查批判其前提，而力图超越之的了。可见，贺麟的主体唯心论的本体论和方法论是联贯一体的。

贺麟的"新心学"和科学的关系，在贺看来，大致可以表述如下：各门科学，包括自然科学、社会科学、思维科学、精神科学等，无一例外，都纳入了"新心学"体系之内。在此体系中，"新心学"逻辑主体，为各门科学提供成立的前提，提供科学之所以为科学的主体内在根据——主体即本体的核心命题以及这个命题的表现形式如科学的内在动力、方法、标准等。反过来，各门科学则成为"逻辑心"证明自己的材料，成为它为自己服务的工具和实现自己的桥梁。一言以蔽之，"新心学"和各门科学的关系，是体用关系在认识上的表现。所以，它们虽都追求真理，但"新心学"求的更多的是大全，包括主体客体在内，所以它们的研究对象、方法、功能、地位都有范围和层次上的区别，其区别可谓逻辑上的先与后、内与外、本质与现象、目的与手段的区别。在这些质的区别中，才有求真理的同。但令贺奇怪的是，"新心学"体系首先就要面对自然科学家以及现代科学哲学的疑惑。困难就在于，根据贺的"新心学"逻辑，目前还难以消解他们的疑惑，令科学家们放心；另外，科学家和以科学为出发点的学者们，也没有提出足够的理由去消解"新心学"的逻辑推论。这一点，已经成为现代人类思想中科学和人文互相冲突的表现之一。虽然有不少学者以历史事实为根据，乐观地指出科学和人文双方逐渐融合的趋势，但从哲学上调解冲突，消除矛盾，使双方在逻辑上融为一体，使双方都觉满意，还有待现代学者的苦思力索。

为了消解分歧，达成共识，以求真伟业，对"新心学"和当代某些科学哲学家的分歧，在这里，可以提出两个问题。

第一，对贺麟的"新心学"，科学家、哲学家以及其他人，本着科学精神，在什么条件下，在哪些领域里，以什么方式可以承认"新心学"的合理性？解答这个问题，既有赖于"新心学"的传播甚至完善发展，也有赖于人们对"新心学"的理解。

第二，贺麟"新心学"体系，容纳了多少科学精神在内？人们说，实事求是，是科学精神的核心。但"实事"概念，除了实际、事实、事物等现实存在以外，是不是也包括这些实际存在中的道理、本质、规律性等在内？对此，应该是没有疑问的。因为"实事"中有"是"，有道理、本质、规律性，所以我们才能去求"是"，我们也才能在求"是"中体现出科学精神。科学精神，就是"实事"和"是"的辩证统一在主体身上的表现。主体、实事、是，三者必须统一起来，科学精神才成为活泼灵动、有体有用的生命。离开主体来谈"实事求是"，则无意义，所谓"求"将无着落，即偶然求到所谓"是"，也是死理；离开"实事"来求"是"，则所谓"是"将空洞抽象、悬空飘浮，只是死的架格、僵化的形式；但如离开"是"来从所谓单纯的"实事"出发，则将只见到散处宇宙、乱作一团的材料，无从找出所谓"是"来。

只有三者有机统一，才能真见得科学精神。实事求是的科学精神，或可说比较集中地表现为现代科学成立的两大支柱——逻辑体系和实践（实验）活动。两大支柱，共同构成了衡量科学性的比较具体的标准。贺麟"新心学"体系是不是建立在这两大支柱的共同支持下，将两大支柱牢固地统一了起来？从后面的叙述可以见到，贺麟一直朝着这个方向在努力，并最终将逻辑和实践辩证地统一了起来，使逻辑成为可以实践验证的、就包含在实践中的逻辑，使实践也成为在逻辑指导下，内含了逻辑本质内容并最终向实现其本质内容前进的活动过程。在两者的体用统一中，是体现了将"实事""是"、主体三者有机统一的科学精神的。

如果说，在贺麟那里，主体客体化，表明主体还有不自由、受限制的窘境发生，而且自觉地自己战胜自己，也没有完成，那么客体主体化，则是这种制约、限制、压迫困境的解除，是自己战胜自己的实现，即一定程度、一定领域的自由的实现，也就是"心与理一""心即理"的实现。可用图式表达主、客体相互运动的历程如下。

图4-1可见，主体客体化和客体主体化，在逻辑上可以理解为前后相接的两个过程。不是不分先后主次，平行俱进的过程，而是互相矛盾

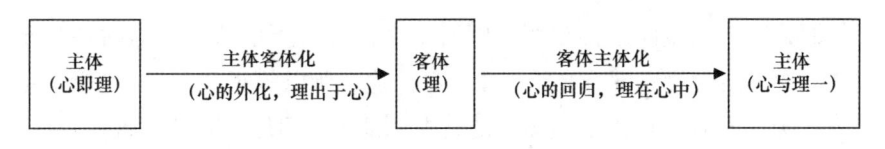

```
┌─────────┐  主体客体化      ┌────┐  客体主体化       ┌─────────┐
│  主体    │ ──────────→    │客体 │ ──────────→    │  主体    │
│(心即理)  │(心的外化，理出于心)│(理) │(心的回归，理在心中)│(心与理一)│
└─────────┘                  └────┘                   └─────────┘
```

图 4-1

又互相统一。主体和客体在这样的相互否定中，达到相互统一，实现主体的自由。将两个过程相互分开单看，只见一面，不见另一面，有片面性。而且比较一下，这个图式和马克思论人的本质的图式，二者在主体作为出发点和归宿点上，十分相似。这一点表明，如果我们以马克思的说法为准，则贺麟的主客体运动过程的理论，在以主体作为出发点和归宿点，以主体作为中间环节的主导者、超越者、包容者，从而高扬主体性的旗帜上，是应予肯定的。

主体和客体的关系，是对人和自身、人和人、人和自然的关系的概括，人的需要及其在认识改造世界基础上满足需要，是主客体关系的主要内容。在这个过程中，人始终占据着主体的地位。在贺看来，现实的人总是有缺陷的。有不足，所以有需要，在每个人那里表现为理想和现实欲望的统一。每一个人又总是在满足欲望，又诞生新的欲望，这样不断交融连接，从而实现自己的理想。有欲望，故主体自身感到有缺乏，他要努力消除缺乏状态，实现自己的圆满自足的本质。主体的痛苦、挫折、不满、忧虑等，可以说都根源于主体的缺乏状态。最根本、最深层的缺乏，恰恰不只在于表面上物质条件的缺乏，不只在于主体自身和他人，和世界宇宙的分裂以至对立，而在于内在本质的抽象、不具体，没有在现实中尽情表演，以显示自己的决定性力量。于是，现实的主体对于自己内在本质意识模糊，只感到不可捉摸，隐隐约约，甚者干脆怀疑自身本质的存在，自己闭目塞听，不见它光芒的照耀，不听它神圣的呼唤。主体自身的内在分裂，使现实的人们迷失了前进的方向，丢失了自己本身。"我是谁"，不仅不清楚，而且不自觉，没有意识到"我"的丢失。人生便似浮萍，五湖四海，东南西北，飘摇无根，其极至于没有人生的理想，没有前进的动力，也没有为人的原则。

由于主体的内在本质还很抽象空洞，所以缺乏现实力量，导致"我"的迷失。这时，主体还被外在物质世界所包围所掩蔽，它自身也几乎处于物的状态，主体性未曾觉醒，则所谓客体性也不能成立，这时还处于主体性的黑暗时代。没有光明，看不见前途，所以等于"无"。逻辑上主体的"无"和现实中人的主体性的丧失，是孪生同伴，不可分离。

不过，现实中的人，时时刻刻总是体会到、预示到自己的缺乏状况，在他们身体的每个角落，都充斥着无尽的欲望。传统禁欲主义的错误就在于没有认识到这些欲望，正是人追求人之所以为人的动力和源泉，也是现实主体之所以能主宰统一客体，向着逻辑主体飞跃的内在动力和源泉。本质的缺乏，绝不只是抽象的说教，而是生物具体地显示在无穷无尽的现实欲望之中。主体的内在欲望，乃是主体向前进展的第一个推动者。但是，欲望也必须受到调节。在外在物质条件的制约下，欲望泛滥，纵欲过度，既是对自然界、社会的破坏，最终也要将主体人自身毁灭在自己手中。

而要认识欲望，则必须认识主体面对和生存的世界，认识自然社会、自身、神，认识制约欲望实现的根本因素，理解把握世界人生的根本道理（"理"），以便为调节、满足主体的欲望，消除自身的缺乏状态准备必要条件。这个过程，用主体哲学的逻辑表示，那就是主体客体化，然后客体主体化，二者辩证统一的过程。主体欲望满足，缺乏消除，则主体性获得实现。对现实的人而言，主体性每实现一点，则主体自身的缺乏消除了一点，欲望满足了一点，人的自由也实现了一点。贺麟揭示出辩证的主体运动逻辑图式，正是要为人的自由的实现提供理论支持。

但是，贺麟和马克思主体论图式的中间环节，虽都以主体为主词，但具体内容却明显不同。一是现实具体的社会关系、实践活动；一是抽象的客体、理的概念。为了进一步明了其间的区别，我们有必要进一步分析这一中间环节，即主体和客体的分合关系，而主、客体分合关系，又涉及主体的层次性。因为，不同层次的主体和客体之间的相互作用过程，均有自己不同的特点，不能混为一谈，不能以某一层次的主、客关系，代替其他层次的主客关系。

三　主体唯心论

在主体和客体的相互作用过程中，在一定的阶段，会产生一个"第三者",它不同于原有的主、客体。第三者,有可能是物质的存在,如人创造的物质产品,也有可能是精神的存在,如人创造的精神产品,发现的新的道理,也有可能是物质形式和精神形式相统一的新的存在。这个新的第三者,和原有主体和客体是什么关系呢?

从常识说,第三者,是原有主、客体之间相互作用,所创造、产生出来的新的东西。如此,则产生第三者的过程,是一个不断创造、不断创新的过程。这样,客体不断推陈出新,主体也不断向前飞跃,奔向自由。

但在贺麟看来,第三者,特别作为精神形式,它不是在主客体之外的另外一种存在,而是存在于原有主体中,是原主体对自身本质或主体性的更深刻、更全面的把握,是对主体本质的新认识新觉悟。这时的主体,无疑是较新的主体,是旧主体的实现和进展。但同时,第三者又是较新的客体,即主体的创造物、发现物,是主体本质的对象化,也是客体规定性的对象化。所以,第三者,又不全是主体,它又有客体性,是新的客体。这样,第三者,仍然是主客体合一的存在。

从主、客体分合关系说,第三者出现,意味着主、客体的运动,在逻辑上有一个"分、合、分"过程。第一分,指主体、客体之分;合,指第三者;第二分,指新的主体和客体。但从上面的分析可见,第三者的合,并不是有一个主、客合一的事实上的阶段存在。作为旧的分的结束,可称为合;但作为新的分的开始,仍然是分。故第三者的主、客合一,只是一种逻辑上的存在,而不是事实上的阶段。

但是,对于主客二分中间阶段的主客合一阶段事实的否定,并不意味着在主体和客体二分之前和之后,逻辑上不存在着主客体合一的阶段。根据贺麟的看法,其前即是"心即理";其后,就是"心与理一"。不用说,这两个命题的中间环节,应该是"心与理二"了。贺不说"心与理二",朱熹也批评释氏的"心与理二"。但如果把心理关系化为主客关系,则主客二分、心理二分是事实,逻辑上也应存在这样一个阶段。只是按贺麟看,"心与理二"、主客二分只是现象,心与理一、主客合一才是本质。所以,他概括黑格尔哲学曰:一言以蔽之,主客合一。[①] 他认为,

---

① 贺麟:《黑格尔哲学讲演集》,第645页。

主、客合一，是"主包含客，心包含身，无限包含有限，主不沉溺于客中"，"主客合一的目的在充实主"。① 主客合一，客体统一于主体，是贺麟"新心学"的宗旨。

这样，事实上存在的主客二分、心与理二只是现象，逻辑上存在的主客合一、心与理一、心即理才是本质。而且其合一体中，以主体、心为主为体，以客体、物为次为用。于是，在主客二分中谈分合，谈第三者，就只见腰身，不见首尾，"分、合、分"的说法不全面。还是应该以主客合一为出发点和归宿点，主客关系过程，总的说来，还是"合、分、合"的过程。合是主客合一，分是主客二分。在分的阶段，也仍然是"合、分、合"的过程的具体化。第三者分化出的分，最终还要回到合。第三者的本质，还是主体，客体只是现象。客体的规定性的对象化，如前述，必须经过主体这一环节，是主体的对象化，也是主体的回归。在第三者中，"主包含客，主通过客而回到主，自由通过必然而回到真自由"②。

所以，贺麟说，"我认为理念是主客合一的，凡是理性的是实在的，理念又是理想和现实合一的，无限和有限合一的。理念永远借外物而独照自己，借对象而发挥自己，所以理念是实现在客观事物中的总（概）念，不是一个静止的合一体，不是一个抽象的同一，不是已经圆满的、不待努力的，但也不是一个永远达不到的应当。理念在过程中实现出来，理念本身亦是一个过程，主体的过程"③。贺的"理念"，就是"心即理也"的逻辑主体。这个逻辑主体，是主客合一的过程，也是主体为体、客体为用的过程的实现，是主体实现为主体的过程。在这个过程中，无论在哪一阶段环节，作为客体的"外物""对象""客观事物"等，都只是主体借以实现自己的工具，逻辑主体才是主宰，是主词。

总之，从逻辑主体看，无论是主客体关系"合、分、合"过程，还是"主体、客体、主体"过程，还是"心即理、理、心与理一"的过程，

---

① 贺麟：《黑格尔哲学讲演集》，第203页。
② 贺麟：《黑格尔哲学讲演集》，第203页。
③ 贺麟：《康德黑格尔哲学东渐记》，载《中国哲学》第二辑，生活·读书·新知三联书店1980年版，第384页。

都是逻辑主体自我实现过程在主客体关系和心理关系中的表现。

贺的逻辑主体，其实是从现实的人中提炼揭示出来的人的最高本质。现实的人，总要在历史进程中走向未来、接近实现自己的本质即"心"；实存的物，也要在演变历程中，特别在人的认识改造过程中，接近实现自己的本质，即"理"。如果从主体人的角度看，这个抽象过程可以概括为：先从人身抽象出人心，然后从人心抽象出逻辑心。"逻辑心即理"的"理"，也是循着同一线路，先从物抽象出存在（气），然后从存在（气）中抽象出存在之存在，即理。或者从物或身抽象出性，然后从性抽象出理或逻辑心。三条路其实殊途同归（见图 4-2）。

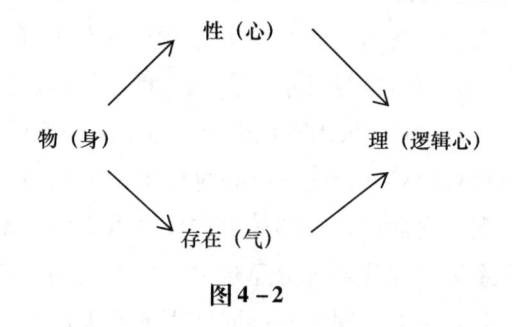

```
              性（心）
            ↗        ↘
        物（身）        理（逻辑心）
            ↘        ↗
              存在（气）
```

图 4-2

有三点须指明：

第一，逻辑心是从物（身）抽象出来的。在认识上，可以说，"新心学"真正的出发点是物或身。但贺麟却以逻辑心作为思维的出发点，和他的逻辑抽象进程比，斩断了逻辑主体的血缘祖先，从自己出发，经过心性中介，而后又回到自身，显得正好是颠倒了事实上的心物次序。又从主客体关系看，事实上，物（身）是主客二分前的状态，理（逻辑心）是主客体二分后的状态，都可称为主、客合一。"新心学"则是直接从理（逻辑心）出发，经过主客二分，然后回到自身。把唯物论者认为是客观实在的物质，虚化成空无，以主客关系概念如价值、意义、条理等代替之，从而完成概念的自身运动。颠倒心物关系是结果，把物质化为主客关系中的物质的意义，价值等，是原因。这样，就走向了唯心主义。

第二，从物（身）抽象出理（逻辑心）所依靠的逻辑，是辩证逻辑，或者说是唯心的辩证逻辑。它不是形式逻辑所表达的从属到种的部分属性的抽象，而是包含了内容的形式的本质进展，是一个历史发展、理想实现的过程。这个逻辑的内容，我们将在方法论中讨论。

第三，这个图中的三个环节，又是主体的三个层次。逻辑心，是本体主体，心是思维主体，身是现实主体，是现实的人。贺麟只讲到前面两个层次，没有讲现实主体这个层次。因为这个层次的主体，被他虚化或者说转化了。说虚化，是说他把物质性的身虚化了。说转化，是说他把身的精神性部分，转化成了思维。这也是贺走向主体唯心论的所在。当然，只是转化和虚化，还不够。关键是用逻辑主体代替了唯物论的物质的本体地位，从而才以此树起唯心论旗帜。

从身抽象出心，是由"矛盾"求统一，是"最简单的辩证法应用"。贺麟说，鲁一士认为，在对于事物的判断中，我们知道一方面是对象，一方面是判断，真的判断是与对象符合的判断。但如果要判断这一判断与对象是否符合，则非有一较高意识来作为该对象与判断的裁判者不可。因此，从对象与判断的对立，逻辑地必得挤出一个较高意识来使原有的对象和判断都呈现在它面前，一同成为这较高意识的一部分因素，较高意识上又有更高意识，如我的部分思想之上，有我的全部思想，我的全部思想之上，有全人类的人同此心心同此理的普遍的思想，这样层层向上乃至全人类的普遍思想都不见得可靠。只有神的本体，一个无所不包绝对完善的意识才是永恒可靠的，这就是鲁一士系统里面的上帝。[①] 可以说这是从判断的真假推论出逻辑心。他又分析意识过程，认为每个人都永远在不断地离开自己，扬弃自己，以进入"大我"之域。假如当前的我是有意义的，那他一定与"后我"相连，从"后我"的反省返观自己。我之所以为我，必赖"后我"的了解。要能把握自己、维持自己，必须依赖随时飞离的自己来返观自己。因为今我在现在的环境中，必须后我才能把今我和今我的环境一齐认识。人到了中年、老年，才会发现青春的意义；事过境迁的反省才能知道某人情感的意义。[②] 由"大我""深我""后我"更进而达到绝对的自我，我们就得到了宇宙真理最后的判断，这就是普遍的意识，即宗教中的上帝，即逻辑心，这样，从物（身）

---

① 贺麟：《现代西方哲学讲演集》，第166页。
② 贺麟：《现代西方哲学讲演集》，第168页。

一层层往上，抽象进展到形而上的绝对。

人认识自我，必有与现实之我不同的标准，此为深我。马克思不同意这一说法。他说，人可以"对自己来说是对象性的"；人只有把人类的本质力量"当作对象来对待"，才能"作为属人的存在物实际表现出来"；人能把"自己的生活活动本身变成自己意志的和意识的对象"，因而人具有"对他自己的活动……的关系"和"同劳动产品……的对象的关系"，以及人和自己本身的关系。这样，人不仅能在自己意识中认识自身，且能在实践活动和"他所创造的世界中直观自身"。[①] 以实践活动为基础，以工具为中介作为认识自身的参照，是人认识自我的特征。马克思强调的正是实践主体以及实践主体在主体层次结构中的基础地位。

另外，主体的抽象过程，是关于主客体关系的历程的反映。所以，从主客体关系历程，来讲主体的抽象思维进程是合适的。

根据图4-2，主客体关系合、分、合的历程，第一个合，实指物（身）的阶段。这时，主体尚未自觉，未独立，不足以与客体对峙，实无主体，故也无所谓客体。所谓物，尚未经主体审查、考定，未获得"存在证书"，虽不能就说不存在，但这时物的存在，实也只是一纯粹抽象的"有"，无任何规定性，或者说其规定性对于主体来说，尚为自在的，黑暗的，在主体那里一无反映。故对主体言，"有"实也同于"无"，也即等于不存在，不存在于思维中。对主体来说，近代自然科学可以假设它存在而研究之。但其存在，在哲学上，在逻辑上，实不能作为独立、合格的概念。所以，这时若说主客合一，实盲昧，实黑暗，便如谢林之所谓"同一"，无任何意义。

这样，贺麟就取消了这一阶段，或者说环节、背景在新心学中的地位。不过，事实上存的主体，在逻辑上虽然可以转化或虚化它，但它仍然存在。在面对国家残破、民族危亡的关头，在面对社会个人无理想追求、自私自利的时刻，现实的主体会凸显自己的存在。现实主体和逻辑主体的对立和统一，是新心学要着力解决的首要问题。否则，逻辑主体根基不牢，地位不稳，则新心学思想体系也面临解体的危险。通过逻

[①] 参见马克思《1844年经济学哲学手稿》，人民出版社2018年版，第81、98、205、51页。

辑抽象办法将现实主体的忧愁、困苦虚化掉、转化掉，以弥缝逻辑主体和现实主体的裂痕，达到"心与理一"的目的，这有些近似于宗教家的办法，以天堂、来世——人的本质、理想的对象化——的美好，来解脱现实世界中主体的不幸和痛苦，其理想主义特征非常明显。

分，即主客二分，是第二阶段。这时，主体率先诞生。在思维、理性的基础上，主体为自己建立起了无可怀疑、牢不可破的地位。在历史上，这是笛卡尔、康德二人的功劳。主体自为、自觉，故能自立，能认识客体建立客体，改造客体。客体的地位也因此建立了起来。主体建立了自我，同时也建立了非我，即客体。也唯有建立了客体，主体也才牢不可破，不可怀疑。建立客体，正是主体自我建立，达到自作主宰的必要条件。所以，建立客体，实乃主体之外化。建立主体，又正是客体之回归。但在建立客体、建立主体的过程中，由于主体的主动性、能动性，故有理想、有目的、有力量，有条件永为主宰者、决定者。

这样，贺麟在心物关系、心理关系的基础上，又把黑格尔的思辨的辩证法吸收进来，作为钢筋铁骨，建立起了自己的主体哲学思想体系。它的主体是"逻辑心"，"逻辑心"是"新心学"的纲领。它遵循否定之否定的运动历程，由体到用地外化显示，又由用到体地回归自身，从而实现自己的价值。具体说来，在他的主体哲学体系中，围绕"逻辑心"，他构建了三个方面有机统一的体用关系。

第一，主体内部各层次之间的体用关系。即逻辑主体是本体主体（"逻辑心"），是最高层次、最初根源、最后理想、最高本质；较之为低的层次是经验主体（"经验心"）如思维主体、审美主体、道德主体等，乃是逻辑主体的现象；最低层次是身体主体（"生理心"），它又是经验主体的表现，身体主体是物——较高级的物而已。三个层次之间，高层次的主体都是低层次的主体的本质。三个层次之间的辩证统一和历史发展，构成了主体的全部内容和迈向自由的历程。贺麟晚年思想成熟时，提出了实践主体。他所说的实践主体的内涵，大约便是上述三个层次的主体的辩证统一。

第二，客体的各层次之间的体用关系。客体既不是单纯的物质世界，也不是单纯的精神世界，而是两个世界的统一。在这个统一体中，存在着逻辑上的三个层次。最高层次是逻辑主体，它自身既是主体，又是客体，是客体本体（"逻辑心即理也"）；其次是精神客体，即主体的思想观念、具体客体的相对性质（"众理"）；最低层次是物质客体（"物""身""存在""气"等）。三个层次自上而下，也形成本质和现象的体用关系。譬如，如果没有精神客体，则物质客体将只是散乱材料，"逻辑心即理"这一最高本体也将悬空不落实，现实主体将不可能认识物质，因为主体性既蒙昧，客体性也黑暗，则所谓物质客体也不复为客体了。

第三，主体和客体之间的体用关系。这可以从三个方面予以说明。其一，"主体→客体→主体"的辩证统一过程，正是主体不同层次之间的体用合一。这一过程中的三个环节，也就是主体内在结构的三个层次。概括起来说，这一过程或结构系统，既表示经验主体经过客体的环节而进展到逻辑主体，也表示本体主体经客体桥梁外化为经验主体，还表示逻辑主体经过外化为客体中介，出外游历一番，而后返回到自身。可见，在这一过程中，生理主体而且经验主体、逻辑主体一并成为本体主体之客体。

其二，主体各层次和客体各层次之间，也具有体用关系。主体是客体的本质，客体是主体的表现，这种关系也体现在每一主客体各自内部的层次之中。从主体的最低层次生理心看，生理心属物，它不可能把握它所面对的物质客体以及较之为高的精神客体，便如无意识的动物和植物人一样，主体尚处于昏睡状态，主客体尚未分家，主体也未曾独立自主。这时，相当于主客体关系过程中的第一个"合"的阶段，只能是漆黑一团的自我同一。

从主体的中间层次经验心看，它正是通过把握了物之众理于自身内，从而，既将众理包含于自身，也使自身成为众多物质客体本质的主体表现。随着时间的推移，真积力久，一旦豁然贯通，则蕴藏在众多物质客体之中的众理即精神客体尽皆成为经验主体的血脉。这时，经验主体将向逻辑主体实现质的飞跃。

经验主体发生质变的结果，就上升到了主客体关系的最高层次——逻辑心即理。自身就是自身，我就是我，我也是非我，自身也是他身。总之，体即用，用即体，体用完全合一，这是主客体关系所进展到的最高境界。"天地与我并生，万物与我同流"，"从心所欲而不逾矩"，若不达到体用合一的最高境界，怎能如此！

其三，主客体之间的体用关系，还表现为较高层次的主体必然成为较低层次的客体的本质，而且较高层次的客体在主体努力下也将成为较低层次主体的本质。如生理心的本质是众理，即具体的物质运动变化的规律性，而经验心的本质也可说就是理，即世界的本质、物质和精神运动的总规律。因为，只有以较高层次的客体作为较低层次的主体的血脉、本质，较低层次的主体才可能向前发展，超越自身现状，成为真正的主体。否则，它将失去自我，陷入糊涂、沉沦、黑暗的境地，不能自拔。

这样，在辩证法支持下，贺麟用"心即理"的命题，将三个体用关系系列统率起来，构成了一个主体哲学思想体系。将主体和客体分为不同的逻辑层次、阶段进行探讨，正是"新心学"主体论的特点，也可以说是他对主体哲学特别是中国主体哲学的贡献。但是，很明显地，由于没有主体历史发展的支持，他所构建的主客体运动的逻辑历程具有很强的思辨性和玄虚性，从而使他的主体论保留了一些形而上学残余，导致滑向唯心主义的主体论。他的唯心论不仅讲认识问题，也包括了价值问题、行为问题在内，是主体人的唯心论，是客体理的唯心论，是价值本体的唯心论，所以"新心学"不是主观唯心主义，而是主体唯心哲学。

可见，贺一方面虚化转化物质，另一方面又将主客体合一时的主体地位提高到唯物论的物质高度，取代了物质的地位。不用说，在唯物论者看来，若要改造"新心学"的主体唯心论的逻辑主体论，在主体运动过程的第一环节前面，把因虚化、转化而消失的物质的阶段加上去，是必不可少的一步。这意味着，对于主体来说，将还主体的现实面目，使逻辑主体统一于现实的历史主体，或现实主体，把现实主体统一于逻辑主体的思辨体系倒转过来。

总结起来，贺麟走向唯心主义的思路历程，关键的第一步，是把物转化为物的意义、价值等。意义、价值等，是表示主、客体相互关系的概念。所以，贺这样转化，一方面表明他是从主体和客体关系谈物质的，和唯物论者从主观和客观的关系谈物质不同；另一方面，也正因为如此，使物成为与主体相对的客体，不再具有离开主体而存在的客观实在的本源意义。而且对物的转化，对物的客体性转化，实际上也意味着对作为物存在的现实或历史的主体的逻辑主体化、抽象化。

第二步，则是在主、客体相互关系中，比较强调主体对客体的作用，逻辑地提高主体对客体的地位，使主体具有先天性、本体性；另外，不承认有离开主体而存在的客体的实在性，只承认客体有出自主体的意义和价值，从而，容易导致轻视客体对主体的制约和决定作用。这一步骤，以"新心学"概念表示，就是强调逻辑心作为本体主体的客观实在性，甚至比客观实在性更高更根本的先天性本体性，第一性地位，而将现实的经验心、人身等现实主体视为逻辑心的客体，把它们看成是逻辑心外化的产物，永远受逻辑心决定的物。这就为他走向唯心主义铺好了第二块砖头。

所以，讲物，如不从物本身出发，而从物的意义、价值等主客中介出发，不从存在出发，而从思维出发，在心物关系方面将陷入唯心主义。讲主体，如不从现实的主体或历史的主体出发，而是从逻辑主体出发，不在具体的主客体关系中具体地研究其运动过程，具体地研究现实主体在这一过程中的作用，只是抽象地讲主客体的逻辑运动历程，不是在具体的历史主体中去寻找价值、意义之源，而只是抽象地讲主体是价值、意义之源，皆易陷入主体唯心主义。

需要指明的是，"新心学"的唯心主义，并不如一些人理解的就等于主观主义。如果将"新心学"和唯物论比较，会发现二者有共同点。也有不同处。从共同处说，可以视之为合理内核应当继承发扬，从不同处说，也并非一无价值，完全抛弃。它有其认识的原因，也有外在环境的原因，有它的宗旨所在，应该具体地研究它们，真正地认识它们，科学地评价它们。

概括地说，唯物论和"新心学"，一则以存在讲本体和主体，并且以客观实在讲存在，一则以逻辑主体讲本体，而以意义、价值讲存在，又以主体讲意义和价值；一则强调认识事物本来是什么的存在事实，以为人改造世界奠定科学的认识基础，一则强调追溯此存在事实之所以然与所当然之理及此理与逻辑主体的关系，强调追究科学的前提条件，把探索客观规律的科学也纳入逻辑主体的范围内，以便为人追求自由奠定理论基础；一则强调客观存在对主观认识的决定性作用，客观自我决定并决定主观，一则强调主体对客体的决定性作用，主体自我决定并决定客体，对客体照明、命名，赋予意义和价值。可见，贺麟和唯物论之间，近乎"双峰对峙，二水分流"，在使用的概念，在对所使用的概念的理解上，在对哲学的性质的认识上，均表现出各自学术宗旨的不同。

若使双方能够相互交流和理解，而不是误会、曲解，不是聋子的对话，第一步，必须对有关核心概念的界定有所辨别，特别是不能把主体误解为主观，也不能把唯物论误解为无理想，不求人的自由。主体不等于主观，客体不等于客观。主客观就认识论说，主客体则包含了认识论、价值论等在内。主体是主观客观的统一体，是知行活动的主人；客体也是主观客观统一体，是知行活动的对象，也是知行活动本身。主体的理想在于求自由，人的主体性应予弘扬。主客观则是知识论上的概念，主观指认识未到达真理时的状态，它有待进一步消除；客观则是到达真理时的状态，是消除主观的结果，也是消除主观的主体和标准。

明白了主客观和主客体的区别，我们可以理解，唯物主义者也讲主客体，也有理想、求自由，强调主体性，而非宿命论。恩格斯就曾经批评一些人误解唯物论者无理想、而以唯心主义为理想的代名词的说法。同样，"新心学"也不否认事实的存在及其客观性。只不过强调这种客观性事实的存在，离不开主体的知行活动，离不开主体的根本支持，因为它就来源于主体的外化——赋予、认识、建立、照明考验、审查等。由于"新心学"的形而上学残余的存在，它的思想中有主观的一面，但它的整个体系、基本逻辑，不是主观主义。主观主义，总是不能成为哲学的。"新心学"只是强调以主体为主宰者为决定者的主客体合一，当然也包含了主、客观合一在内。双方在要求把握必然以求自由这点上是一致的；而要把握必然，就必须主观符合于客观，这一点，双方其实并无分歧。

贺麟"新心学"和唯物论的分歧还在于，思维的出发点，是客观事物本身，还是从逻辑主体出发。这一方法分歧，实际上是本体论上是事实在先还是逻辑在先的分歧的引申。对此，

第一，双方都承认，有个存在。即使是"动物信仰"也罢。

第二，但这个存在，有赖于主体的认识和实践改造，存在的意义和价值才显示得出来，才能充分证明其为合格的存在。所以，存在的事实在先，和思维的逻辑在先，是辩证统一的，不能将二者拆开单看。言存在，则思维已在其先；言思维，则存在在其中，是对存在的思维。所以，从思维的发展历程说，事实上，存在在先，思维在后，思维是对存在的思维，是存在的一种形式，是思维统一于存在。只有从事实出发，从未

经思维的事实，从"动物信仰"的事实出发，认识才有可能，黑暗才能冲破。从经过思维的事实，即从黑格尔所谓现实出发，只是认识的特殊形式——逻辑形式的认识，这不是人类认识的全部，它不能代表更不能代替人类的认识活动。所以，言思维在存在之先，逻辑在事实之先，从知识论说，实无意义。即使这个说法有价值论的意义，但如果没有客观的事实、科学的知识论为基础，价值及其价值论也将是虚幻的想象。恩格斯批评逻辑在先的说法是上帝创世的残留，表明逻辑在先说只是虚幻地、歪曲地反映着事实上在先的物质存在状况。逻辑在先说中，内在性，可说是内在矛盾的反映；理想性，可说是现实性的反映。至于主体的先天性的说法，则可以说是歪曲地反映了现实主体的实践活动是主体能动性的根源的历史事实。而唯心论歪曲反映现实实际，在知识论上说，是混淆了价值和知识论，甚而以价值论替代了知识论的结果。主体的逻辑思维，是历史的产物，出现于人类认识的较高阶段。所以，根本上说，逻辑在先说，只是事实在先的反映。这个事实，当然是有联系的、运动发展的历史过程，而不是万千事件的杂凑。逻辑是统一于历史的，逻辑在先也统一于事实在先。

第三，主体也是一种存在，是高级的特殊的存在。存在的意义和价值为主体所赋予，固然。但主体作为存在，其意义和价值却并非主体先天固有，而是主体的实践活动创造的产物。实践，创造着主体，建立着主体，使主体成为主体，同时，实践也创造建立了主体的似乎是先天的意义和价值。实践生产着主体的需要，生产着主体满足需要的实践活动本身，也生产着主体的自由。因此，也未尝不可说，主体的意义和价值，终究为存在所赋予。只说到一方，不说另一方，也不全面。应该说，主体与存在，是统一体。不能离存在言主体，也不能离主体言存在。但存在有事实上的因此也有逻辑上的先在性。主体的存在，乃存在的产物，是存在的表现。主体性，是存在的一种特性，是存在的转化。不过，主体一旦产生，存在的意义始明白进入思维，被照明、被命名、被授予证书，才成为有价值有意义的存在。

最后，贺麟说，之所以强调主体的逻辑在先，强调主体的先天性，强调把物质转化为物的意义、价值，都因为他希望以此提高人的主体性地位,"保持人的尊严"①。从这一点说,"新心学"走向唯心主义,是抱有良好意图的。人之有尊严,在于人有理性,在于理性和主体的实践活动的统一。强调物质存在,必须经过思想的签字、审查固好。但是,若忽视实践活动,作为思想的来源和标准,思想将可能只是幻想,而所谓签字、审查,也将是走马观花,形式主义,不能真正认识事物,建立事物,从而保持人的尊严,也将成为一句空话。所以,思想的签字、审查,必须以实践活动为基础,经受检验而为正确的思想签字、审查,建筑房屋的工程师必然合格,必须名副其实。工程师要经过考核,思想要经受检验,主体要在实践活动中成熟。因为,主体作用于客体,和客体作用于主体,不论怎样解释这两个过程的关系,在现实中,这两者都无一例外地依赖于人类的实践活动作为主客体相互作用的基础和中介。实践活动,也是作为主客体相互作用是现实的活动过程而不只是抽象的概念的运动过程的根本保证,是主体不只认识客体而且有力量改造客体,客体不只是被主体选择、认识,而且被主体改变创造的必要前提。

另外,主张以实践作为签字、审查的主体,固好,但若忽视认识,忽视思想的建设和指导、忽视理性、真理内容的自身的进展,忽视人类活动精神的昂扬、健动和奋发向上,则所谓实践,只是盲动妄行,不成为真实践,不成为主体的自觉自主的活动。以此来保持人的尊严,也不可能。对真理的认识把握,是主体自觉的内容,自主的前提。实践作为检验真理的标准,从形式说,实践的活动只是检验真理的过程,从内容上说,实践活动中所蕴含的真理才是检验真理的标准。而这一标准,就是人的理性、思想。所以,必须从实践活动上升到理性认识,概括出思想,必须有"工程师"的技术水平来指导建房,方可。

思想和实践,二者是相互统一的。一方面可以说,思想是实践的内容,实践是思想的形式,思想是实践的指导,实践是思想的实现;另一方面,实践是思想的基础,思想是实践的产物,实践是思想的检验标准,思想是实践的内在灵魂。所以,贺麟强调思想签字的重要性,强调真理作为真理的标准,强调思想对于实践的指导,灵魂作用,强调主体的认识对于主客体关系运动过程的积极的推动作用等,都具有合理性,表现

---

① 贺麟:《现代西方哲学讲演集》,第79页。

出了睿识。但根本上说，思维统一于实践，思想只能产生、发展、变化于实践活动土壤之中。虽然在不同地区、不同国家的不同历史阶段，有时特别需要新思想、新理论的指导，这时，思想、理论对实践起着特别巨大的作用。特别是近代以来，思想有力量改造社会，颠覆政府，作用巨大，给近代的学人留下了十分深刻的印象。但若将这一点夸大，夸大到脱离实践的地步，就将走向唯心主义。

四　戴面纱的"实践"

强调实践的中心地位，是辩证唯物主义主体哲学的基本特征，也是区分是不是将主体辩证法贯彻到底的衡量标准。本质和现象、体和用、主体和客体的统一，都建立在主体的实践活动基础之上，都对立地统一于主体的实践活动过程之中。贺麟"新心学"的主体哲学，之所以是唯心主义的，根本原因在于，在他那里，"实践"还没有公开明白地揭示出来，还戴着面纱，所以他的主体，还保留着"逻辑在先"的痕迹，还拖着形而上学残余的尾巴。但也正因为他始终坚持辩证法，不放弃，他强调体用主客体之间的辩证统一，不自觉不明显地隐藏着实践内涵在里面，所以，一旦揭掉蒙上的面纱，唯心的逻辑主体就成为唯物的历史主体，思辨的还有些抽象的主体就变成现实中具体的主体。他晚年讲知行关系，从朱熹、王阳明、王船山、孙中山，最后归宿到《实践论》，"新心学"的"知行合一"说，遂成为主体实践论，终于鲜明地显示出实践的底蕴。这正是他完成这一巨大转变，思想完全成熟的标志。只不过，他所理解的实践，不仅仅是认识中的实践，而且也是求善、审美主体的实践罢了，那是体用合一、主客合一的实践。

中国传统哲学探索的中心命题是"天人合一"。但在贺麟看来，这并不是直接的探讨，而是先后通过"天者理也""物者理也""性者理也""心者理也"四大命题，将天人关系具体化为心物关系、心理关系和主客体关系来进行的。而且，他还认为，中国哲学这一进程所包含的逻辑和西方哲学是相同的。西方哲学自古希腊迄于近现代，就纠缠于人与自然、主体与客体、必然和自由的矛盾中不能自拔。恩格斯敏锐地注意到这一点，曾经一针见血地指出："18 世纪并没有克服那种自古以来就有并和历史一同发展起来的巨大对立，即实体和主体、自然和精神、必然性和自由的对立；而是使这两个对立面发展到顶点并达到十分尖锐的程度，以致消灭这种对立成为必不可免的事。"① 贺麟将恩格斯所指出的西方哲学"自古以来就有并和历史一同发展起来"的三对矛盾，分别用中国学范畴表述为主体和客体、心和物、心和理三对范畴关系，并将这三对范畴归结到体用合一、天人合一的旗帜下，从而，希望通过对心物关系、心理关系、主客体关系进行梳理，以期创造并消除对立，走向真正统一，实现天人合一，树立崇高的主体地位，为人类奔向自由奠定理论基础。

不用说，心物、心理、主客关系的解决，也有赖于逻辑与事实、形上与形下、知识与实践三对矛盾——用中国哲学范畴近似表示，即是体与用、道与器、知与行三对范畴关系——的解决。有幸的是，在黑格尔的辩证法支持下，这些矛盾都有可能合理地而且比较圆满地获得解决。辩证法的一个基本要求是，逻辑的、形而上的知识，内在必然地要走向事实的、具体的实践当中去，体现在现实的人的心灵中，通过现实的人的主体性活动，发挥出强大的改造世界并且改造主体自身的现实力量。从现实主体的角度说，也就是主体通过现实的有目的而且合规律的活动，创造人类文化成就，追求真、善、美永恒价值，奔向人类自由，升华到人的本质——"逻辑心"的过程。在这个过程中，现实的主体为了具体而彻底地理解周围的世界，对世界进行了方便于认识的分解，形成各有相对独立的研究对象、研究方法和研究目的的科学，形成认识论、伦理学和美学等相互区别的理论系统。但是，紧接着，就要求在人的主体性的统率下，突破各门学科、各种相互区别甚至对立的理论系统的疆界，使它们在相对独立中又总归于和谐的统一。只有这样，才能真正实现人类文化的价值，实现人的理想追求。

这就要求人们，在辩证法的宏观指导下，不仅要用善的目的和手段来引导真的方向，用美的直观感性形式和理性内容来表达和丰富真的内涵，使真成为合目的的、有现实力量的、能感染人改变人的真正的真理；而且要用真的内涵来奠定善的基础，充实善的内容，描绘善的前景，用美的感性形式和理性直观来表达和包容善的本质和规范，让善成为既是

---

① 《马克思恩格斯全集》第1卷，第658页。

规范人的言行活动的准则，也是主体人内在真实的追求，自然真情的流露，从而使善也成为能感动人，令人兴起，引导人向前进、向上走的积极的现实力量，与此相应，还要以真的内涵和善的目的来充实美的形式，奠定美的基础，树立美的理想，确立美的准则，用认知理性和实践理性形式来表达和系统化美的直观感受内容，使美成为包含了人类理性在内的感性形式，从而实现美的真正价值。

从根本上说，真正的真，和真正的善、真正的美是和谐地统一在一起的。真正的真，也必然是善的、美的，真正的善，也必然是美的、真的真正的美，也必然是真的善的。真正的真、善、美，就是"天人合一"，是人与自然、自然与精神、主体和客体、必然和自由等关系的和谐统一。认识论、伦理学、美学，则是从不同侧面和层次，对"天人合一"的主体自由的表述。在贺麟看来，上述内容，既是中国文化，也是西方文化所共有的，是中西古今文化都具有的基本精神，所以，它也是中西伟大哲学家共同进行的自觉追求的理想。

在这种认识下，贺麟解决恩格斯所指的三大矛盾的对立，就表现出自己的特色。他的特色，对于我们今天解决现实和理论中的诸多矛盾，仍有启发意义。

譬如，在逻辑和事实的矛盾中，是逻辑在先，还是事实在先？恩格斯认为，对这个问题的回答，是区分唯心论和唯物论的标准。贺麟公开承认自己的"新心学"是唯心论，有理想，并自觉地为唯心论作论证，反驳实在论的责难。但他不否认实在，他的"逻辑心"颇有斯宾诺莎"实体"的韵味。在他那里，到"逻辑心"实现自己的时候，心和物、心和实在、心和自然已经有机地统一在一起，成为人类文化的基本精神，成为人类知行活动的源泉。

他也不否认存在。正相反，他和传统中国哲学家采取同一思路，承认存在、自然等事实上的先在性，并且承认这种先在性恰恰是科学研究的出发点。事实上，这个出发点，也是"新心学"逻辑抽象的起点，"新心学"的思想体系以及所有逻辑推理，总是不言自明地以存在为基础的。在贺麟的思想体系中，"逻辑心"永不离存在而空空荡荡地存在，因为它就是存在的真本质，是存在之所以为存在的真正原因。尽管在逻辑上，"逻辑心"在存在之先，在事实上，它和存在始终相伴在一起，因为它就是存在，一种实在的、永恒的存在。正因为"逻辑心"是真存在，所以它才有内在的动力，在和存在的辩证关系中，有动力向现实转化，成为现实世界的主体。

贺麟的存在，是"天行健"的天，有生机与活力，是内在有机联系的整体，充满了盎然诗意。它既是人化的自然，也是自然的人化，乃是"心物合一"之物，便也是"心物合一"之心。在这个意义上，存在，在"新心学"思想体系中，不仅仅是如朱熹的那种"挂搭"承载逻辑心的作用，而且根本上就是逻辑心，也是逻辑心的表现，还是逻辑心运动的必经桥梁，是逻辑心外化的内在对立的因素。所以，它当然也是现实的"心理心"或"经验心"的事实上的背景和本质。存在，在贺麟那里，比在理学家那里的地位更高。如果去掉"逻辑在先"那根尾巴，贺的存在，便直接类似于斯宾诺莎的实体。这种状况表明，贺麟"新心学"的唯心残余极少。与唯物论实际上只有一线之隔，只隔着一层薄薄的纸，是唯心论中最接近唯物主义的唯心论。当捅破了这层薄纸，跨过这一线之隔，就转向了唯物论。但如果理解了他的思想体系中"存在"的这个特点，也可以把他转变过来后的唯物论看成最接近唯心主义的唯物论。不过，对于贺麟本人来说，恐怕并不在乎人们怎么评价他的思想，说他是唯心也好，唯物也好，他只要在辩证思维引导下，尽量汲取人类文化的基本精神，打通各认识领域、层次、阶段的对立，求得真、善、美之间的体用和谐，为人类迈向自由王国求得一条理论的路和现实的路。

在"新心学"思想体系中，贺麟不仅充分重视存在的重要地位，而且他还通过人内在的真、善、美的本质的外化——现实人具体的爱智、求善、审美活动，来消解逻辑心和存在之间出现的逻辑在先和事实在先的冲突。经过他的理解，主体的爱智的追求真理的活动，乃是逻辑的活动和实践的活动的统一，而主体的审美、求善活动，也是逻辑活动和审美、求善的行为活动的统一。从逻辑和具体的爱智、求善、审美活动的统一来看，形而上的逻辑就实现在形而下的爱智、求善、审美的活动当中。于是，"新心学"的逻辑心本体，就自然地具体展开于他的逻辑学、伦理思想和美学思想等内容之中。这个展开过程，不仅仅是逻辑的外化的实现，也是具体的主体进行爱智、求善、审美等实践活动的过程、是"知行合一"的历程，实质上就是实践过程。具体的主体，面对事实在先的存在，采取真善美合一的路径，通过爱智、求善、审美的具体的活动，在自然宇宙中领会天意，在自我逍遥中享受自由，从而树立起"心物合一"的主体的逻辑在先地位。就这样，逻辑在先和事实在先的矛盾对立，被展开从而也被消解在逻辑思辨过程和主体的实践活动过程当中，逻辑反映、规范、引导着实践，决定着实践行为的成效和水平，逻辑是实践行为的理论源泉和运动规范；而且逻辑和实践相互之间的对立，在贺看来，根本上就是逻辑心体用对立的表现。既然如此，说逻辑在先，诚然有理。虽然，具体的实践行为为逻辑奠定了基础，决定了逻辑的内容，是逻辑的直接来源；而且已经有过的实践，并不能充分证明逻辑心的永恒性绝对性，但也不能反证其非永恒非绝对，更不能反证它不存在。经验行为、语言分析、科学研究等当然必要而重要，但并不能否定人的身家性命、世界的源泉根本的不重要。追求那还不具备充分条件，没有充分把握能够成功的东西，"知其不可为而为之"，或者是"没有条件创造条件也要上"，都显示出一种人类所特有的精神——主体性精神。这个精神，在贺麟那里，被表述为逻辑心，认为这才是最根本的东西。不管是逻辑在先还是事实在先，不管是分析为准还是行为为准，只要它们能共同搭起现实的人们到达逻辑心的彼岸的桥梁，便都应予肯定。爱智、求善、审美活动，正是包含了上述内容的这样一座桥梁。而体用合一，则是他的这一思路的精髓。

体用合一，在方法上，大致可以这样表述：现象之间的多样性的矛盾，通过上升到本质的统一来消除；而本质的内在矛盾也必须通过现象的时空运动来克服和消解；至于本质和现象之间的矛盾，则要通过双方相互之间的运动来解决。体用合一方法，被贺麟概括为现象学的本体论方法。这个方法，本书后面还要论述。这里要指出的是，体用合一的一个前提条件，就是主体的先在。没有主体，体用合一无意义，也无所谓体用，无所谓合一。主体的这种先在性，只能是逻辑上的，而不是事实上的先在。主体人总是事实上的后在，主体人对自己主体性的自觉更是事实上的后在，但是，一当主体人对自己的主体性本质实现自觉，他在面对事实上在先的世界时，总是要将自己逻辑先在地设定出来，以认识和改造世界，并最终实现自己的本质。体用合一，是比较精致而有生命的辩证思维，由于有逻辑先在的主体的存在，所以可以称为主体辩证法，对此，后文还要详论。

　　贺麟的主体辩证法，不仅是黑格尔辩证法的吸收运用，也是中国传统哲学精神的继承和发挥。中国传统哲学，朴素却坚定地相信"天人合一"，自然界、人类社会及其相互之间的种种对立，都处在"合一"的背景下，都必然而且应该走向"合一"，宇宙本是和谐的，人以心为本，而天地之心又以人为本；理以心为主，而天地之理以人理为归。自然虽然事实上在先，但它不能决定人的命运，不能限制人求自由的努力，不能阻挠主体树立自身逻辑在先的地位的追求。主体人不仅先验地，而且能通过爱智、求善、审美等自觉自主的实践活动，经验地树立起自己做主宰、做主人的主体地位。所谓"外师造化，中得心源"①，所谓"思与境偕"②，情与景融，说的虽是艺术创造法则，其实也揭示了中国美学、哲学"天人合一"的追求和历程。这绝不是黑格尔的枯燥僵硬的逻辑思辨，恰恰与之相反，它是主体实践活动求得自由的正路。贺的逻辑在先，其实是逻辑主体在先了。

　　中国人的主体地位的崇高，并不高于自然，恰恰就在自然之中，与自然和谐地统一；中国人的自由，也并不离开自然，而是就在自然中，与自然既对立又和谐地统一在一起。这样实现的"天人合一"的主体自由，既是"自然的人化"，也是"人的自然化"，既是逻辑的事实化，也是事实的逻辑化，既是主体的客体化，也是客体的主体化……也只有这样自由的主体，才能达到"天地与我并生，万物与我为一"，"静而与阴同德，动而与阳同波"③的至上境界，才能实现"智者乐水，仁者乐山""赞天地之化育"，"上下与天地同流"，"从心所欲不逾矩"④的人类最高理想。

　　我们通常认为，实践指人认识改造世界的活动，是主体和客体走向辩证统一的桥梁。身体活动，和随之而生的思维活动，是实践活动的具体形式。身体及其内部结构在时空方面的运动变化，即身体的生理活动，是思维产生发展的基础，而感觉、知觉理性、情感、意志活动即思维活

---

① 张彦远：《历代名画纪》卷10。
② 司空图：《司空表圣文集》卷3《与王驾评诗书》。
③ 《庄子·齐物论》《庄子·天道》。
④ 《论语·雍也》《中庸》《孟子·尽心上》《论语·为政》。

动，不仅反映而且反思身体活动所接触的世界，将身体活动逻辑和身体活动所接触世界的逻辑提炼出来，提升到普遍必然的高度，再回头指导身体活动，使其成为自觉自主的实践活动。可见，思维活动乃是实践活动的一个环节、一种形式，而且是必不可少的关键环节和理性形式，是实践之成为实践的根本原因。把思维活动和实践活动的关系理解成相互对立，恰恰是因为忽视了实践活动的内在本质和层次性、发展性。实践不是永恒、绝对的形上本体，它是在时空中发展变化的。随着人类历史的进步，实践也在发展着，它的活动形式愈益多样和复杂，它所包括的内容愈益理性化——指包含情感、意志在内的广义的理性化，即蕴含着的真理粒子不断积累增多，从而人类的实践能力不断增强，实践水平不断提高，实践效益越来越好。这正是历史不断发展的直接原因和根本标志，也是鼓舞人类斗志，增强人类奔向自由的信心的内在源泉。

思想、真理、知识，乃是人的实践活动的结果在认识上的表现，具体地说，它们乃是实践内部两种活动形式交互作用的结果。没有身体活动的人固然不存在，但没有思维活动的人也是不可能的，如有，那也只是"植物人"，死人。显然，身体活动和思维活动，都是实践活动的必要因素。以身体活动为前提，以思维活动为中介，以身体活动为基础以思维活动为主导，在相互对立而又相互统一中把握两者关系，从而明了实践活动的内在结构及其演变过程，是一种宏观的思路。贺麟的心身平行论和心身体用论，正是这样一种思路。在这种思路下，率先承认身体活动这个前提以后，强调思维活动对思想、真理的意义，包含了一些合理内核，便如同在承认事实先在以后，又强调逻辑主体的先在性也有一定的合理性一样。

需要强调的是，实践既是感性的物质的活动。也是理性的精神的活动，是两者的有机统一。在马克思以前，实践概念常被理解成本体的外化过程，理解成只是理性的（狭义理性）活动，而与感性无关，理解成只是精神的活动而与物质无关。马克思批评了这种形而上学认识，认为，旧的唯心主义并不知道"真正现实的、感性的活动的"，结果，它只是从理性的精神的活动方面去理解实践，只能"抽象地发展了"[①] 主体的能动

---

① 《马克思恩格斯全集》第3卷，第6页。

的方面。有学者据此便将实践活动理解成只是感性的物质的活动,走到了与唯心主义截然对立的反面,似乎这样就成为唯物主义了。我认为,这种矫枉过正式的理解不全面,也不符合马克思的本意,反而不自觉地走向了片面,陷入马克思所批评的与唯心主义所犯失误相类似的形而上学的泥潭。

如前所述,感性的物质的活动,只是实践活动的一个基础层次、一种外在形式,它和理性的精神的活动有机统一,构成实践活动过程中不可分割的整体。如果抽掉感性的物质的活动,实践活动只剩余下理性、精神的因素,则实践活动将实而不践,实践不成为真实践,只是抽象的逻辑思辨,缺乏现实的力量。则所谓理性、精神也停留在抽象概念的层次上,变得空洞抽象,干枯寂灭,没有现实的生命力,也不能实现自己的价值。这样理解的实践,结果当然只能是"抽象地"发展人的主体的能动性了。与此相反,如果把理性的精神的活动这方面这层次的内容全盘抹掉,则实践这块磁盘上将只剩下物质的机械运动、动物的本能冲动以及没有前途的感性形式了。没有思想、真理的指导和规范,没有一点理性痕迹,没有一点人所特有的精神因素在里面,则所谓实践,将只能是胡作妄为,愚行盲动,终不能成为人的实践活动。其结果,只能是损害甚至扼杀人的主体的能动性,发展人的主体性,反不及马克思所批评的"唯心主义"了,甚至更糟的是,退回到朴素唯物主义以前的蒙昧时期。这样的实践,当然不是诞生于资本主义社会中的马克思主义实践,甚至它就不是实践。

因此,感性和理性、物质性和精神性两个方面有机地辩证统一起来,才构成实践的全部。这一统一过程,便即是实践过程。这样理解实践的含义,大约也是贺麟晚年的想法吧!

但在中年以前,贺麟没有明言实践活动,不过,实践活动的根据、准则、理想,实践活动中包含的理性内容,却被他不自觉地揭示了出来;而且,实践活动中包含的感性形式、直觉方法和直觉经验,在他的美学思想和方法论中都或涉及,或论述;实践活动中包含的存在、物质,在"新心学"那里也具有非常重要的地位。或可说,贺麟"新心学"在形成发展时期,已经包括了"实践"概念的某些内涵在其中,虽然他没有专门论述实践,甚至没有提到过"实践"这个词。所以,从他的中年时期的"新心学"中引出晚年时期的实践主体,就相对顺利得多。捅破一层薄纸,虽也困难,但比起触及灵魂的信仰的改变来,在深度、广度、力度上,都不可同日而语。当他晚年思想成熟时,他明确揭示出实践主体来,可以理解为,他的主体唯心论上升到了主体唯物论,但他思想的核心仍然不在心物的先后,而在主体辩证法吧!

第五章

直觉方法论

贺麟的方法论，是他的逻辑主体的运动过程的概括。所以，它也是伴随着他的逻辑主体论的思想而形成发展的。他的方法论，可称为逻辑的直觉说，认为逻辑方法和直觉方法是相互统一的。他的逻辑，指辩证逻辑，但又包括了形式逻辑、先验逻辑在内。所以，他的方法论包括两大部分，一是直觉论，二是辩证法。全观法、内观法、理观法等，是他的逻辑的直觉方法的另一些称呼，实质上都是逻辑主体的运动历程的反映，故也可称为心观法。

一 直觉说的形成

重视直觉，认直觉为方法，把直觉方法作为方法论的组成部分，并对之作出哲学的论证的，在中国首推贺麟。即使在西方哲学史上，这样论述直觉的学者也不多见。直觉方法论，是贺麟"新心学"思想中极富特色的部分。贺对它有一个从反对到犹豫，从接受到改造的过程。这个过程，恰好是他的方法论形成过程的缩影。

留学期间，贺麟明确反对直觉方法。他断言，自我意识，是间接的推理的结果，"而不是直接的直观"[①]。人们无论认识外物，还是认识自己，都不能凭借直觉。因为，其一，直觉方法不能为认识提供清晰、准确而丰富的内容，"舒适的直观方法或自我的直接认识，所得到的只能是含糊、空洞和一个纯粹的'那个'"。其二，在人生某阶段某方面，直接

[①] 贺麟：《哲学与哲学史论文集》，第90页。

认识极为有限,甚至不可能实施。比如,初生婴儿就决不会直接知道他在出生。他关于出生的知识都是间接地通过他人或自己的观察而获得。又比如,我们决不能直接认识自己正在做梦。对梦的了解,也要通过回忆、推理、观察等间接途径获得。但是,人们也有梦见自己在做梦的时候。不过,贺认为,当梦着自己在做梦时,他的梦很快就要觉醒了。[①] 总之,仅仅凭直觉,不能获得自我意识,而且即使在各种认识活动中,在人们通过认识而超越对象和自身时,直觉也没有什么作用,他断言,比如,"超越和直接永远不会在一起"。以上只是贺麟谈自我时,强调单重直觉的不足。这时,他反对直觉方法的态度是鲜明的。

这种态度的转变,在他回国之后。梁漱溟是中国现代著名学者,被称为现代新儒家第一代。他的学术思想中,直觉说占有显著位置,是他讲儒家学说、讲文化哲学不可缺少的部分。梁漱溟大谈直觉,引起了回国后的贺麟的注意。贺回忆说,"中国思想界近一二十年来,第一个倡导直觉说最有力量的人,当然要推梁漱溟先生。……漱溟先生最早即引起我注意直觉问题"[②]。梁先生把直觉讲得很重要。认为锐敏的直觉,就是孔家的"仁";孔家的生活态度,就是纯任直觉的态度,是中国文化有别于西方计较功利的文化的特征所在。这样讲,当然不能不引起以复兴中国文化为己任的贺麟注意直觉问题。梁漱溟的影响,是贺麟直觉说形成中的一个转折点。

但是,思想的转变是曲折的。内心中反对直觉的声音又变成了怀疑的眼神。不再反对,因为直觉中包含的作为生活态度、精神境界的直觉被揭示了出来,毋庸反对。之所以怀疑,因为对于直觉是不是方法,殊难决断。他早年反对直觉,其实是反对作为方法的直觉。直觉若单独使用,效果欠佳,或者根本不能使用。梁漱溟大谈直觉,但是不是方法,也未解决。据贺麟后来研究,认为梁漱溟虽有承认直觉是方法的意思,但却认为这个方法可疑,不能作为求真实、真理的方法。因此,梁虽引起贺关注直觉,但并没有消除贺早年就扎根于头脑中的不赞成直觉方法的想法。这时的贺麟,毋宁说是把直觉划分为两部分:一是作为生活态

[①] 贺麟:《哲学与哲学史论文集》,第92—93页。

[②] 贺麟:《哲学与哲学史论文集》,第175页。

度、精神境界的直觉，可以接受；二是作为认识实在的方法，不能赞成。两部分不协调地杂处一起，使贺这时对直觉问题表现得"异常徘徊迟疑"①。

贺麟对直觉的这一态度，和冯友兰相似，却是受着德国学者亨利希·迈尔的影响。冯友兰在他的《中国哲学史》绪论里说，直觉是一种神秘经验，具有"甚高价值"，但又不是一种方法。这和迈尔相似。迈尔的这一态度在他的《近五十年的德国哲学》文中，表述十分详细。贺麟翻译了这一篇文章，迈尔写道：

> 在每一有成绩的研究家或思想家的工作生活里，无庸置疑的，突然的，好似当下的触机，即我们所谓直觉，实产生最好的工作。更是确定不易的，就是整个宇宙之为一个大体，有如一切个体，只为直观所可达到，而非概念的知识所能把握。直观乃是凭一种直接的透视以究自然界和精神世界之最深邃的本质。要求神契经验的驱迫力，乃彻始彻终是一种直觉的力量。要求与神一体的仰慕的神契境界乃是宗教生活的核心。但是神秘信仰的经验之现实性与神秘信仰经验之真理性却必须加以区别。……此种哲学自然是方便省事，当紧严的研究和思想感到困难时便让诗人的想像当权。但这实不啻对于恳挚的真理之反叛。

此种哲学，没有分清楚作为经验的直觉的现实性和作为方法的直觉的真理性的界限，它能给人的除了一些从强烈感情所产生的幻影外，并无别的东西。但"感情之暗示能力只能给予信奉宗教的人以真理的幻影"。所以，迈尔认为，自从这种哲学流行以来，哲学界显然弄成一种无批判无指针的状况，拔高直觉而陷于反理性的直觉主义。迈尔结论说，"现实的问题究竟亦不是纯粹的对象的直观所可解决"②。他明白肯定直觉经验的存在，却断然否认直觉作为认识真理的方法的有效性。

1930年，贺麟在德国留学，曾听过迈尔讲授的哲学史课程。后来，

---

① 贺麟：《哲学与哲学史论文集》，第178—179页。
② 贺麟：《现代西方哲学讲演集》，第431—432页。

贺又阅读了他的《苏格拉底》《情感思维心理学》《现实的哲学》，知道迈尔对直觉的态度，是将"心理学上对直觉在经验中的可贵性与直觉主义的荒诞性"①区分开来。贺麟认为，迈尔批评直觉作为方法的不足，大约说来，第一，认直觉方法太方便省事，不是谨严的逻辑的哲学方法；第二，直觉是反理性的、反理智的，主观的想象的产物，不足以达到哲学的真理。贺认为迈尔的批评，"足以警告我们对直觉应审慎，不可误入歧途"，他对直觉方法的不足的揭示，"尤其严重有力，值得反省"②。在这种情况下，贺对直觉徘徊犹豫，迟疑不决，就是很正常的了。

在中国，经梁漱溟的揭示，直觉的意义明白显示出来，但能否作为方法，作为探求真理，认识本体，达到绝对的方法、技术、途径，却是问题。在西方，对这个问题的看法，分为截然对立的两大阵营，以直觉主义为一方，赞成之，而排斥理性，表现出很强的非理性倾向。他们认为，"直接知识，或直观知识，是最高的知识，并认为是认识真理或无限对象的惟一手段或能力"③。笛卡尔、耶柯比、柏格森等为其代表。黑格尔，以及现代的存在主义，也有直觉主义成分。中国则以陆王、梁漱溟为骨干。另一方则以理智主义为代表，反对直觉主义，排斥直觉。④贺麟早年的看法，表现出了强烈的反直觉主义倾向。能否作为方法，能否调解双方冲突，是直觉方法论能否真正形成并完成的关键问题。迈尔对直觉的区别对待，无疑给贺以启示。所以，他花了较多精力，专门研究直觉问题，"由漱溟先生的直觉说，进而追溯到宋明儒的直觉说，且更推广去研究西洋哲学家对于直觉的说法"⑤，古今中西，各家各派，了解研究，无所遗漏，学而思，思而学，"经过很久的考虑"，到1935年，他著《宋儒的思想方法》一文，终于得出结论，明白确认，"直觉是一种经验，复是一种方法"⑥。

1902年，美国哲学家威廉·詹姆士出版其宗教心理学著作《宗教经

---

① 贺麟：《现代西方哲学讲演集》，第434页"附释一"。
② 贺麟：《哲学与哲学史论文集》，第178页。
③ 贺麟：《黑格尔哲学讲演集》，第227页。
④ [德]黑格尔：《小逻辑》，贺麟译，商务印书馆1980年版，第171页。
⑤ 贺麟：《哲学与哲学史论文集》，第175页。
⑥ 贺麟：《哲学与哲学史论文集》，第178—179页。

验之种种》。该书将宗教直觉归入宗教经验,并对宗教经验进行了详细论述,因而名噪一时。25年后,贺麟赴美留学时,就花了比较大的工夫,对詹姆士的实验主义学说进行了仔细研究。直觉经验一词,或许就是受其启发而提出来的。

在西方哲学史上,从英国经验主义到美国实用主义,"经验"一词都占据了十分显著的地位。无论是贝克莱、休谟,还是詹姆士、杜威,对他们来说,"经验"这个概念,都具有认识上的标准的性质。对经验的这一看法,和强调理性的本体地位,而以经验为达致理性本体的中介之一的理性主义派别截然不同。贺麟将直觉说成是经验,可以看作是受了经验派的影响,吸收了经验哲学的某些内容如范畴等;贺又将直觉说成是方法,则又可以说是对理性主义内容的吸收,而且以理性派的内容,来改造、超越和包容经验派的观点。从后面的分析我们也可以看到,贺麟遵循康德对人的认识阶段或领域的区分,又借助黑格尔的理念辩证法,将它们辩证地统一于先验而绝对的理性旗帜之下,力图调解和克服理性派和经验派的对立,表现出以古典哲学为主,而又融合其他各派的内容,使其一归于正的努力倾向。这一倾向,在他的直觉说、观念论和辩证法中,都表现了出来。

一般说来,理性、经验都是主体人的功能,也是人性内容的重要部分。主体性、人性,乃是经验、理性的共同的归属和本质。如果将其中之一单独标举出来,夸大为人的本质的全部,夸大为就等于主体性,而对其余部分不闻不问,甚至采取排击非难的态度,就容易导致对人的本质的片面认识。贺麟的成绩在于,在主体性和辩证法有机结合的基础上,在本体论方面,将理性(逻辑心即理)和经验(观念、经验心)统一起来,建立了主体学说;又在直觉说方面,将直觉经验和直觉方法统一起来,建立起他的主体哲学的直觉方法论。

宗教经验,作为宗教神学所谓对神的直接体验,也可说就是宗教情感,包括了宗教感情和宗教体验在内。它一方面指人们对超自然、超人间神秘力量的直接体验和特殊感受;更深的一方面则是指这种体验和感受的来源,在于它们都是超自然、超人世神秘力量在人们心理上的呈现和反映。所以,神秘力量,如上帝、神、天等,是宗教经验的主体和源泉。为此,我们也要问:贺麟直觉经验的源泉在哪里呢?他的直觉方法的主体又是谁呢？

根据前述他的心本体论可知，贺麟所谓直觉经验的源泉，不是什么神秘力量，而是他的心本体；他的直觉方法的主体也不是什么神，而是逻辑主体，逻辑心。可见，"新心学"并不是神学，而是主体哲学。直觉表面上被划分为经验和方法两部分，但实际上却仍然统一于心本体、逻辑心之中。直觉经验是逻辑心在不同层次的表现，而直觉方法则是这种不同层次的表现的历程。

二　直觉经验

贺麟解释说，"所谓直觉是一种经验，广义言之，生活的态度，精神的境界，神契的经验，灵感的启示，知识方面突然的当下的顿悟或触机，均包括在内"[①]。直觉在人的日常生活、精神追求中都广泛存在，具有普遍性，是不可否认的事实。作为事实性存在，直觉经验，是主体对客体对象的直接的洞观，并由这种洞观而体验到自己和对象合为一体，所以，它是一种直观。

在此，似乎可以而且有必要将直觉和直观先作区分。直觉，就方法，就认识过程说。直观，就经验，就直觉的起点和结果说。显然，这样区分的一个直接结果，就是对直觉方法的直接性特征的理解，将有事实上和逻辑上的区分。事实上，直觉是直接的，无须任何中介、环节、过程。逻辑上，直觉作为方法，据界说，必须有中介环节和过程。否则，直觉将不能成为方法。直观是直觉的起点和结果，直觉是连接直观的桥梁。这就构成了"直观—直觉—直观"的运动形式。

作为经验的直觉，或称直观，贺麟认为，有三个层次，或者说是三个阶段。其一，感性的直观，又称为前理智之直觉，是"全黑"的同一。梁漱溟划分出的"附于感觉的直觉"即是例子。人们对真伪、善恶、美丑的判断，依赖于内心的本能的直觉决定，尚来不及进行逻辑的整理、分析和推论，所以，是前理智的直觉。感性直观，只是直觉经验的低层次表现，尚不能称为儒家的道德生活态度，也不能称为精神境界，更不

[①] 贺麟：《哲学与哲学史论文集》，第 178—179 页。

能称为方法。贺麟说:"先理智的直觉,只是经验而绝不是方法。……盖方法据界说必是后理智的,任何方法均起于理智之使用。"① 显然,无理智作指导,绝不能有方法。同理,无理智的指导,也不能说有生活态度或精神境界,只有在理智的指导下,人才有生活态度的好坏,才有精神境界的高低的区分。

其二,理智的直观,是人们运用理智的直觉方法的结果,是康德的知性阶段的直观,文化精神的体验、科学认识的直观、道德审美直观等均属之。贺麟认为,在梁漱溟那里,直觉还只是道德的人生态度,是道德的精神境界,而不是超道德的宗教境界。他说,梁先生的"直觉是不计较利害得失的态度"②。这种态度,在层次上,只是较功利态度为高,或者更准确地说,道德就是专讲功利的,所以,这种态度,包容了功利得失、苦乐善恶在内,是理智的道德的态度,"是计虑苦乐善恶最耐熟最锐敏的境界,是分辨善恶的敏感或道德的直觉",而不是超苦乐善恶的、超道德的,达到了宗教神契境界的直观。传统儒家的人生态度,根本上说是道德的,严格区分君子小人,严格辨别善恶义利的态度。从这一点说,梁漱溟的直觉,没有超过传统儒家的境界。不过贺认为,梁氏将直觉分为"附于感觉的直觉与附于理智的直觉二种亦甚好,约略相当于柏格森所谓'机体的同情'及'理智的同情'"③。这种划分,好就好在从认识水平的感性和理智的不同阶段论述直觉,揭示了梁氏受柏格森影响的地方,反映了近代西方认识论的成果。又是梁氏直觉说超过传统儒家的地方。

柏格森是现代西方哲学家中比较注意直觉问题的哲学家之一。他提出的直觉有本能和直观的不同。前者被称为"机体的同情",指"有机体对目前环境的适应,那非常完美的当下就产生行为的适应"④。中国成语中"螟蛉有子,蜾蠃负之"为其例子。本能的特征是不虑而知,不察而行。便如上述的感性直观阶段,所谓直观,又称"理智的同情",相当于

---

① 贺麟:《哲学与哲学史论文集》,第200页附释。
② 贺麟:《哲学与哲学史论文集》,第175页。
③ 贺麟:《哲学与哲学史论文集》,第177页。
④ 贺麟:《现代西方哲学讲演集》,第17页。

贺麟的理智的直观，没有坐标系，求知不用固定的观点，"与物为一，与物共变"，超出言诠，袪除符号，得鱼忘筌，冥通神合，是这种直观的特征。不过。柏格森理智的同情说，又是一种直觉方法。纯粹作为经验的直觉说，在贺看来，也不能到柏格森的理智的同情为止，还必须超越理智、科学，上升到更高的阶段，到达更高的境界。

其三，理性的直观，指主体在知行活动中对真、善、美以至绝对的直观，是"对于人事的矛盾，宇宙的过程的一种看法或直观"。这种直观，是对辩证矛盾的直接体验，又是辩证法所得以产生的前提，是辩证法之运用于观察事物、人生、文化所获得的直接认识，所以称为辩证观。辩证观，比理智的直观处于更高阶段，它是对形而上学知识，对真理、神、大全的洞观，而不是像理智的直观，只是对相对真理，对具体的认识对象、对分的直观。因此，贺麟说，辩证观，"需要天才的慧眼，逻辑的严密和纯思辨的训练"。又道，"真正的由亲切的体验，活泼的识度，能够对于宇宙和人生提出一种辩证的看法，能够切实覷出宇宙间事物的内在的必然的矛盾，并见到其矛盾中的谐和，对立中的统一，也非有能静观宇宙的法则，置身于人世变迁的洪流中，而又能洞察其变中之不变，不变中之变的轨则的慧眼不为功"[1]。所以，理性的直观，往往为伟大的哲学家、艺术家、政治家所共有。比如，它体现在诗歌戏剧中，就"以德国诗人的著作中最多"[2]，特别以歌德为其代表。在中国，老子"无为而无不为"，孔子"天何言哉：四时行焉，百物生焉"，诸葛孔明"宁静以致远"等，均包含有辩证的直观。

理性的直观，作为生活态度和精神境界，是指直接洞观形而上的绝对善或美的理念的精神境界，是超脱世俗形骸的精神生活[3]，是对矛盾统一的真理的洞观。在黑格尔看来，理性直观"在某种意义下，与宗教经验中所谓神契主义，颇有些相似的地方"，它们都是对理智的直观的扬弃和超越，是"指知性的分别作用所认为孤立反对的概念之具体的统一而言，世界之所以称为神秘或神契的，即因为非知性的分别作用的范畴所

---

[1] 贺麟：《哲学与哲学史论文集》，第220页。
[2] 贺麟：《哲学与哲学史论文集》，第221页。
[3] 贺麟：《哲学与哲学史论文集》，第226页。

能把握"①。

　　直观,作为经验的直觉,和作为方法的直觉,不可截然分开单看。如上述,直观是直觉方法的前提和结果,直觉方法是连接直观的中介。直观的三个层次由低到高的运动,都有赖于直觉方法作为桥梁。具体说,感性直观和理智直观的中介,是理智直觉方法,理智直观和理性直观的中介是理性直觉方法,而感性直观的前提则是先天直觉方法。直观和直觉方法,浑然一体,构成由低到高的辩证过程。没有经验的直觉,没有直观,所谓直觉方法,便无起点,无结果,不成为方法。反之,没有直觉方法,所谓直觉经验,也是无源之水,是混沌模糊的表象,也不成为直觉经验。总的说来,先天直观,先天直觉,感性直观,理智直觉,理智直观,理性直觉,理性直观,前后相接,构成一个由低到高,由浅入深的辩证发展过程。

　　显然,贺麟将直觉方法和直觉经验分开,将直觉和直观分开,对于我们揭开直觉这一神秘问题的面纱,很有积极的意义。也唯有如此,才能充分地论述直觉方法。

　　此外,直觉作为经验,除了具有层次性或阶段性外,还有以下两个特点。首先,它是"可有可无,时有时无"②的。直观的产生,具有突然性,不可控性。但它一旦出现,又是人们不能拒绝的。贺麟说,"即使素来反对直觉的人,如果忽然有了直觉,他也无法加以反抗,驱之使去"③。所以,直觉经验的存在,人们无法否认,无法反抗,不能拒绝。

　　其次,就直观事实对人类知行活动影响而言,或者有意义,甚至意义甚大,或者只有很少的意义,甚至无意义。贺麟说,"就直觉之为经验的事实言,可以有甚高的价值,产生最好的工作,但亦可无甚高价值,不能产生最好的工作。盖直觉经验亦有好坏高下真妄的等差,不可一概认为很好,有价值而是真实"④。从直观是直觉方法的结果说,直观是否真实,是否有积极的意义,是否有较大的价值,有赖于它是不是和直觉

---

① 贺麟:《哲学与哲学史论文集》,第232页。
② 贺麟:《哲学与哲学史论文集》,第179页。
③ 贺麟:《哲学与哲学史论文集》,第179页。
④ 贺麟:《哲学与哲学史论文集》,第179页。

方法紧密联系，是不是直觉方法的结果，而且还是较高的直觉阶段的结果。从直观是直觉方法的起点说，直观的意义的大小，端赖此直观是否通过直觉方法的历程而展开自己，扬弃自己，以进入较高阶段的直观；而感性直观的起点，不在于外部，而在于主体内部，是主体先天性的直接的初步的外现，可以说是先天直观的表现。需要指出的是，先天直观，先天直觉，先天逻辑，也是一个辩证进展的过程，三者是同一的，是自我同一。

另外，直觉方法也不是孤立存在的，它也依附于逻辑方法而存在而运动，依认识水平的高低而有高低。因此，直观、直觉有不可控性，但直观的"好坏高下真妄"，却是人类可以有效控制的。我们可以分析研究直观、直觉，探索它的特点和内在规定性，使我们能自觉地扬弃低水平直观，进展到高水平的直观，具备良好生活态度，提高我们的精神境界和认识水平，从而为人类的知行活动和日常生活服务。

三　直觉方法

贺麟说，直觉是一种方法，意思是说"直觉是一种帮助我们认识真理，把握实在的功能或技术"[1]。它是一种工夫，人们事实上运用着这种方法去认识真理，把握实在，直觉的运用普遍地存在于人们的知行活动中。

迄今为止，人们以科学为标准，普遍承认认识真理把握实在的方法，是逻辑方法。不过，在现实生活中的许多问题，人们并不遵循严格的逻辑程序认识事物变化，研究人类活动。我们不能说这种认识无价值，无意义。保守的判断，可以说这些是不自觉的逻辑的运用，但这种不自觉的逻辑和自觉的逻辑的区别，也当为方法论研究者所关注。法国学者列维－布留尔将这两者称为原逻辑思维和逻辑思维。他研究发现，"在同一社会中，常常（也可能是始终）在同一意识中存在着不同的思维结构"[2]，并不存在为铜墙铁壁所隔开的两种思维形式。就原逻辑思维来说，

---

[1] 贺麟：《哲学与哲学史论文集》，第179页。
[2] ［法］列维－布留尔：《原始思维》，丁由译，商务印书馆1995年版，第3页。

据他研究，大约有以下几个特点。

（一）神秘性。就因果关系看，原逻辑思维"专门注意神秘原因，它无处不感到神秘原因的作用"[①]，认为神秘力量才是事物变化发展的根本原因。神秘力量不可知，不可见，不可控制，只能祷告、虔敬，接近以至和它合一。神秘力量使实体可以同时存在于几个地方，可以同时是它自身，又不是它自身，是自身同时和万物合一。在原始社会，或者说在低级社会，这种神秘力量，通过"集体表象"——一种具体的在集体中世代相传的对有关客体产生尊敬、恐惧、崇拜等感情以及由此而来的热切盼望，迫切要求和这种神秘力量融为一体的强烈意志[②]——而存在表现。在形式逻辑产生以后，以科学为基础、神秘力量进展到抽象的概念世界，形而上的"可能世界"。黑格尔辩证逻辑则将它描述为神秘力量和可能世界之合，即具体的共相世界。所以，黑格尔的绝对理念世界虽然也有一些神秘性，但已和原逻辑的神秘主义不可同日而语。将神秘主义或神契主义标签贴在黑格尔哲学或贺麟"新心学"身上是不合适的。还因为，在列维-布留尔看来，原逻辑还具有。

（二）直接性。在认识历程中，主体和客体直接融而为一，没有矛盾的进展，有似于黑格尔所批评的抽象的同一。对矛盾漠不关心，是原逻辑的特征；避免、躲避矛盾，从而消除矛盾，是形式逻辑的特征；面对、主导包含矛盾，从而消解矛盾，是辩证逻辑的特征。从这个进展过程，我们可以发现，直接性，越来越以间接性为中介，而原逻辑的方法实质，是直觉。

原逻辑上述两个特征，如果分别夸大，就成为神秘主义和直觉主义。它们的共同的方法基础是直觉。在狭隘的理智主义盛行时，正是神秘主义和直觉主义从反面弥补了理智逻辑方法的不足。直觉方法，是伴随理智逻辑的诞生而产生的方法，但直觉经验却比逻辑要古老、悠久得多。贺麟肯定直觉也是方法，不是对直觉经验的超越，而是对理智逻辑的扬弃的结果。

还在留学期间，贺麟就对逻辑方法的局限有所觉察。他在谈一和多

---

① ［法］列维-布留尔：《原始思维》，第2页。
② ［法］列维-布留尔：《原始思维》，第5、27页。

的关系时说,"我认为,一和多的问题不能用纯逻辑和经验的论辩来解决,因为它主要是一个道德识见或情感的问题,是一个对人的关系和责任进行承认的问题"①。也就是说,除开逻辑方法外,人们对一个问题的看法,还受他的立场、观点、兴趣、性情的影响。可见,他早年还反对直觉方法,从来不是直觉主义者。不过,他还没有从方法论角度,谈逻辑的局限性,经过较长时期的学习研究,到1935年,他明确肯定,形式逻辑、辩证逻辑和直觉三者,"实为任何哲学家所不可缺一,但各人偏重略有不同罢了"②。他要将历史上的逻辑主义和直觉主义调和起来,消除各自的偏蔽,归于中正平和,走的正是黑格尔的老路。

不承认直觉,是逻辑主义的偏蔽处。反之,不承认逻辑的必要性重要性,又是直觉主义的偏蔽处。贺很注意黑格尔批评直觉主义的内容。在他看来,黑格尔强调,哲学的工作,便是使人意识到,直接性和间接性的统一,是主客统一的途径。③ 直觉主义也想达到思有主客的统一,但不是通过矛盾对立的辩证历程而达到,而是通过直接性,比如宗教信仰、直觉体验等,以达到天人合一。所以,直觉主义和神秘主义不可分,是对原逻辑思维的直接性的继承和片面发挥,具有更多的原逻辑性。但它反对抽象理智的不足,认为知性范畴有限,只能认识有限事物的表面性质,因此而注重内心精神体验,认为真理内在于人心,人心可直接把握真理。直觉对逻辑的否定之否定,正是逻辑辩证进展的条件和表现。所以,黑格尔认为,直觉的这一功能可以接受。另外,黑格尔又批评直觉主义的缺点,第一,它虽然基本上反对形而上学,但仍含有形而上学、片面地排斥间接性,直接知识也成为有限,不能超出间接性的有限性;第二,直接知识表面看丰富、确定而具体,实则最抽象,最贫乏,最不确定,故最不可靠;第三,说真理直接呈现于心中,无矛盾斗争,无曲折反复,无艰苦反思,太简单容易,不能得到真正系统的科学真理;第四,太主观任性,含有武断、独断,可为任何事物辩护,故也可反对权威;第五,把片面的直接性绝对化,未认识到思想需要间接知识,要凭

---

① 贺麟:《哲学与哲学史论文集》,第85页。
② 贺麟:《哲学与哲学史论文集》,第181页。
③ 贺麟:《黑格尔哲学讲演集》,第280页。

借对方，又要通过自己，思想要有凭借和中介，并可扬弃中介，有间接性又可扬弃间接性，从而达到直接与间接的统一。所以在黑格尔看来，要达到直接知识与间接知识的统一，直接知识是间接知识的产物与结果。贺麟举杜甫诗说："读书破万卷，下笔如有神"，前句指间接知识，后句为直接知识。① 可见，贺麟讲的直觉方法，既不是原逻辑思维的再现，也不是直觉主义的照抄照搬。

在贺麟看来，作为经验的直觉，有三个层次，即感性直观、理智直观、理性直观，它们都是和逻辑方法、和直觉方法相联系的。他说："直觉方法的本质为理智的同情，亦即后理智的同情。"② 据此可知，贺麟所谓直觉方法，是和逻辑方法紧密联系的，以逻辑方法作基础，而不是脱离逻辑方法讲直觉方法，更不是说在逻辑方法之前有个直觉方法。所谓理智的同情，也就是理智的直觉方法，是柏格森用以认识"绵延"的直觉方法。对柏格森的"绵延"，贺认为不是实体，无永恒性，但对其直觉方法，却有很深的了解，深切的同情。柏格森说：

> 绝对是只能在一种直觉里给予我们的，其余一切则落入分析的范围。所谓直觉，就是指那种理智的体验，它使我们置身于对象的内部，以便与对象中那个独一无二、不可言传的东西相契合。

他还认为，用直觉方法，绝对地把握实在，而不是相对地认识实在，置身于实在之中，与实在"相契合"，而不是站在外面采取一些观点去对待实在，总之，"不用任何辞句，任何转述或象征性的表述，直接掌握实在——那么，这就是形而上学"③。

据此，贺深有体会地说，所谓理智的直觉，就是"必须深入物内，即是主体要向对象表同情，置身对象之中，和对象合而为一；要从里面体验而不能徒作外在的观察，要从事物本身的观点观察事物，而且不能

---

① 贺麟：《黑格尔哲学讲演集》，第277—279页。
② 贺麟：《哲学与哲学史论文集》，第200页附释。
③ [法]柏格森：《形而上学引论》，转引自洪谦主编《西方现代资产阶级哲学论著选辑》，商务印书馆1964年版，第137页。

永远站在同一观点上面,要随不同的事物,而采取各种不同的角度去理会它们"①。可见,深入物内,从内部并变换不同角度去体验事物,以物观物,是直觉方法的显著特征。以此,可以把理智的直觉方法,称为体验法,或物观法。

理智的直觉方法,在科学领域大行其道。科学认识、科学研究中的直觉方法,大都是理智直觉方法。譬如,爱因斯坦认为,科学理论的构建模式中,假设的建立和直接经验之间,"不存在任何必然的逻辑联系,而只有一个不是必然的直觉的(心理的)联系,它可以改变"。另外,对由假设而推导出的结论的检验,"实际上也是属于超逻辑的(直觉的)"因为推导出的结论和直接经验之间,"不存在必然的逻辑联系"②。而且当科学家面对"种种可以想像的理论构建之间,总有一种会叫人觉得它是特别优越的",但这种"觉得","没有任何逻辑依据"。③ 这其实,就是直觉,是理智的直觉。

不仅自然科学,社会科学或人文科学领域,理智的直觉也有十分重大的作用。贺麟说,柏格森的理智的同情方法,"当然与科学方法大相径庭,但却是了解人格、了解历史、了解生命、了解艺术的最好甚至最重要的方法"④。知识有两类:一类是范畴化的知识,逻辑方法认识把握之;一类是未经范畴化的知识,则唯有靠直觉把握之。而未经范畴化的知识,也有两种,"一种是不虑而知的知识,就是感人而不诲人,要靠体验才能获到的;一种是微言妙道的知识,就是得言外之意,在字句的阴影中去触机探微得来的知识"⑤。"体验""触机探微",都是理智的直觉方法。

贺麟认为,理智的直觉方法,和形式逻辑方法相比,虽然似乎是不大堂堂正正,但却是十分有效的方法。他说"我们可以假想求知有走大门和走后门两条路径,走大门是堂堂正正地进去的,过庭升阶,要经历

---

① 贺麟:《现代西方哲学讲演集》,第 15 页。
② [德]爱因斯坦:《关于思维同经验的联系问题》,1952 年 5 月 7 日给 M. 索洛文的信,《爱因斯坦文集》第一卷,许良英、范岱年编译,商务印书馆 1994 年版,第 541—542 页。
③ 转引自[西]何·奥·加塞尔《什么是哲学》,商务印书馆 1994 年版,第 30 页。
④ 贺麟:《现代西方哲学讲演集》,第 15 页。
⑤ 贺麟:《现代西方哲学讲演集》,第 15 页。

重重门户，而从小门偷偷溜进去，却不旋踵就可以立窥堂奥"①。理智直觉，就是"从后门而入"的求知方法。

理智直觉方法，扬弃发展，就到了理性的直觉方法阶段。理智直觉，是和形式逻辑相联系，理性直觉，则和辩证逻辑相伴随。柏格森的直觉方法，只是理智直觉，因为在贺麟看来，柏格森的整个哲学，都是"从科学出发的"②，所以，他的直觉方法，具有近代以来的科学素养，有近代知识论或逻辑学作基础，较之中国传统哲学中的直觉方法，自然精密完善些。但它没有吸收黑格尔开创的辩证法的成果，没有上升到理性直觉。相反，柏格森尊崇直觉，却"鄙弃理性"。所以，贺麟评价说，把柏格森的哲学，"当作心理学看是不错的，但这和哲学里的认识论无关。没有把哲学与科学的界限划分清楚，没有完成哲学以批评科学的前提，为科学奠定理性理论的基础的任务，恐怕是他哲学系统里一个不小的缺点"。和他在本体论上没有达到"唯心论"相适应，柏格森的直觉方法，只是"引人进入神秘境界之中，变成了探求禅意的言词"③，缺乏主体的能动性。

理性直觉方法，贺麟认为就是作为直觉的辩证法。黑格尔辩证法中，既有理智的分，又有理性的合，是从分到合的进展。所以，理性直觉方法，包含了理智直觉方法的内容。比如，也"有设身处地，体物入微式的体验"，但又有超出理智的直觉方法之处，比如，"有矛盾的统一"。和理智直觉根本不同在于，理性直觉方法，追求的是"求出有机全体的节奏，所以他是入乎其中，超乎其外，终于还是加以扬弃，以求取宇宙间的大经大法"④。只知理智直觉的柏格森的直觉方法，却是"诟病科学的站在外面，站在同一立脚点的观察方法，他要投身事物之中，和事物一同经历变化的途程。他得到了丰富的精神生活，他进入了神秘的精神境界。到此为止，他不想再跳出来了"⑤。柏格森是以物观物，而丧失了自我，丢掉了主体，沉溺于绵延之中，不能自拔，虽然柏格森的直觉说有

---

① 贺麟：《现代西方哲学讲演集》，第15页。
② 贺麟：《现代西方哲学讲演集》，第21页。
③ 贺麟：《现代西方哲学讲演集》，第21页。
④ 贺麟：《现代西方哲学讲演集》，第21页。
⑤ 贺麟：《现代西方哲学讲演集》，第21页。

19世纪的生物学基础,比较确切地表达出了生命向前的内在冲动和本能,但是,对于人类生命中的精神内容和特点,却没有予以足够的重视。他的"理智的同情",适合于认识没有生命的物质世界,也"适合于认识流动着的、自我创造着的生命世界"①。但要用这种方法去理解健动不息、有自觉自主自由特点的人类精神世界,却还有所不足。所以,从根本上说,柏格森的直觉方法,还只是物观法,不是理观法;只是理智直觉,不是理性直觉。

归纳起来,理性直觉方法,和理智直觉相较,有如下不同处。

第一,理智直觉方法,和形式逻辑相联系,是康德所谓知性阶段的直觉方法。理性直觉方法,则和辩证逻辑相联系,是康德所谓理性阶段的直觉方法。

第二,在理智的直觉方法阶段,主体从客体之外深入客体之中,尚不自觉。理智直觉,是主体统一于客体的桥梁。比如,柏格森的直觉法,就要求使自己沉溺于存在绵延中,沉湎于内在生命流动的长河中,忘掉自我、消解自我,只是本能地随着生命的冲动,随波逐流。它在根本上是对生命的直觉,即使认识物质世界,也要去体验物体背后隐藏着的生命冲动、存在绵延。这时,生命还没有自觉自主,主体性也只是潜伏在对禅意的探求中。但到达理性直觉阶段,主体已从客体之中跳了出来,回归主体,主体已经自觉。理性直觉,是客体统一于主体的中间环节。可以说,主体性的显著昂扬,是理性直觉方法的特征。

第三,理智直觉方法只是对认识对象的有限规定性的直觉,而理性直觉方法,却是对包括了认识对象的本质、认识主体的本质、认识的本质的整个万事万物的理则的洞观,是对大全、绝对的直觉。所以,贺麟说理性直觉方法,是求形而上学知识的方法,"以形而上的真理为对象,以生活之超脱高洁,以心与理一、心与道俱为目的"②。这一方法的操作特征,可以概括为:"以直觉为超功利超时间超意欲的认识主体,竭全力以认取当下,使整体意识为呈现在眼前的对象的静穆的凝想所占据,忘

---

① [英] R. G. 柯林武德:《自然的观念》,吴国盛、柯映红译,华夏出版社1990年版,第151页。

② 贺麟:《哲学与哲学史论文集》,第197页。

怀自身于当前的对象中，而静观其本质。"① 认识主体，即逻辑心。可见，理性直觉，是主体的自我直觉，有高昂的主体性；"认取当下"，则理性直觉，有当下性、直接性，静穆凝想，忘怀自身，静观本质等，表明这一方法，在实行时，有"静""忘"的特征。中国哲学史上，庄子有"坐忘"，程子有"静坐"，贺似乎聚二说于此，只是不坐而已。他说，这种方法，"就是斯宾诺莎所谓从永恒的范型下以观认事物的直觉法"②。

理性直觉，是求形而上学知识的直觉方法，从这一点说，它就是辩证法。贺麟认为，辩证法的根本任务在于破执显真，破除矛盾，调解对立，"盖现实界的矛盾，须从理想着眼以求调解，部分间的矛盾，须从全体大局着眼以求调解，末流支节的矛盾，须从根本源泉着眼以求调解"。唯有从根本，从本源，从理想、无限、全体、本体入手，才能认识矛盾，克服并消解矛盾，达到主客统一，实现主体的发展。所以，贺说，辩证法足以破执显真，使心眼开明，向着理想界，本体界，无限理则，根本源泉，或全体大局仰望，"以超出形下事物之矛盾"③，达到和谐的统一。

由上可见，贺麟的"新心学"，以理性的直觉方法为纲，将西方哲学中斯宾诺莎和黑格尔的方法融会为一，把庄子的"忘"，程子的"静"等中国儒道方法特征会归一处，形成了他的有融会贯通中西哲学方法论特征的直觉方法论。这个任务的完成，当然有一个历史发展过程。

在贺麟明确肯定直觉是一种方法的时候，他着力调解的是形式逻辑和直觉方法的矛盾。这一矛盾，是逻辑主义和直觉主义争论的焦点。贺从哲学史上继承了这一问题，在自己思想形成过程中，率先解决它，是合乎情理的。所以，这时，他强调的是理智直觉方法。明辨了直觉和理智的关系，但还没有涉及理性直觉问题。不过，在论述理智直觉中，已透露出理性直觉即将破土萌芽的信号。他当时论"理智的同情"，列举了狄尔泰的对价值的体验、柏格森的对生命的直觉以及斯宾诺莎的形而上真理的直觉，三者在直觉对象、直觉宗旨上并不相同。这种不同，关键原因是直觉者认识水平不同，达到的境界有高低的差异。所以，直觉主

---

① 贺麟：《哲学与哲学史论文集》，第197页。
② 贺麟：《哲学与哲学史论文集》，第197页。
③ 贺麟：《哲学与哲学史论文集》，第227页。

体水平高，境界高，运用直觉方法"利巧精深"，则直觉方法自身也将发挥出自己固有的优势，向更高层次飞跃。到后来，当贺将直觉方法和辩证法联系起来时，以理智直觉代表直觉方法全部的说法，和辩证法也是一种直觉方法的观点就格格不入了。因为辩证法的一个根本特征，就在于超越理智达到理性，超越形式逻辑，到达辩证逻辑。因此，我们论述贺麟的直觉方法，如果仅限于他1935年写的《宋儒的思想方法》一文所提供的材料，并据以批评之，是不全面的。

1947年到1948年间，贺麟在北京大学讲授现代西方哲学课程。这时，他的学术思想更加细密，对直觉方法的论述，也更加清楚了。他对柏格森的直觉方法和黑格尔的辩证法的比较，可以看作是他的理性直觉方法和理智直觉方法明确分家的标志。所以，我认为，贺麟虽然没有明确地说有理性直觉和理智直觉，但他的论述，实包含了这两种直觉方法，而且区别明显。

譬如，贺麟论体验方法，就包括了理智直觉和理性直觉两种直觉方法的含义在内。他说，"体验方法，即是用理智的同情去体察外物，去反省自己"[①]，他虽然用柏格森的"理智的同情"这个概念来表述体验方法，但其具体内容却已经被悄悄地改造了。在贺那里，体验方法实际上包括了以下三个阶段。

首先，主体抛弃主观成见，忘怀自我，切忌心浮气躁，欲速助长；使自己沉潜浸润，投入认识对象之中；用一番心情，费一番神思，以审美，以欣赏艺术的态度，去设身处地，虚心涵泳，深入对象的内在本质或命脉，以领会欣赏其意义与价值，而不从外表去加以粗疏的描写或概观。这一阶段的体验，强调全身心的投入，纯客观的态度，可谓"体贴"。

其次，神游冥想。和认识对象的精神相面对、相交接、相融契，取精用宏，含英咀华，从而体察对象中所蕴含的真意、真理。比如，读古人书，观古人事，便要尚友古人，去优游玩索，切己体察古人真意，古事真实。这一阶段的体验，强调主体与客体在精神上的连接交往，以便对客体的内在本质进行体察理解。这时，主体还只是与客体相对待，故

[①] 贺麟：《文化与人生》，第178页。

体验还只是理智的直觉方法,简称"体察"。

最后,深入其中以后,还需出乎其外;体察了现象本质以后,还要体会到主体与对象为一的实质。把握了对象的真意、命脉,然后便要把它原原本本地表述出来,同时也就表达出了认识主体自己的内在精神。因为,根据"逻辑心即理"的命题,心即理,主客体合一,真主体实即真客体,真客体也便是真主体。认识理解了客体,实也就认识理解了主体自身。德国的伽达默尔也注意到这一点。他说,理解自身,总是"在被理解的客体上实现,并且包括了客体的统一性和同一性"[1]。比如,在阅读古人、西人著作,理解其真意后,体验方法还要求"去绍述古人绝学,去发挥自己的心得"[2],去吸收西方文化精神,去延续中国文化生命。到此时,作为直觉方法的体验中的主体,已经发展到了高峰,居于主宰地位,而体验也由此进展到理性的阶段。所以,这一阶段的体验,也可以称为"体会"。

体贴、体察、体会三者相合,构成了体验方法中主体运动的三个阶段、三个环节。体贴是主体虚心投入,设身处地;体察则是主体为客体所占有,由表及里,由浅入深,主体也因此逐渐把握主客体的命脉、本质;体会则是主体的主宰和回归,是创造性自由性的实现。所以,体验方法虽是直觉,但作为方法,实际上也包括了理智、理性可以理解把握的逻辑在内。直接性,内在地蕴含着间接性;直觉方法内在地包括了逻辑方法在内。如果说,直接性,是间接性的融贯连接,那么,直觉方法,则是逻辑方法高度凝聚、高度缩微以后的简明运用,是逻辑环节融贯统一的结果。

贺麟说,他的体验方法,包含了狄尔泰的"体验"和柏格森的"直觉"在内。就狄尔泰的"体验"看,它乃是理解文化、研究精神科学的方法。据说,它并"不包含直觉"在内,将狄尔泰的"体验"看成直觉,乃是一个"错误"[3]。贺麟从狄尔泰的"理解""体验"方法中却体会出

---

[1] [德] H. G. 伽达默尔:《真理与方法》,王才勇译,辽宁人民出版社1987年版,第140页。

[2] 贺麟:《文化与人生》,第178—180页。

[3] [英] H. P. 里克曼:《狄尔泰》,殷晓蓉、吴晓明译,中国社会科学出版社1989年版,第145、157页。

直觉气味来。而柏格森的直觉方法，也是投身事物之中，与物共变，从而进入神秘的精神境界。贺也不满于此，他公开批评柏格森沉溺于绵延，丢失了主体。实际上，贺麟是将狄尔泰的体验方法、柏格森的理智同情结合起来，纳入黑格尔、康德、斯宾诺莎的理性直觉、先天直觉的框架内，批评二人不足，发挥他自己的心得，才建立起他自己的直觉方法论。体验方法，则是他的直觉方法的另一个称谓，是一个很有人生背景、人情意味的概念。

贺建立直觉方法论的过程，也就是他运用体验方法，融贯古今中西直觉说的过程。中国传统哲学中，孔子的"仁"，老庄的"道"，朱熹的"虚心涵泳，切己体察"，陆九渊的内省方法，和黑格尔、康德、斯宾诺莎、狄尔泰、柏格森的直觉一起，到贺麟直觉方法那里，遂构成了中西双源，并行合流之局。而且，贺对体验方法的解释，与体验方法在西方的进展，也有暗合处。

伽达默尔认为，在德国"体验"一词，到19世纪70年代才成了与"经历"相区别的惯常用词，黑格尔、狄尔泰对"体验"意义的发掘都做出了特殊贡献，中经柏格森、胡塞尔等人的解释，体验遂成为一种直觉方法。这种方法，是用于对人生经验中的永恒因素的直觉，是对"生命整体"的理解，也是"生命整体""如此长久地存在着"的方式。[①] 这种对"生命整体"的直觉，无疑是一种包含了理智直觉在内的理性直觉方法。在这里，中西哲学家从不同的点出发，却走上了一条共同的理性直觉的路。不同只在于，贺麟似乎走得更远，他还将理智直觉和理性直觉一起归并入先天直觉方法中，形成统一了后天直觉在内的先天直觉方法论。

对先天直觉方法，贺麟没有专门论述。根据他的逻辑主体的先天性特征，我们大致可以推测，他的理智直觉和理性直觉方法的辩证统一，正是先天直觉方法的表现。理解把握了前者，则后者也自然清楚了，并不存在离开前者而单独存在空空荡荡的所谓先天直觉方法。

[①] [德] H. G. 伽达默尔：《真理与方法》，王才勇译，辽宁人民出版社1987年版，第85—99页。

四　理智直觉方法

理智直觉方法，贺麟谈论较多。这种状况，和人们认识事物，把握真理的实际情况，是相符合的。近代科学的崛起，在一定程度上也可以说是理智作用的结果。理智作为感性认识和理性认识的中间环节，在现实知行活动中，起着十分重要的作用。黑格尔说，理智思维有自己的"权利和优点"，即"无论在理论的或实践的范围内，没有理智，便不会有坚定性和规定性"①。我们认识事物，首在把握事物的特性。我们干工作，就主体说，必须有确定专一的目标，坚定不移地努力以求实现之；就客体说，必须专注于一事，不能同时干几种工作。我们的一生，必须知道限制自己，不可分散精力于多方面。这些都是理智作用的表现。所以，理智思维，在自然科学、数学、几何学，也在法学、哲学、宗教、艺术、社会科学中，都有巨大的作用。在现实的直觉方法的两个阶段中，理智直觉，具有基础地位，是直觉方法的第一步。没有理智直觉，理性直觉将成无源之水，无从发生，所谓直觉方法也将不能成立。所以，理智直觉方法，是理性直觉的前提，也是直觉得以成为方法的必要条件。抓住了这个前提条件，理性直觉以至直觉方法，才有可能从中自动汩汩流出，汇成滔滔江河。

贺麟说，理智直觉方法，就是"用理智的同情以体察事物，用理智的爱以玩味事物的方法"②。而观察对象有内外不同，所以理智直觉方法也包括内外两个方面。一是外视法，即向外透视，向外观认事物的方法，注重用理智的同情以观察外物，如自然、历史、文化等。贺认为，朱熹的直觉法，是外视法的代表。这种方法，要求向外体认物性，读书穷理。二是内省法，即向内省察自我的方法，注重向内反省体察，以回复自己的本心，发现自己的真我。贺认为柏格森所谓同情理解自我，和内省法约略相当，而陆九渊的直觉法，是内省法的典型。

外视法要求体认物性，实即是要体认在事物中流动的宇宙生命整体；

---

① ［德］黑格尔：《小逻辑》，第173页。
② 贺麟：《哲学与哲学史论文集》，第184页。

内省法要求向内反省本心，也是要让主体自己直接和自己内在的宇宙生命整体相交通、相交流相交融，从而使那活泼健动的宇宙生命更充分地在主体的自觉中和自己融为一体。宇宙间只有一个生命整体，那就是"即心即理、亦心亦理"的逻辑心，也就是即心即物、亦心亦物的主客体统一的世界本体。外视即视此本体，内省也省此本体。故两种方法，殊途同归。

内省法和外视法，其实是一种方法，即理智的直觉方法，内省即所以外视，外视亦所以内省，相辅相存，不可分割。贺麟说，"根据宋儒所公认的'物我一理，才明彼。即晓此，合内外之道也'一原则，则用理智的同情向外穷究钻研，正所以了解自己的本性；同样，向内反省，回复本心，亦正所以了解物理。其结果，亦归于达到心与理一，个人与宇宙合一的神契境界，则两者可谓殊途同归"①。

这里有必要分辨一下，理智直觉方法，只能使认识者与认识对象合一，即与众理、与分、与相对真理合一，唯有理性直觉方法，才能达到主体与宇宙合一，心与理一，与自我合一的神契境界。贺麟将两个阶段的直觉方法合在一处说，可以理解为他对这两种方法的区别这时还不很自觉；另外，也可以理解为，他强调朱子的外视法和陆子的内省法，都包含了理智直觉和理性直觉方法两个阶段在内，而且这两个方法的进展是一脉相承，自然演进的。从理智直觉看，理性直觉法，只是自己的继续和完成，是自己价值的真正实现。而从理性直觉说，理智直觉方法，又是自己的前哨或先锋队。两种方法的连接地带比较复杂。根据贺的直觉经验论，我认为，两种直觉方法的中间过渡环节，是理智直观。即是说，理智的直观，作为经验，是理智直觉的结果，又是理性直觉的起点。这样，逻辑上就为主体提供了一个可供安顿休息的"驿站"，一个辩证否定的环节。

关于内省法，贺认为包括两方面。从消极面从反面说，是"不读书"。不读书，不是要人不学习，不受教育，懒惰、愚昧，也不是轻视学问，鄙夷学者。而是强调从不读书中去求真学问，把握实在真理。贺麟说，在历史上，反对读书的趋势时时发生，像卢梭等，甚至于反文化、

---

① 贺麟：《哲学与哲学史论文集》，第184页。

反理智、反科学，这是末流。将"不读书"作为方法，则首推陆九渊。但陆氏提出此法，乃是从他"先立大本"说而来，目的在于矫正朱熹的传注章句之学。陆氏认为像朱熹那样，疲精竭力去留情传注，只是支离事业，骛外失本。所以，他从朱熹那里出发，"着重在减轻学术文化上的负担，解除外界的侵蚀，以保持自己的本心，而免为教育所误、书籍所蔽、文字所累"①。这个办法，若被误解成一切书不读，放开心思，胡思乱想，只管静坐，游谈无根，则非其本意。它强调的是先读书，而后才不读书，而不是一开始就什么书不读，只知斗鸡走马，做生意，看录像，玩游戏机等。

先读书而后不读书，正是给人机会反省所读所学，整理思想，以保持自己心灵的贞操，"使勿轻于信从古人"，轻于信从他人。所以，贺麟说，"不读书"，实在有积极作用，"可以使此心摆脱一切，赤地新立，以便一切自真我作主，由本心出发"；特别是"当传统的观点或外界权威极盛，或学术思想极其庞杂的时代，此种方法，实足以予精神上一大解放"②。

因此，陆九渊教人"不读书"其实是要读书。只不过要求人们读书时，"要看古人是否先得我心之已然，契合自己的本心"；也不是要反对著书作文，只是要求"出于自然"，内充实而后外光辉；也不是反对讲论问学，只是要求讲论问学，重在"启发人自己的思想，发明人的本心，教人自己反省"③。在贺那里，陆九渊的"不读书"，是有针对性的；他的"先立大本"说，是中正平和，要求读书的，"不读书"只是一个阶段，一个方面的修养。贺麟努力把"心学"往理学方面推动，希望把二者协调融合起来，意图明显。

从正面看，从积极面看，内省法就是"回复本心"。本心即本体，"回复本心"乃方法。贺麟认为，陆王的"回复本心"，实有两个方面。一是教人反省他自己的本心，注重启发、唤醒他人之良知，使其回复到先天理性；所以，这个方法要在指点、提醒、启发。这有似于苏格拉底

---

① 贺麟：《哲学与哲学史论文集》，第185页。
② 贺麟：《哲学与哲学史论文集》，第186页。
③ 贺麟：《哲学与哲学史论文集》，第186页。

教训青年的道德，积极面，在于"唤醒对方之自知"，自知其无知，从而"廓清成见，赤地新立，实为另作新人的初步，又为回复真我，过新道德生活的开始"①。也有似于柏拉图的回忆法。柏拉图回忆法，旨在"教人回复其原来固有，后来遗忘隐蔽之理念或本心"。因为在柏拉图看来，真理是"人所固有，非外铄我，只须有人提醒，经过一番回忆的历程以回复之理"②。

"回复本心"的第二个方面，是自己反省本心，体认真我，把握自己的真生命。贺认为，这个方法，贵在体贴、省察、反思、反求，有似于柏格森所谓自己与自己表同情的"理智的同情"法。不过，在贺看来，总体上说，陆王所谓"道德乃人所固有，非外铄我，只须一种求放心，复本心的回忆或反省的工夫，以回复其本然"的说法，和苏格拉底、柏拉图的方法"实颇相似"③，都有"立大本"这个基础。所以比柏格森要亲近得多。把苏格拉底、柏拉图，甚至柏格森拉来"赞助"陆王的内省法，希望在中西融会中，为陆王心学开辟新天地。他的"新心学"也正是这样建立起来的。

问题在于，贺麟融合理学心学中学西学，他走的路径是什么，也就是说他融合诸家学说的出发点、内容、宗旨是什么。从他阐释发挥陆王内省法来看，有以下几点值得注意：

第一，以陆王心学的"先立大本"为基础，为出发点。这意味着，他的本体论是"心即理"，但他论证发挥"心即理"命题，如我们前面所述，是融贯从斯宾诺莎经康德到黑格尔的西方古典哲学中的唯心主义本体论，拿来作为支撑"心即理"命题的钢筋骨架。

第二，他用要读书以救"不读书"之偏，用"先读书"以作"不读书"之前提，显然是将朱熹强调读书穷理的理学方法作为心学方法的必经环节，使心学和理学方法各自处于方法历程中的不同阶段。心学的"先立大本"是出发点，"回复本心"是归宿处；理学的读书穷理只是过渡的中间桥梁。根本上说，他仍是以心学为主，以理学为辅的。因为据

---

① 贺麟：《哲学与哲学史论文集》，第224页。
② 贺麟：《哲学与哲学史论文集》，第187页。
③ 贺麟：《哲学与哲学史论文集》，第187页。

他看来，理学读书穷理，所读之书，所穷之理，根本上只是逻辑主体的外化。因此，贺麟名义上是要集心学理学之大成，消除各自的偏蔽，实质上仍是站在心学的立场，吸收理学的长处，发挥心学的逻辑，所以，建立起来的学术思想体系，称为"新心学"是恰当的。不过，和往常的心学学者不同的是，贺麟并不是出于狭隘的学术宗派立场，以维护心学传统为己任，而是站在中西学术发展历史的高度，顺应了理学向心学、客观唯心论向主体唯心论发展的趋势，吸收了这一发展趋势的成果，在唯心辩证法的基础上，经过自己的苦思力索，孜孜以求而得出的结论。我认为，除开他的唯心论部分，他融会中西的努力，他的辩证法以及由此而来的历史基础，他的主体性昂扬的理论内容，都是应予肯定，而予以批判地继承发扬的。

第三，他拉西方古典哲学家苏格拉底、柏拉图等来支持陆王"回复本心"的理论，同他拉斯宾诺莎、康德、黑格尔等来支持陆王"心即理"的命题，都充分地表现了他融贯中西，西为中用的学术追求。这一点，在他的学术思想中，俯拾皆是。以唯物辩证法为基础，建立中国新哲学，是可以从贺麟那里受到启发，学到东西的。

贺麟认为，朱熹的直觉法，和陆王的内省法，有异处，也有同处。相同在于，他们均重视向内反省，以回复本心；不同在于，"二人对于直觉方法之着重点与得力处不同"。如陆象山反对读书，朱子也痛惩读书之弊。但二人虽均反对读书，原因却不相同。贺麟说"象山以不读书为入德之门的工夫，自觉地、始终一贯地反对读书，而朱子反对读书，乃是读书过后的翻悔或反动，而非方法"①。又说，"盖象山注重提醒此心，无时忘掉自我，有似费希特，而朱子不是忘掉自己于书本，即是忘掉自己于自然，放心于外，复收之回内，忘掉自己，又归还自己，则有似黑格尔"②。陆象山主体昂扬，以比费希特，朱熹主体隐没于客体之中，时隐时现，以喻黑格尔，甚当。但比较黑格尔，朱熹还注重向内反省，求放心，回复本心，"与象山亦复相同"。朱子较黑氏更强调主体，是"道德唯心论"。朱熹的太极"不徒是抽象空洞的理，而乃是内容丰富，无所不

---

① 贺麟：《哲学与哲学史论文集》，第192页。
② 贺麟：《哲学与哲学史论文集》，第193页。

具，求知有所着手，涵养有所着力的心"①。所以，朱子毕竟不同于黑格尔。在重视主体方面，以贺麟的见解，朱子和陆子之间，更为接近，"实在无有根本区别"。只是若从朱陆二人全部思想来看，二人又有一些"同中之异"罢了。归纳起来，有下列两点。

第一，朱陆均认同"回复本心"为向内反省的直觉方法，但应用此方法的艺术有工拙之不同，"象山较工"，其应用此法以自我涵养或教训唤醒他人，"均较得力"。贺麟说，陆九渊"最善于从血脉上感动人，使之幡然改悔，几有大宗教家点化世人使之转变悔悟的风度。朱子则应用此法较拙，他自己就很难把持他的本心，不令其向外走作"，教导他人，力量和效果，"均不及象山"。

第二，虽都讲"回复本心"，但有时间的先后、分量的多少之不同。象山以回复本心为最先最初步的工夫，朱子则以为学问思辨，格物穷理，方能达到的高远的最后理想。就分量说，陆子专以"回复本心"教人，此外更无第二法门，朱子则仅兼以"回复本心"教人，仅用以救济博文之偏，校正读书格物之支离散漫。而他的直觉方法的重点，另有所在。②

贺麟说，朱子的方法论，既不是科学方法，但有科学性，也不是修养方法，但包括了修养方法在内，而是向外观认，格物穷理的理智直觉法。其方法根本所在，即"虚心涵泳，切己体察"③。这八个字出于朱熹教人读书的方法，贺特地从中拈出加以改造发挥说，"虚心则客观而无成见，切己则设身处地，视物如己，以己体物。体察则用理智的同情以理会省察。涵泳有不急迫，不躁率，优游从容，玩味观赏之意"④。深入物中，以物体物，正是理智直觉方法的特征。朱熹曾训格为至，释格物为"穷至事物之理"。贺认为，这个解释有三层含义：一是，与物有亲切接触而无隔阂；二是，深入物之中心，透视物之本质，非徒观察其表面而止；三是，与物为一，物我无间之意。与物亲切接触，深入其中，与物为一，并不是"神秘的与物相接，亦非空泛的与物同体之意"；虽言"至

---

① 贺麟：《黑格尔哲学讲演集》，第 634、635 页。
② 贺麟：《哲学与哲学史论文集》，第 194—195 页。
③ 《朱子语类》卷十一。
④ 贺麟：《哲学与哲学史论文集》，第 196 页。

物",虽向外探求,却又不"陷于狭义的神秘主义与粗疏的感觉主义"①,就因为朱子能运用外视法,有本体,有主体,有由浅入深由表及里的进展的缘故。所以,朱子的外视直觉法,"高明、精到,而且平实"②,是朱子"生平最得力、最精到,且卓然有以异于陆派处"③。

至于朱子释"格物"为"穷至事物之理,欲其极处无不到也",这个"极处",贺麟释为"根本极则,贯通而无蔽碍"。朱子又说,穷理之最高境界,至于"用力之久,而豁然贯通焉,则众物之表里精粗无不到,而吾心之全体大用无不明"。贺认为,这是"最后的直觉境界",是"心与理一的后理智的理性的直觉境界"④。贺在这里已明确表述了理性直觉是理智直觉的发展和飞跃,是"后理智"直觉的理想。理智直觉和理性直觉的分裂,就从此开始了。

五 直觉方法和逻辑方法

直觉方法的效准,是贺麟直觉方法论中的重要问题。反对直觉方法的人,大多以为直觉方法正确与否,无从检验,无理性甚至反理性,所以反对之。贺麟则认为,运用直觉方法,能否认识真理、把握实在,这不只是方法本身的问题,也和运用此方法的人的"学养如何以及善于应用与否"有关。善用者,学养高者,可以使直觉法"谨严而合于理性";不善用者,学养低者,即使给他科学的逻辑方法,同样也"可以陷于支离诡辩而不合理性"⑤。所以,直觉方法,并不必然和无理性以至反理性相等同。从学术史看,英国功利主义伦理学家西季威克著《伦理学方法》,即认直觉方法为伦理学方法之一。美国新实在论者蒙塔古著《认识的途径》一书,也认为直觉方法是神契主义者的认知方法。他们两人并不采用直觉方法,却都承认直觉是方法。至于德国的巴斯卡尔称直觉是"心情的逻辑",实证主义者孔德更把直觉方法看成"先于理智的逻辑"

---

① 贺麟:《哲学与哲学史论文集》,第196页。
② 贺麟:《哲学与哲学史论文集》,第197页。
③ 贺麟:《哲学与哲学史论文集》,第196页。
④ 贺麟:《哲学与哲学史论文集》,第196、197页。
⑤ 贺麟:《哲学与哲学史论文集》,第179页。

等，各家对直觉方法认识并不相同，"但他们尽皆承认（直觉）是不违反理性的一种方法则相同"。根据这一学术史上的直觉论的简要回顾，贺麟得出结论说，"我们谓直觉方法与抽象的理智方法不同则可，谓直觉方法为无理性或反理性则不可"①。在他看来，直觉不仅不是无理性或反理性，恰恰相反，直觉方法根本上是和逻辑方法相辅相成，有机统一的，是人类理性的又一种表现形式。

贺麟说，"直觉方法一方面是先理智的，一方面是后理智的。先用直觉方法洞见其全，深入其微，然后以理智分析此全体，以阐明此隐微，此先理智之直觉也。先从事于局部的研究，琐屑的剖析，积久而渐能凭直觉的助力，以窥其全体，洞见其内蕴的意义，此是后理智的直觉"②。可见，理智和直觉"各有其用而不相背"。他自述其方法论架构说，"形式的分析与推论（指形式逻辑，即理智方法——引者）、矛盾思辨法（指辩证法，是理性和直觉的统一。这时贺尚把辩证法划入理智方法内，有时又划入'后理智的直觉'中，显示他当时还未将二者从逻辑方法和直觉方法各自的历程中区分开来——引者）、直觉三者，实为任何哲学家所不可缺一，但各人之偏重略有不同罢了"③。

所谓先理智的直觉，或称前理智的直觉，贺麟认为，它相当于康德的感性阶段，即感性直观，是人类认识事物，把握实在的第一步。感性直观的特征是"全黑"，只是混沌的经验而非知识，如果止步于此，不再向前，就陷入狭义的神秘主义和直觉主义。

根据贺麟的直觉经验论，感性直观尚未经过理智的洗礼，不得称为方法，只能是经验。但他在这里说直觉方法"一方面是先理智的"，和上说似有矛盾。我认为，在贺看来，这并不矛盾。说感性直观未经理智洗礼，不是方法，是就感性直观这一感性认识阶段本身说；说"先理智"的直觉，也是方法，是就感性直观，又是先验直观的表现说。而先验直观，又是先验逻辑、先验直觉的结果。先验逻辑、先验直觉均是方法。所以，我体会，此处所谓"先理智的直觉"，实际是先验直觉。

---

① 贺麟：《哲学与哲学史论文集》，第179—180页。
② 贺麟：《哲学与哲学史论文集》，第181页。
③ 贺麟：《哲学与哲学史论文集》，第181页。

先验直觉，如前已述，和先验逻辑、先验直观是三位一体的。先验直觉，是主体先天性的自觉。所以，不仅感性直观，而且理智直觉、理性直觉，均是先验直觉的不同阶段的表现。站在先验直觉的角度，说理智直觉、理性直觉是方法，也不能不说感性直观也是方法之一。但贺麟并不直接说感性直观是方法，反而在学生的追问下，明确否认感性直观是方法，这是有分寸的。一方面强调方法的先天性；另一方面又要强调方法的理智性，强调先天和理智的统一，体和用的统一，这是贺麟的方法论的核心思想。从先天性说，"先理智的直觉"是方法，从后天的理智说，"先理智的直觉"不是方法。但从体用合一说，感性直观乃是不是方法的方法。

所谓后理智的直觉，我认为，包含了理智直觉和理性直觉在内。理智直觉的内容已如上述；理智直觉的地位，则是对形式逻辑的成果的总结。理智直觉，紧随形式逻辑之后，是形式的分析和推论与理智直观的中间环节。而理智直观，则是理性逻辑方法的起点。理性直觉方法，则紧随理性逻辑方法之后，总结其成果，从而形成理性直观。从理性的直觉方法说，理性是对理智的扬弃，又包含了理智在内；理智发展到理性时已发生了质的变化，所以又称为"没理智之直觉"[①]。

贺麟认为，理性直觉方法，是人类认识真理、把握实在的最高阶段，所获的知识，是哲学知识，而不只是科学知识。但不是说哲学知识全凭借理性直觉而获得。真正说来，哲学知识的获得，理性直觉、理性逻辑以及理智直觉、理智逻辑，甚至还有感性直观，均不可缺。在贺麟看来，理性直觉方法，大致有以下三种形式。

其一，二元的辩证统一。理智分析，将认识对象一分为二，则理性直觉，便将其合二为一，相当于矛盾双方的对立走向统一的过程。如朱熹的理和气的统一，斯宾诺莎的思想（心）和形气（物）二属性的统一，均是。

其二，正、反、合的辩证统一。理智的分析，将认识对象一分为三，一般分为正方、反方和正反双方调和之第三方，即合方。则理性直觉方法，便合三为一，把正反合三方，看成一个逻辑的发展过程，三方

[①] 贺麟：《哲学与哲学史论文集》，第182页。

各代表三个不同的逻辑发展阶段。黑格尔的三一公式，集中揭示的是这种形式。也可以说，这一形式，也是二元的辩证统一形式的深刻化、细密化。

其三，万事万物的辩证统一。人们面对的是姿态万千的世界，无数事物，以变化万千的复杂形象，展现在人们面前。用理智分析方法，将世界万物分门别类，作部分的研究，一一明了其特征，很必要而且重要。理性直觉方法，则将复杂多样的"分"，即在每一领域、每一部分、每一层次、每一阶段的研究成果的基础上，合而为一，合多为一。把整个世界，看成一有机的秩然有序的整体，从中直觉世界的本质、宇宙的大全。每一事物，甚至每一事物的每一部分、每一方面、每一层次、每一阶段，都各有其分工，各有其职责，各有其神圣的使命，都以是否完成自己的使命，和逻辑主体联系的亲疏，而决定其价值的高低、意义的大小。贺麟认为，朱熹所谓"物之本末精粗无不到，而吾心之全体大用无不明"之豁然贯通的直觉境界，正是表述这种复多的统一的形式，即相异的矛盾，"递进"的统一。① 复多的统一的形式，实际上是前面两种形式的全面展开，具体表现。

在先理智直觉方法和后理智直觉方法之间，贺麟认为还有一个必要的过渡，即"理智的分析"② 阶段。理智的分析，约相当于康德的知性阶段，所获得的知识是科学知识。从逻辑发展阶段看，理智分析，是形式逻辑阶段，以抽象思维为特征，消除感性直观时的混沌黑暗，而且坚持认识对象的"固定规定性和各规定性之间彼此的差别，以与对方相对立"③。所以理智分析是对感性直观的超越，它由此也避免了狭隘的直觉主义、神秘主义的危险。

从形式逻辑和直觉的关系说，双方共同构成了一个发展过程，即以感性直观为起点，以形式逻辑为中介，以理智直觉为后续，以理智直观为终结，从而才可能进展到理性的、后理智的阶段。专就中介说，运用

---

① 关于矛盾的三种形式，参见贺麟《黑格尔哲学讲演集》，第646页；关于辩证统一的三种形式，参见贺麟《哲学与哲学史论文集》，第182—183页。
② 贺麟：《哲学与哲学史论文集》，第182页。
③ ［德］黑格尔：《小逻辑》，第172页。

形式逻辑实有两方面的工作，即分析和推论。贺麟认为，从推论说，"推论必先有自明的通则，以作基本，但此自明的通则，则系一种直观知识"①。这个说法实相当于爱因斯坦科学理论构建模式中的假设的建立。从分析说，"分析即系剖析全体之意，即黑格尔所谓'判断即特殊化总念'之意，亦即布拉德雷所谓'判断的主体即系实在'之意，盖分析即分析此用直觉方法所得的对于实在、对于理念的整个印象"②。全体、实在、理念，就体现在万事万物中，从万事万物中认识真理、把握实在的第一步，是对具体的事物进行感性直观，留下印象，积累关于认识对象的丰富材料。所以，贺麟说，"换言之，分析即分析直觉方法所获得之丰富材料，及至部分的分析到了面面俱到的程度，于是又借直觉之助，对于整体有更新更深的认识"③。可见，在理智分析前后，均有直觉经验或直觉方法作为一个必要环节而存在。

在这里，有必要对"分析"分析一下。贺麟所谓的"理智的分析"，又不只是知性阶段的形式逻辑的分析与推论，还包含了理性的辩证的分析在内。"理智的分析"，实际上是感性直观到理性直观的中间过程的总称。从直觉说，包含了理智直觉、理智直观、理性直觉的环节在内；从逻辑说则包含了理智逻辑和理性逻辑在内。理智的形式逻辑的分析，是分析对象的每一方面，每一层次，每一阶段，"愈分愈细"。分析的结果，必须"借直觉之助"，对于分析的对象有一个整体的认识。这里的"直觉"，就是理智的直觉，直觉的理智结果，形成理智直观；而理智直观，则是理性分析的起点。在理智直观基础上，理性分析则着重分析认识对象的内在矛盾、根本性质，使分析"面面俱到""达到整体""把握全体"。④ 伴随理性分析的直觉方法，就是理性直觉；理性直觉的结果，是理性直观。于是，我们可以将贺麟的方法论进展的逻辑环节表示如下。

---

① 贺麟：《哲学与哲学史论文集》，第181页。
② 贺麟：《哲学与哲学史论文集》，第181—182页。
③ 贺麟：《哲学与哲学史论文集》，第182页。
④ 贺麟：《哲学与哲学史论文集》，第182页。

```
感性直观 → 理智分析 → 理智直觉 → 理智直观
                                        ↓
理性直观 ← 理性直觉 ← 理性分析
```

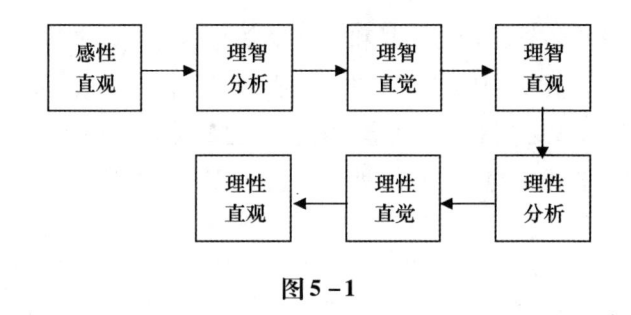

图 5-1

图 5-1 中，感性直观即贺麟所谓"先理智之直觉"。贺所谓"理智的分析"阶段，则有两种理解：一是指图中所列的"理智分析"，则"后理智之直觉"将包括理智直觉到理性直观五个环节，这有利于将理智直觉和理性直觉的统一性，一脉相承的发展性揭示出来；二是指图中所列的从理智分析到理性分析四个阶段，则"后理智之直觉"将是指理性直觉和理性直观，这有利于将理智直觉和理性直觉区别开来，突出理性直觉处于方法论历程中较高阶段的特点。另外，从逻辑方法的角度说，前一种理解强调理智分析和理性分析的不同，突出理性分析的较高阶段的特征；后一种理解则强调理智分析和理性分析的同一性、发展性。总之，不论哪种理解，都清楚地显示出，在理智分析和理性分析、理智直觉和理性直觉之间，既有发展阶段从低到高的不同，同时又一脉相承，中间没有停止或中断前进的大峡谷，使人不可逾越，两者是一个有机的整体。在人们运用两种方法之际，以至于很难意识到两种方法之间的不同，或者有事实上的阶段性来。也就是说，人们认识事物，并不是机械地遵循着从感性直观起步，经过漫长的进展，才到达理性直观的终点这样的认识步骤，而往往是从这一历程中的任一环节切入起步；往后前进，也不是机械地一步步拾级而上，而往往是跳跃式地大跨越，是三步并作两步走式地前进。比如，从理智分析切入，而后经过理智直觉或直接跳跃到理性直觉，到达理性直观之境。事实上的跳跃式前进的存在，并不能反证逻辑上一步步拾级而上，踏实向前的谬误。恰恰相反，这又充分表现了人类认识事物，运用自己理性的方式，不是机械的，而是生动活泼、丰富具体的；也反映出人类运用自己先天理性的能力，是主动的、自作主宰的，而不是被外在决定的，只有必然没有自由的。

所以，这个方法论历程，是和本体论紧密相连，以本体论为基础的，是逻辑主体的外化和回归的运动过程。这个方法论历程，正是贺麟所谓"理"的具体表现，当然仍是抽象的概念的逻辑表现。因此，贺麟的方法论历程在他的学术思想体系中的地位，也可以图示如下：

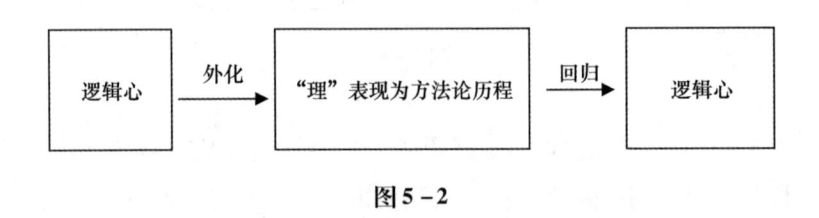

```
┌─────────┐  外化   ┌──────────────────┐  回归   ┌─────────┐
│ 逻辑心  │ ──────→ │ "理"表现为方法论历程 │ ──────→ │ 逻辑心  │
└─────────┘         └──────────────────┘         └─────────┘
```

图 5-2

这样，我们对贺麟的直觉方法论，庶能得到较为全面的理解。而不是将形式逻辑、辩证法和直觉三种方法简单拼凑起来，组合成贺麟的方法论体系。

根据上述先理智直觉和后理智直觉的具体内容的叙述，贺麟说，"据此足见直觉与理智（理性也包括其中）乃代表同一思想历程之不同的阶段或不同的方面，并无根本的冲突"。又说，"直觉不是盲目的感觉，同时又不是支离的理智，是后理智的，认识全体的方法，而不是反理智反理性的方法"[1]。就理智直觉说，是后理智的，又为认识全体服务；就理性直觉说，既是后理智的，又是认识全体的方法。两种直觉，都和理智、理性不可分割。

而且贺还认为，他将理智和直觉统一起来的努力，不是自己的发明创造，而是有学术史渊源的，是代表或顺应了学术历史发展趋势的。他明确地说，他"把直觉从狂诞的简捷的反理性主义救治过来，回复其正当的地位，发挥其应有的效能"，符合"近代哲学及现代哲学的趋势"。比如，贺麟"亲炙过的怀特海教授所采取的途径"，就是将柏格森的直觉主义和詹姆士的急进经验主义被指斥为反理智主义中拯救出来，既保持柏格森的直觉说，又留下詹姆士的纯粹经验说，使其相辅并用，取长补短，从而避免了狭义的反理智主义。看到怀特海的这个办法，贺麟抑制

---

[1] 贺麟：《哲学与哲学史论文集》，第183页。

不住高兴地宣布,"我相信这条路实在是治哲学的康庄大道"①。

从现代西方哲学的发展趋势看,不仅早期的怀特海,而且对现代西方哲学影响很大的胡塞尔的现象学、存在主义、诠释学等流派,均程度不同地强调直觉方法的重要性。在现代逻辑学王国里,直觉逻辑兴起,则是对直觉和逻辑相统一的一面的逻辑上的有力证明。可以看出,贺麟认为把逻辑和直觉方法统一起来是近现代世界哲学的趋势的说法,是符合实际的。

即使马克思主义学者,也对直觉作为方法,对直觉和逻辑的关系,愈益关注起来。有苏联学者认为,"不自觉性、直接性、突然性是直觉在认识中的本质特征。它往往表现为独特地跃过连续的逻辑推论的阶段,是认识和采取决定的迅速过程"。并认为,"直觉的直接性,是生活经验、文化、知识、信念等的复杂的融合。因此,马克思主义要求把直觉放在整个认识过程的前后关系上加以考察,而不能使它与逻辑知识相分离,不能使它同直觉所指示的动作的正确性和不正确性的实践检验相脱离。实践既是作为认识的逻辑形式的真理性标准,也是直觉的真理性标准"②。

贺麟论述直觉方法,把直觉和逻辑统一起来,实际上是把直觉放在人类认识真理、把握实在的"整个认识过程的前后关系上加以考察"。他认为人类的整个认识过程,就是直觉和逻辑的辩证统一的历程。在这个历程中,直觉的作用,不是唯一的,但是重要的;不是直觉主义,而是以逻辑作为直觉进展的必经环节。他没有使直觉脱离逻辑,他的直觉方法和逻辑方法是有机统一,相辅相成的。因此,贺的直觉方法论中,无疑包含了合理内核,应予充分肯定和重视。另外,也必须指出,贺的直觉方法,在唯物论者看来,是和实践活动相脱离的。他还没有将对学术历史的重视提高到对历史过程本身进行认识的高度,没有提高到历史方法的高度,没有将辩证法和历史方法有机统一于历史发展过程中,所以,他的直觉方法,还和社会实践相脱离,还缺乏必要的实践检验的形式。这一点,在他的思想成熟后,才得以补足。

---

① 贺麟:《哲学与哲学史论文集》,第183页。
② [苏] П. В. 科诺瓦洛娃:《道德与认识》,杨远、石毓彬译,中国社会科学出版社1983年版,第69—70页。

第 六 章

逻辑方法论

　　直觉经验的层次性，直觉方法的阶段性，均是人类认识事物的不同进程在直觉领域的表现。其实，这个辩证运动过程，也表现为逻辑方法的阶段性。在贺麟看来，先验逻辑、形式逻辑和辩证逻辑，是逻辑发展的三个阶段，先验直觉、理智直觉和理性直觉，正是分别对应着逻辑方法的三个阶段的。逻辑方法和直觉方法一起，构成了贺麟"新心学"的"逻辑的直觉"方法论体系。从逻辑方法说，贺麟对形式逻辑和辩证逻辑的统一、逻辑方法的出发点、辩证法等，都作了详细的论述。这是本章要讨论的内容。此外，在逻辑的直觉说基础上，贺麟提出了他以本体论方法和现象学方法的统一为基础的"心观法"方法论。这就使他的方法论，既具有贯通逻辑方法和直觉方法，融会中国传统哲学和西方哲学的集大成特点，又在传统的宋明理学基础上，将中国哲学方法论推进到一个新阶段。方法论，是对"心即理""心与理一"等本体论命题的逻辑抽象，是"新心学"的逻辑学。

一　逻辑思想

　　黑格尔曾经说，辩证逻辑中包含了单纯的知性逻辑，从前者可抽出后者，只要把其中的"辩证法和理性成分"排除掉。在他看来，辩证逻辑，就是"各式各样的思想形式或规定排比在一起的事实记录"，再加上"辩证法和理性成分"。因此，辩证逻辑是高等逻辑，而形式逻辑是初等逻辑。贺麟说，"这个见解是合理的"，是

"合理思想"。① 将形式逻辑和辩证逻辑看成先后高低相连的进展历程,在统一中把握它们,正是贺的逻辑思想的特点之一。

黑格尔认为,知性有它的优点和权利,它坚持规定性,使它成为认识的起点,是对感性直观的超越。知性认识的特点,是孤立性,"概念、真理被认作彼此孤立",而且坚持这种"固定的规定性和各规定性之间彼此的差别,以与对方相对立"。所以知性认识又有静止性。"知性的活动,一般可以说是在于赋予它的内容以普遍性的形式。"不过,这是"一种抽象的普遍性"②。所以,知性认识又有抽象性的特点。由于知性的这些特点,贺麟认为,仅用形式逻辑不可能说明活生生的矛盾发展的思维过程的全部复杂性,不可能认识具体的真理,就好像"仅仅把肉分解为彼此孤立的氢、氧、碳等元素而失去肉的真相一样",并说,"只有辩证思维才能如实反映"具体的真理。③

人们如果认为知性认识形式是绝对的,就此止步,那么会有以下不良后果。一是导致诡辩。如我生存,我应有生存手段,这是一个抽象的知性规定。但我如单独突出考虑我个人的要求,而排斥其他,就可能得出这样的结论:为生存我可不择手段,如偷盗、抢劫、卖国等,此即诡辩。黑格尔说,"诡辩的本质在于孤立起来看事物,把本身片面的、抽象的规定,认为是可靠的"④。其实,真正可靠的是具体真理。具体真理之具体在于"一中摄多,正中摄反,而不抽象孤立,执着一偏"⑤。知性逻辑的规定,当然有可靠性,但有条件,有限制,不是绝对可靠。

以知性规定为绝对可靠,还会导致形而上学。贺麟说:"把形式逻辑的规律加以绝对化,才成为形而上学。"⑥ 真正的形式逻辑,并不就等于形而上学,它并不排斥辩证逻辑,它不走向极端,否认客观现实的运动、变化和发展。但如果走向了绝对化就和辩证逻辑相对立了。黑格尔说,

---

① 贺麟:《黑格尔哲学讲演集》,第435、434页。
② [德] 黑格尔:《小逻辑》,第172—173页。
③ 贺麟:《黑格尔哲学讲演集》,第442页。
④ [德] 黑格尔:《小逻辑》,第177页。
⑤ 贺麟:《德国文学与哲学的交互影响》,载《思想与时代》月刊第24期,1943年7月1日。
⑥ 贺麟:《黑格尔哲学讲演集》,第436页。

"关于思想规定真与不真的问题，一定是很少出现在一般意识中的。因为思想规定只有应用在一些给予的对象过程中才获得它们的真理，因此离开这种应用过程，去问思想规定本身真与不真似乎没有意义"①。贺麟据此批评现代哲学中的逻辑主义、实在论者等形而上学倾向时说，"近来似乎有很大一个趋势，是要离开实际生活——文化生活、社会生活、日常生活而谈逻辑，甚至想要离开科学思想和哲学思想而谈逻辑，把逻辑认作与下棋、占卦、饲鸟一样，同为有闲阶级的玩意"，于是逻辑研究就回避了哲学的根本问题，成为"专心致志于名词之玩弄与符号之排列"的工作，咬文嚼字，烦琐支离，忘记了逻辑的"真正使命"②。

关于逻辑的"真正使命"，可以说，也就是形式逻辑的"内容"。在贺看来，形式逻辑不应该只是"形式"，也应该是形式与内容的统一。譬如，"格物穷理，即是由内容以求形式，更用形式以驾驭整理内容的辗转递进的过程"③。反对离开内容，"专从形式着手者"。可见贺麟的形式逻辑已经有内容了。

它的内容是什么呢？在贺看来，斯宾诺莎、笛卡尔的几何学方法的逻辑基础，"仍然是形式逻辑，不过是有内容的了。他们的方法论，都讨论如何认识自然和心灵，寻求事物严密的必然的具有永恒性的规律"④。可见所谓内容，既不是指为个人实用而走向诡辩，也不是理论和实际的统一，而是指形式逻辑为本体论服务，是主体循求达到本体的途径，也是本体自身展示自己的历程。

关于逻辑的文化地位，贺认为，逻辑是精神交流和斗争的工具。近代西方文明成就，物质方面有飞机、轮船等交通、斗争的利器，精神方面也有交通、斗争的利器——这就是逻辑。这一点当时国内少有人知，有鉴于此，他强调说，逻辑"是精神生活的命脉，同时也是物质文明的本源"⑤。西方近代物质文明大发展，主要源于"科学的发达和征服自然的胜利"，导源于培根的"新工具"，而所谓"新工具"，仅仅是逻辑中

---

① ［德］黑格尔：《小逻辑》，第85页。
② 贺麟：《哲学与哲学史论文集》，第211页。
③ 贺麟：《哲学与哲学史论文集》，第219页"按语"。
④ 贺麟：《知性改进论·译者序言》。
⑤ 贺麟：《哲学与哲学史论文集》，第210页。

着重讲归纳的一小部分。所以，可以说，逻辑是一种修养或训练，如同体操之为身体的训练；逻辑又是一种工具。根据精神为体，物质为用，则精神的工具，即逻辑，乃是物质的工具之体。可见逻辑十分重要。

要使逻辑成为严谨的科学，贺认为，"第一贵在能采取数学的方法，以数学方法为治逻辑或哲学的模范"。因为数学，被公认为科学的科学，任何学问要想成为科学，"最要紧的即在于使该学问受数学的洗礼，采用数学的方法"[1]。中国之所以缺乏科学，除了缺乏宗教精神，"没有科学的殉道者"[2] 外，其根本还在于因为"缺乏数学"。数学方法之所以特别重要，就在于它有两个基本要点，逻辑必须采用。

第一，数学只研究本质，不问目的如何、实用与否；只问理论上的由来，不问事实上的由来。只关心事物的普遍性和必然性。比如有一个三角形于此，只求证明三角之和等于两直角的三角形本质，而不问这三角形有何用处，何人何时何地怎样画的，不关心事物的那些偶然的、实用的目的。贺批评说，《论语》中的名正、言顺、事成、礼乐兴、刑罚中、民能措手足的推论，《大学》中物格、知致、意诚、心正、身修、家齐、国治、天下平的推论，只是"由效果推效果，由功用推功用"，只是实用的观点，没有必然性。所以这两个推论，也不能成为有必然性和普遍性的逻辑理论。不用数学方法从事本质探讨，则所谓纯逻辑、纯哲学、纯科学，在中国也无从产生，而且正谊明道的高洁行为、纯粹道德亦无从产生。

第二，数学上有所谓"公则的方法"，以寻求清楚明晰不待证明的基本观念和公则，以作推论的基础，而组成严密的系统。运用这个方法的关键，在于要规定适当的界说，指出研究对象的本质；寻求基本的公则。公则是最基本、最原始的，相互独立而又相互融贯，有范畴性。

不过，贺所谓采用数学"公则方法"，更多是强调采取"数学的精神"，而不必拘泥于"外表的形式"。首先，因为外表的形式，即具体的逻辑推理过程，如到处都写出来，不仅使作者不能随意发挥，使思想机械化而受束缚，而且会千篇一律，产生逻辑八股文。其次，真正的逻辑

---

[1] 贺麟：《哲学与哲学史论文集》，第211页。
[2] 贺麟：《文化与人生》，第160页。

必须研究其他科学的前提和思想方式，而逻辑自身并无不待证明的前提，也不像其他科学可以从任意的界说或定义开始。这必然涉及对逻辑"外表的形式"本身的反思和扬弃。最后，逻辑界说的建立，不像几何学界说那样容易。几何学界说，只讨论抽象对象，固易统一，而逻辑对象，是具体的真理。概念越具体，如知识、生命、国家等，则越是见解分歧，难于统一，则界说亦有许多。如此，欲拘泥于"外表的形式"讨论问题，也不可能。

关于"外表的形式"，也称"外在的形式"。据黑格尔看，"不反映自身"，是外表的形式之特征。如一本书，手钞、排印、纸装、皮装，都和书的内容关系不大，是为"外在的形式"。形式逻辑就近似于"外表的形式"，它所抽象反映的客观规律性，它的真正的"内容"，才是它的本质和标准。在黑格尔那里，外在形式必然进展到形式和内容相一致，且内容决定形式的辩证逻辑。贺则认为，在这个进步的中间阶段，还有一个环节，即"有内容"的"外表的形式"。这主要是指斯宾诺莎和康德的逻辑。

他们二人的逻辑，在逻辑进程上还没有达到辩证法阶段，但已包含了辩证法的必然性，是辩证法的前夜、"先路"。在内容和形式关系上，双方不是截然分开的，形式完全"外在"于内容；而是在形式中已经"有内容"，已经表现出为内容所决定的趋势，但还没有明白系统地表述出来。所以，斯宾诺莎和康德的逻辑，乃是辩证逻辑的历史起点。这是贺麟逻辑思想中比较有特色的地方。在形式逻辑前进到辩证逻辑问题上，他和黑格尔不同，他着力发挥辩证法，将它和形式逻辑相联系，在两者的统一中谈逻辑。他希望把中国所缺乏的两种逻辑一起介绍给国人。因此，贺特别关注从形式逻辑到辩证逻辑的逻辑和历史的进程，将黑格尔的辩证法往过去牵引，把它和康德、斯宾诺莎的"有内容"的形式逻辑挂上钩，为它拉历史"赞助"；另外，又将以形式逻辑为基础的斯宾诺莎的直觉法和康德的先验逻辑往黑格尔辩证法方面发挥，使它们连成一线，打成一片。让神圣的永恒实体既有先天性，又有辩证基础；令先天的理性既神圣高洁，圆满永恒，又必须经过辩证矛盾的洗礼；也使辩证法有远大理想、神圣追求，又有先天的普遍、必然、内发性。贺麟这一努力，强烈地洋溢着集德国古典哲学和斯宾诺莎哲学的方法论之大成的倾向。

贺与黑格尔根本不同在于，他把黑格尔理念主体性抬上了天；贺与一般主观唯心论者根本不同也在于，他的先验逻辑主体又有辩证法还有神圣实体性，表现出鲜明的客观唯心论特征来。所以，我权且称之为"主体唯心论"，他的逻辑，也不妨称为唯心的主体逻辑。

二 方法的出发点

所谓数学精神，就是逻辑的本质，就是只问事物的有普遍性必然性的本质，只问真理、大全的精神。这个精神，是逻辑主体在方法论上的表现。它的具体内容，可以用斯宾诺莎的"据界说以思想"或康德的"依原则而认知"、康德的"本通则以行为"以概括之。这几句话，正是斯宾诺莎"有内容"的形式逻辑和康德先验逻辑的基本内容。

"据界说以思想"，界说，指本质、"真观念"，也就是前述"有内容"的逻辑的"内容"。形式逻辑，作为真观念的运动的"外表的形式"，实不足以充当自身的标准。单纯形式逻辑，不能表现出当然也不能包括事物辩证发展的规律和方向，只能给人提供思想的规范，使思想不易出错误，以便为思想沿着辩证历程螺旋前进准备必要条件。所以，形式逻辑既是外表的形式，又是初级阶段的逻辑。形式逻辑包含的内容，乃是它努力追求反映的真理，即万事万物的本质，即逻辑心。它才是思想的标准，也是逻辑的标准。贺麟说，"据界说以思想，就是根据对于一物的本质的知识以思想，而事物的内在本质乃是固定永恒的共相"①，是事物之所以为事物的原因。又说，"据界说以思想，就是要我们思想中所用的概念，都是有了确定的意义，明晰的范围的。如是庶我们的思想可以条理而有系统"②。而要知道"一物的本质"、概念的意义和范围，在斯宾诺莎看来，就是要"知道良好的界说应有的条件，并且知道寻求良好界说的方式和步骤"③，即如何根据真观念——关于事物本质的知识，去下界说，进而据界说去思想、推论，寻求观念之间的关系。

---

① 贺麟：《哲学与哲学史论文集》，第216页。
② 贺麟：《文化与人生》，第177页。
③ ［荷兰］斯宾诺莎：《知性改进论》，贺麟译，商务印书馆1960年版，第53页。

黑格尔说，辩证法的起点，"既是综合的开始，又是分析的开始"，"哲学的方法既是分析的，又是综合的"。分析和综合，分开看，都是有限的知性认识的方法。"哲学方法扬弃了并包含了这两个方法。"① 分析和综合的统一，是就外在形式说。就内容说，即是理念，在斯宾诺莎那里就是"真观念"。它不是抽象观念，乃是反映把握了实在的具体概念。斯宾诺莎说，"如果不先有一个观念，也就会没有方法可言。所以好的方法在于指示我们如何指导心灵使依照一个真观念的规范去进行认识"②。又说，"我们必须遵循一个真观念的规范以规定我们的思想"③。据此，贺麟认为，逻辑方法，"从具有真观念开始。这就是说，我们一有了真观念，一有了清楚明晰的观念，像几何学上的公理那样的观念，我们就开始有了方法。知识的积累，知识的推论与演绎，以至成为体系，达到智慧的顶点，都从具有真观念开始"④。逻辑，乃是真观念的表现。"据界说以思想"，换一个说法，也可说是依照真观念而产生逻辑，其实，这和说逻辑是真观念的外化乃是一个意思。根据"心即理"命题，真观念即心，则"据界说以思想"，可简化为心外化为逻辑或逻辑出于心的运动过程。说有真观念是方法的开始，用"新心学"语言说，就是心的觉醒、觉悟、自觉是方法的开始。可见，贺麟改造斯宾诺莎的"真观念"，表彰了真观念的"心"性，极大地提高了斯宾诺莎哲学的主体性。

贺麟说，"单是下界说，也就是难事。但这也许出于经验的观察、理论的分析、直觉的颖悟，只是武断的命题。要使其界说可以在学理上成立起来，颠扑不破，还要从各方面将此界说，发挥成为系统，无论千言万语，都无非是发挥此界说的义蕴"⑤。这是描述的"据界说以思想"的过程。特别说明下界说，或出于观察分析或出于直觉颖悟。分析的起点是观察的结论，而观察的第一步是感性直观，这是一种情况；分析的起点是理智推论的结果，是为理智直观；如果是理性分析的结果，则是理性直观。直观是直觉的结果。据此，直觉方法，是发现真观念，据以下

---

① ［德］黑格尔：《小逻辑》，第424页。
② ［荷兰］斯宾诺莎：《知性改进论》，第31页。
③ ［荷兰］斯宾诺莎：《知性改进论》，第43页。
④ 贺麟：《哲学与哲学史论文集》，第219页"按语"。
⑤ 贺麟：《文化与人生》，第160页。

界说的最原初的方法，而逻辑方法始终要在直觉方法之后，去发挥直觉所发现的真观念使之成为系统。在系统的思想中又有新的直觉和新的直观，新的直观又需要新的逻辑发挥。在相互支持下，直觉和逻辑各自都向前进展，留下了逻辑心或真观念运动的足迹，形成了"据界说以思想"的新心学逻辑方法。

贺麟又说，"此心获得的真观念愈多，则愈知自然，同时亦愈知其自身的力量；此心愈能自知其力量，则愈能自立规律，指导自身，以作求知之补助"[1]。到这里已可发现，斯宾诺莎的"据界说以思想"，和康德的"依原则而认知"两者之间，"实有契合处"。[2] 斯宾诺莎的真观念和康德的先验理性就结合在一起了。因为康德的"依原则而认知"，强调意识之自立法令为科学知识的前提。它一方面用原理作指导去把握事实；另一方面，又整理事实，规定材料，使它们符合原理。……先从特殊的事实去寻求解释此事实的普通的原则，次依据此原则去解释其他同类的事实。[3] 无论是从原理到事实，还是从事实到原理，事实都必在原理之内，原理则是主体之自立法度。而"据界说以思想"也强调人之真观念越多，则越能自立法度。为科学立法度，为行为定规范，自然包括在其中。此外，康德的"原则"，乃先天原则，是有普遍必然内发性特征的最高真理；斯宾诺莎的真观念则有永恒性，他的界说即表示一物的永恒的本质。这种永恒的真观念，到康德处，一进而成先天观念。在贺看来，似乎他们两人都认为逻辑不在心外，他们对逻辑的看法，"真可谓同条而共贯"[4]，所以两人才能成为"共同启发"出费希特、黑格尔的伟大哲学潮流的"两大导师"。

至于"本通则以行为"，也是讲先天律令的纯粹义务论，是从伦理学上对认识论作的补充阐释。总之，贺麟的逻辑思想和他的主体唯心论是有机统一的。他还认为，这种先天的、主体性高昂的逻辑出发点及运动历程，都出自数学，"且为斯宾诺莎和康德逻辑思想的核心"[5]。在这里，

---

[1] 贺麟：《哲学与哲学史论文集》，第217页。
[2] 贺麟：《哲学与哲学史论文集》，第217页。
[3] 贺麟：《文化与人生》，第177页。
[4] 贺麟：《哲学与哲学史论文集》，第216页。
[5] 贺麟：《哲学与哲学史论文集》，第219页。

他明显地将斯宾诺莎康德化了。他并且强调说，我们现在研究逻辑的正当途径，不外采取上述所谓数学方法。并赞扬现代西方现象学创始人胡塞尔所倡导的现象学逻辑，"保持先天方法，注重本质的观认，似为现代最能承继并发挥康德、斯宾诺莎的逻辑思想者，可惜中国很少人涉猎到这方面"①。先天逻辑和先天直觉的统一，是贺麟逻辑思想的中心，也是他的方法论环节的第一段。

以先验逻辑作为方法论的第一环节，以先天的逻辑主体为方法论的出发点，在贺麟那里，并不只是僵硬的逻辑规则，而是有丰富内容，有具体表现的。贺麟自己，特别重视甚至"偏好"学者们的早期思想，即是颇有深意的。盖一学者的早期思想，尚未经社会阅历的浸染，也来不及接受逻辑的规范，纯洁质朴，自然天成，正是心灵的直露，思想的先天表现，它决定了该学者一生的学术方向和规模。贺晚年回忆道，他一生治学，比较偏好哲学家早期思想，如喜欢读鲁一士早年著作《近代哲学的精神》、黑格尔早年著作《精神现象学》等，也偏爱研究哲学家早年的思想，比如写有《马克思的早期哲学思想》《黑格尔的早期思想》，又翻译了黑格尔《早期神学著作》一厚册以及马克思的博士论文《德谟克利特的自然哲学与伊壁鸠鲁的自然哲学的差别》，和马克思1844年夏天于巴黎写的《黑格尔辩证法和哲学一般的批判》，并予以评介或论述。

至于论学，贺麟重视早年思想的地位也很明显。他论述黑格尔哲学体系的著名而有较大影响的论点，就是他把黑格尔早年著作《精神现象学》作为黑格尔思想体系的有机组成部分，当作黑格尔体系的"导言"，这和马克思的看法可谓不谋而合。他晚年学术思想成熟时，自称是"辩证唯物论"。不过，他的"辩证唯物论"和马克思早期思想更为接近，表现出贺麟自身的特色。他说，"马克思早期著作有广阔的天地，可供我们学习和研究。我不同意有些人认为马克思早期著作不够成熟，不列入阅读参考之列"，并批评有些人将马克思早期著作和以后的著作对立起来，"看不出两者的发展关系"②。就马克思本人的思想说，确实有早期、中年、晚年的不同，有一个发展过程。站在晚年马克思的立场，说早年马

---

① 贺麟：《哲学与哲学史论文集》，第219页。
② 贺麟：《哲学与哲学史论文集》，第692页。

克思思想还"不够成熟",从历史学角度说,未尝不可。但贺麟晚年并不这么认为;反而特别关注马克思早年著作,既翻译介绍之,又学习研究之,我认为是有深意的,有他的哲学思想的基础。

一般而言,贺麟认为,"一个哲学家的早期思想大都朴素真诚,为此后思想的源泉,虽随时代、政治、社会、工商业情况的变化,以及随游历交友、读书学养而思想愈益新颖、丰富、深刻化,而有曲折发展,如歌德所谓原始体验,其所取的新途径或方向与早期思想、思想源泉或原始体验有自然和必然的联系"①。早期思想是一个人的先天内在自我的最早最自然最诚实的直接坦露,因而也最接近思想的本质、逻辑的源泉、心灵的深处,正因为此,早期思想才可能成为一个哲学家整个一生的思想起点,甚至奠定其规模,划定其方向。在一个人的思想历程中不只表现出"不够成熟"而止,虽不及后来思想之沉稳缜密,但大端发露,朝气蓬勃,生意盎然实有过之,早期思想,实足以揭示哲学家一生思想灵魂、骨髓,开辟出思想历程的新源泉、新天地。不仅在学者个人一生思想历程中,即使在全部人类思想历史上,早期思想都占有重要的地位。

海外学者唐君毅先生在他的《生命存在与心灵境界》一书后序中说,"吾今此书之根本义理,与对宇宙人生之根本信念,皆成于三十岁以前"。又说,三十岁后,并非无变化发展、无主观努力,并非知识不增加、水平不提高,"然千回百转,仍在原来之道上"。对此贺麟十分感慨,说,一学者早期著作"极端重要","晚年著作的根本义理、根本信念,全书的规模均不出此之外"。早年方向规模既定,其后只有广度深度的"开展"。而且早期著作富有文学性,"情理双融,不偏于论证与论辩"②。

就马克思的早期思想看,贺麟列举了以下几点予以表彰,并供"学习和研究":第一,马克思认为斯宾诺莎、费希特、黑格尔等已经"用人的眼光来观察国家了",他们已经从理性、经验中,而不是从神学中引申出国家的自然规律。贺说,"马克思的意思就是信赖用人的眼光从经验、理性中引申出国家的规律……相信人的理性和经验作为标准,而不信赖神学的判断。因为人的理性和经验比神学提供了较高较新的标准"。对人

---

① 贺麟:《哲学与哲学史论文集》,第207页。
② 贺麟:《哲学与哲学史论文集》,第208页。

及其理性的尊崇，使哲学具有空前的人性、主体性，正是近代西方古典哲学的成绩。

第二，马克思说，"如果理性是衡量实证的［即非批判的］事物的尺度，那末实证的事物就不会是衡量理性的尺度"。因为真正的标准不能由非标准衡量，真正的真理不能以谬误为尺度。贺发挥说，"这就是说，理性作为尺度或标准比实证事物是较高较正确的标准或尺度"。显然，理性是体，事物是用，理体物用，理主宰物决定物，理外无物，理是物的真理、标准、尺度。

第三，马克思又说，"在衡量事物的存在时我们应当用内在思想实质的标尺，而不应当陷入片面和庸俗经验的迷宫，否则任何经验、任何判断都没有意义了：青红皂白，一律不分"。贺则阐释发挥道："这也是同样说明衡量事物应以真理或内在本质为衡量片面的、零乱的、偶然的事物的标准，而不能以片面和庸俗经验为标准。"① 如果用"新心学"概念予以替换，则"片面和庸俗经验"实即心理心、经验心，而"内在本质"和真理等，实乃"逻辑心即理"的命题的曲折显示。而逻辑心即理，正是先验逻辑的命题。从这里可见，贺麟晚年对马克思思想的"偏好"和理解甚至改造处；也可看出即使贺在晚年自称为"辩证唯物论"时，他的方法论的出发点或第一环节，仍然是先验的逻辑心的运动，是先验逻辑。这是耐人寻味的。因为如果真是这样，那么他的逻辑心本体是否还具有本体地位以及与物质的本体地位又怎样，这些都值得进一步研究。

我认为，贺麟到晚年思想成熟时，他的心本体不仅有本体性、主体性、形上性等特征，而且物性、形下性、客体性的比重也增加了，增加到可称之为"唯物论"的程度。但我觉得他还是坚持心物合一而又心体物用说的。所以，这就使他的"辩证唯物论"具有浓厚的"新心学"特色，是"新心学"自身发展到了"辩证唯物论"，或者称为"主体唯物论"；在方法论上，补之以实践活动基础，但仍坚持"新心学"逻辑学，仍然以先验逻辑为方法论的第一段。因此，他的思想在晚年达到了成熟。

现代英国哲学家席勒曾经批评先验逻辑和形而上学的关系，他写道：

---

① 贺麟：《哲学与哲学史论文集》，第 689—690 页。

形而上学单纯地是一个个人的信仰意志的凝结物；在任何场合都是先下结论，然后再去发现理由。每一个形而上学家都是信仰他自己所愿意信仰的东西，并且天真地希望别人也跟着他抱相同的信仰。为什么，就因为他的真理，对他来说都是自明的……不需要凭借其他的证据。相信自明之理也就是情愿放弃真理的外在的检验，而切望依靠先天的真理。先天的真理，就是那种被设想为单纯地依据它们的自作主张的陈述语句就能够证明它们自己的。①

说形而上学是对信仰的系统论述，而信仰的真理性不依赖于外在标准，而只依靠先天的逻辑，即"自作主张"便能证明其自身的逻辑，这里至少对先验逻辑的理解，贺麟和席勒即颇不相同。在贺看来，先天性即普遍必然内发性，绝不是心理心的简单的"自作主张"。"自作主张"正是主观意见，是经验心也要克服的糟粕，何况先天的逻辑心呢；即使先验逻辑，也决不是至此而止，必经外化，必须经过形式逻辑到辩证逻辑的考验和进展，才能成为不是"虚无"②，不是有体无用的东西，才能有现实力量，实现自己的价值。逻辑心必经外化，而后回归，才圆满无缺。即使就直觉、直观来说，先天直觉、先天直观也必须经过理智直觉、理性直觉和理智直观、理性直观，而后实现回归，才算完成其使命。这一漫长曲折过程，岂可以"自作主张"来概括而且据以批评之！正好相反，在贺麟看来，席勒若要避免"自作主张"，就必须从先验逻辑开始，经受形式逻辑更重要的是辩证逻辑的洗礼，而后回归到先天世界，才不会陷于"实用、效果"而缺乏高洁精神追求、远大人生理想，才会真正地不是"自作主张"。由此看来，席勒对先天逻辑和形而上学关系的批评，既然不符合贺麟的实际情况，贺当然可以不予理睬。

三 辩证法

贺麟认为，辩证法一方面是理性直觉和理性直观，特别是从精神生

---

① ［英］F. C. S. 席勒：《人本主义研究》，麻乔志等译，上海人民出版社1966年版，第183页。

② 贺麟：《哲学与哲学史论文集》，第695页。

活或文化历史的体验中，达到的辩证洞观。另外，它又是方法，是思想方法，把握实在的方法。作为方法，它就是将辩证直观"发挥成为贯通的系统"① 的结果。从这里也可以看出，逻辑方法和直觉的关系，不仅仅直觉是逻辑的结果，而且是逻辑的前提。辩证观是辩证法的前提，理性直觉则是辩证法的补充。

但辩证法有一个发展过程。从认识方面看，它是对知性思维的扬弃。黑格尔说：

> 自由的思想，就是不接受未经考察过的前提的思想。康德之重心，即在于考察在什么限度内，思想的形式能够得到关于真理的知识。特别要求在求知以前先考验知识的能力，即思维的形式本身也必须当作知识的对象加以考察。……必须在认识过程中将思维形式的活动和对其批判，结合在一起，必须对于思维形式的本质及其整个的发展加以考察。……这乃是思维形式考察其自身，故必须由其自身去规定其自身的限度，并揭示其自身的缺陷。这种思想活动，便叫作思想的矛盾进展（即辩证法）。②

思维形式自身，即逻辑主体。在早年，贺麟就意识到"心灵既是和谐的原则，又是不安定或矛盾冲突的原则。因为心灵总是处于一种辩证的过程中"③。当他提出"心即理"本体论后，辩证法不再是和人无关的概念的运动，而就是逻辑主体自身外化而又回归自身的历程。辩证法作为直觉，只是逻辑主体之自我洞观；作为方法，则是逻辑主体的运动的节奏。较之黑格尔，贺的逻辑主体，既有绝对理性，又有绝对主体性。所以他的辩证法，是唯心的主体辩证法，尤其强调主体运动过程，而不只是客观事物的辩证运动。和唯物辩证法和黑格尔的理念辩证法比，贺的辩证法更具主体性。

贺谈辩证法，又从思想史角度，清理辩证法的发展过程。他说，辩

---

① 贺麟：《哲学与哲学史论文集》，第 221 页。
② ［德］黑格尔：《小逻辑》，第 118 页。
③ 贺麟：《哲学与哲学史论文集》，第 82 页。

证法最原始的意义，是以子之矛攻子之盾的辩难法。双方辩论时，用以盘诘对方，使对方自相矛盾因而推翻对方论点的辩论法。这时，它还是外表的、抽象理智的、消极的辩难法；若滥用，便流为诡辩、怀疑。真正的辩证法，乃"有具体内容的理性方法，而非抽象外表的智巧辩驳"①，是推究事理之内在的矛盾思辨方法，也是积极地求客观真理的方法。

到苏格拉底，辩证法成为训练道德的方法。积极方面，在于"唤醒对方之自知"，自知其无知，廓清成见，回复本心，使人自觉寻求德性之知。贺认为，这一办法，在中国，孟子最能平实地用此法盘诘人，教训道德，而陆王之内省法，最重要的也在于教人知其良知。

至柏拉图，辩证法成为求形而上学知识的方法。包括三方面：第一，是理性直觉法，为求形而上学知识所运用。由可见事物，反省以求不可见之理；由对立的复杂的事物，调解贯通，以求谐和统一的根本原则。第二，是理性的高洁的人生生活，是追求或爱慕形而上的绝对善或美的理念的精神历程，是超世俗脱形骸的精神生活。第三，是理性逻辑方法，指辩证逻辑学，即研究理念间的逻辑的有机关系或理念界之系统性的形而上学。

总之，苏格拉底辩证法偏重于"破执"，破除矛盾，使人自知其无知。其究极仍在启发人心中本明之理、本善之性以作道德修养的基础。此本明之理、本善之性，皆形而上学内容。故苏格拉底辩证法已初显求形而上学知识的端倪。柏拉图辩证法，则注重由破执进而显真，显示矛盾的统一，绝对的真如。它着重以矛攻盾的方法，不是用以与人辩难，而是用以破除有限事物的对立，片面思想的偏执。破除矛盾，调解对立，是柏拉图辩证法的核心。它要求从理想、本体、无限、根本源泉、全体大局着眼，以超出形下事物的矛盾，达到形上真理的统一，因此可以说，柏拉图"奠定了辩证法的规模与基础"，是苏格拉底辩证法的"必然发展"。②

贺麟说，辩证法到黑格尔，可说是"充实发展到了极峰"。黑格尔可谓"集辩证法之大成，尽辩证法之妙用"，对柏拉图辩证法，他"尽行承

---

① 贺麟：《哲学与哲学史论文集》，第222—223页。
② 贺麟：《哲学与哲学史论文集》，第227页。

认融会而皆发挥光大之"。总的说来，黑格尔超过柏拉图处，约有三点：一是，确立正反合的辩证格式，并使之成为逻辑体系的骨骼经脉，故其系统严密而"更显得机械"。二是，确立自己否定自己的辩证原则。矛盾乃客观地存在于事物本身，是谓内在矛盾或自相矛盾；事物则在不断地陷于自身矛盾而又不断解除矛盾的过程中向前进展。三是，以辩证法为文化历史发展的命脉。柏拉图辩证法是超越的、理性的，而黑格尔辩证法则是既超越，又内在，亦理性，亦经验的。①

而新黑格尔主义者，对辩证法的认识，贺麟概括为：一认为是天才直观，有艺术的创造性，以克洛齐、克朗纳、哈特曼为代表。这相当于贺的理性直观。二认为它不是抽象的、形式的理智方法，而是忠于经验事实，体察精神生活，欣赏文化宝藏的理性的体验。以美国鲁一士，英国鲍桑葵、德国纳松、哈特曼为代表。这有似于贺的理性直觉方法。这种体验，包含了矛盾的对立在内。比如，鲁一士论绝对说：

> 我们知道，黑格尔是斩钉截铁地把他的绝对，把他的主宰说成一个斗士。意识是冲突矛盾的，是从不安息的，是不断地斗争的。软弱的灵魂禁不住战斗的考验，疲于奔命，于是放弃了追求智慧、技能和道德的意图，因为这一切是只有面对着敌人去赢得的。而绝对自我则是绝对坚强的精神，它经得起生活中各种矛盾的考验，终于赢得了永久的胜利。

鲁一士又论圣洁说：

> 对于我们来说，圣洁的意思决不是否弃尘世，决不是天真淳朴，决不是遁世离群，而是战胜尘世，英勇斗争，坚忍豪迈，与罪恶血战，与魔鬼对垒，能够在我们内部抓出魔鬼，扼住他的咽喉，面对着生龙活虎的、凶狠丑恶的敌人，与他拼搏苦斗，取得胜利，使他永为奴隶，长吁短叹，忍气吞声，永世不得翻身。这就是我们所希望的全部圣洁。……由此可现，圣洁之得以存在，要依靠他的反面。

---

① 贺麟：《哲学与哲学史论文集》，第228页。

圣洁就在于意识到罪恶而又意识到战胜罪恶。只有受到引诱的人才谈得上圣洁,只有在战胜引诱的时候他们才是圣洁的。①

据此,贺麟认为黑格尔的"太极是霸王威风","洪水猛兽"②,对之深有契合。后来他又发挥说,真理的获得,要经过艰苦斗争的历程,不存在不经意志、信仰和实际的努力而"不劳而获的现成真理"③。理性直觉,正是对认识对象的矛盾对立和统一的普遍性、必然性、内发性的直觉。所以,在贺看来,辩证法自身即是矛盾的统一。一方面是求形而上学知识的思辨方法或理性方法;另一方面是忠于客观事实的经验方法或体验方法,它是理性方法和精神生活的统一。他评价新黑格尔主义者对辩证法的认识,实际上揭示了辩证法的"本来面目"。④ 因为黑格尔也认为形而上学的理念,不是抽象缥缈的幻影,乃即是实际的事物的核心、命脉、本性。故越能忠于经验,把握住实际事物的命脉,便越能把握住形而上学的实理。

贺麟认为,黑格尔辩证法实有两部分:一是辩证观;二是辩证法。辩证观,即是理性直观,指精神生活中的体验洞察,领会到事情的矛盾,求得解决,然后又生出新矛盾,这样不断地发展下去。⑤ 其具体内容则有以下两方面。

一是,物极必反观,又叫普遍否定的过程,是以消极的理性观认宇宙,见得宇宙万物莫不过渡到其反面,莫不自相矛盾。见得之所以如此,乃是基于它们自己的本性,自己乃是扬弃自己的原因,由于自己的行为,自己过渡到自己的反面。

二是,相反相成观:用积极理性观认事物,见得有限事物莫不是矛盾的谐和,对立的统一。从事物的变化发展中见其永恒,从全体中观认事物内在包含的肯定,由分见合,自变观常,从冲突中得谐和,都是积

---

① [美]鲁一士:《近代哲学的精神》,转引自洪谦主编《西方现代资产阶级哲学论著选辑》,商务印书馆1964年版,第118、116页。
② 贺麟:《黑格尔哲学讲演集》,第640页。
③ 贺麟:《哲学与哲学史论文集》,第231页。
④ 贺麟:《哲学与哲学史论文集》,第234页。
⑤ 贺麟:《现代西方哲学讲演集》,第61页。

极理性的功能。

这种矛盾统一的真理,又叫思辨真理,和抽象形式的真理不同。它有些类似于宗教经验中的神契主义,因为大全、本体,非知性形式范畴所能把握;但它作为直观,乃是理性直觉方法即辩证法的结果,不是反理性非理性的,所以毕竟不是神契主义或直觉主义。还因为辩证观所直觉的内容,由物之正面而究极到其反面,由物之对立而洞观到其统一,是现实的人们常常具有的经验,只是理智作用不能了解把握罢了;更因为辩证观,并不安于现状,安于艺术的或宗教的直观,且将进而具有严密的系统和辩证法的发挥的。辩证逻辑,正是辩证观的逻辑形式。

这样,在贺麟看来,逻辑和直觉的关系,在理性阶段,除了我们前述的"理性逻辑分析→理性直觉方法→理性直观"历程以外,更有这样的形式:"理性直觉方法→理性直观即辩证观→辩证逻辑系统"。而且辩证逻辑系统并不是终点,它运用以认识真理,又有新的理性分析、理性直觉、理性直观,从而产生新的理性逻辑系统。于是,在理性阶段,逻辑和直觉、直观的运动历程是不断循环往复,螺旋式前进的。同样道理,在知性阶段,知性逻辑和理智直觉、理智直观的运动历程也是不断循环往复,螺旋式前进的;只不过,知性形式前进的目标是理性形式,而理性形式前进的目标是先天形式的回归或实现而已。这是需要特别说明的地方。

关于辩证法,黑格尔说,"方法不是别的,即是全体结构的纯型式"。"方法必须是理性的,而理性即是有机全体的节奏。"据此,贺麟认为,辩证法,作为方法,一是指理性直觉,它是对纯粹辩证形式的补充,它的直接结果,即是辩证观;二是指纯粹的辩证形式,纯粹的逻辑推演,纯粹概念的发展过程。是从纯粹概念的"有"推出"无",又从有无对立推出"变"作为其对立之合。[①] 但辩证法作为形式,反映的正是辩证历程,它和内容有机统一;它就是在变动不居的全体内容中,去发现其本身特有的理则规范或纯形式。抽象的理智方法,只从外表去观看事物,而不从当前实物之本然内容中去寻求途径,所以它不能把握实在。必须放弃主观的或外观的观点,沉潜浸润,忘怀自身,深入当前的材料中,投入对象的生命里,把握住对象的内在必然性,使内容与形式合一。关

---

① 贺麟:《现代西方哲学讲演集》,第61页。

于丰富活泼的全体知识，自然就能揭示出来。因为真实事物必然是健动不息的过程，而且在这一过程中，必有动静、剥复、正反的节奏，即事物的内在的必然性。理性的方法，正是透过此过程，把握其内在必然的节奏的方法。所以，黑格尔认为，哲学方法的性质有二：一是方法和内容不可分，此即体验方面，即方法的体验，辩证的直觉，也是实际的生活；二是内容决定方法，此即理性方面，亦即矛盾进展的逻辑。

综上所述，贺麟得出关于辩证法的结论说："总结起来，我们可以说，黑格尔的辩证法，本身就是一个对立的统一，是形式与内容的统一；是天才的直观、谨严的系统的统一；是生活体验与逻辑法则的统一；是理性方法与经验方法的统一。"①"内容"，就是逻辑主体运动的历程，即从心即理，经心外化，"生造"理，理出于心，最后又回归于心的历程，而"形式"，正是这一历程节奏的逻辑概括。"天才的直观"，指理性直观即辩证观，乃是理性直觉方法即作为直觉的辩证法的结果，又是其前提和内容；"谨严的系统"，指此理性直观内容之系统化、严密化即逻辑化过程。"生活体验"，乃是直觉、直观的运动；"逻辑法则"，则是逻辑方法的运动。"理性方法"，指辩证法，理性分析、理性直觉、理性直观以至于理性逻辑系统均在其中；"经验方法"，指知性形式，理智分析、理智直觉、理智直观、理智逻辑系统等在其中。

这样，辩证法不仅仅是理性方法，它也包含了经验方法在内。如果没有经验作基础，则所谓理性将只是抽象的空洞物。正如休谟所说，"在现实世界里，我们的测海线太短了，并不能测量那样深广的一个深渊"②。诚然，不经过经验这座桥梁，不运用经验这个工具，不包含经验的具体内容在内，总之，如不包括经验方法，则所谓理性将不可测量、不能验证，从而也不能完成自己的使命、发挥自己的功能，结果，只能陷入神秘主义的"深渊"。从这里也可看出，贺麟很理解和赞赏黑格尔的辩证法，力图将西方哲学中的理性主义和经验主义的对峙，从逻辑上予以克服消解的努力，并将黑格尔的这一成就几乎原封不动地引入中国。这个做法和"新心学"融会贯通对立各方的风格也是一致的。因此，我们也

---

① 贺麟：《哲学与哲学史论文集》，第105页。
② ［英］休谟：《人类理解研究》，关文运译，商务印书馆1981年版，第66页。

可以说，贺麟所谓的辩证法，它自身也是理性方法和经验方法二者的统一。不仅如此，辩证法还是"新心学"整个方法论的简称。

整个说来，贺麟的学术思想中洋溢着辩证思维，是1949年前诸学者中最具辩证思维的学者。他论述辩证法本身也充满辩证性，强调对立的统一，逻辑的直觉，有内容的形式，具体的共相等。此外，他又从思想史角度论述辩证法的进展，立足于黑格尔辩证法论，上溯到苏格拉底，下及新黑格尔主义者，努力把他们有关论述熔冶一炉。所以，贺的辩证法思想，既有黑格尔的特征，但又没有他的"三一公式"的机械性；既有新黑格尔主义者运用辩证法讲精神生活，直觉体验的一面，又力图把直觉和逻辑统一起来，使逻辑成为直觉的必经过程，避免了直觉主义和神秘主义。把他的辩证法归入哪一家，比如归入新黑格尔主义，甚至直指为直觉主义、神秘主义，是不符合实际的；贺本人也不会赞成。

但是，他的辩证法思想虽然从思想史角度进行论述，最终毕竟没有达到辩证历史方法的程度。贺麟也重视历史方法，但他的历史方法终究统一于逻辑方法之中，不是客观历史过程的运动节奏，而是部分思想的发展脉络；而这部分思想也只是逻辑主体的"外化"。他的历史方法，还没有突出到实践方法的唯物主义内容。所以，贺麟的辩证法，不是自然辩证法，而是主体辩证法；而他的主体辩证法，也不是实践的主体辩证法，而是逻辑主体的辩证法，是唯心辩证法。

还在留学期间，贺麟就十分重视历史方法。他不满意詹姆士之处，就在于詹姆士的哲学"缺少历史的方法"，而他选择鲁一士哲学，原因之一，恐也在于历史方法是鲁一士哲学的"基本方法"。[①] 贺初见怀特海，即关心哲学史在哲学中的地位。他后来批评新实在论，引用鲍桑葵的话说，他们对哲学史"几乎都是茫然无知的"[②]，认为缺乏哲学史素养，是新实在论者的致命弱点。重视哲学史或学术思想史，是贺麟早年深受儒学影响的表现。因为历史学是儒学的必要组成部分。不谈历史，离开"学统""道统"则没有儒学。贺麟的睿识在于，他不只重视哲学史或思想史，而在于将这种态度上升为思维方法，上升到方法论高度来谈历史

[①] 贺麟：《哲学与哲学史论文集》，第64页。
[②] 贺麟：《现代西方哲学讲演集》，第69页。

方法。

还在1927年，他初次接触斯宾诺莎哲学时，就敏锐注意到斯宾诺莎开创了历史研究方法。他说，斯宾诺莎的决定论，即必然性或因果关系的自然后果之一是，在科学领域，"它产生了历史的方法"。斯宾诺莎则被他称为开始考证《圣经》，或以历史观点批判《圣经》的第一人。他甚至认为，黑格尔的辩证的历史方法，即以历史观点研究精神现象发展的黑格尔现象学方法，以及达尔文以历史观点研究自然现象发展的进化论，"都多少与斯宾诺莎有某种联系"①。

"新心学"形成后，贺麟便赞成黑格尔的逻辑统一历史的原则。他说，历史的逻辑或理论，本是解释、整理、指导历史事实的方式和原则，所以真正的历史方法必是符合历史事实，有充实内容的逻辑。这个内容。就是逻辑主体的运动，而不是史实的杂乱无章的排列组合；这个逻辑，根本上说就是逻辑主体运动节奏的概括，是历史方法的标准、理想、真理。所以，历史方法的运用，不仅是从客观历史过程中总结其规律，而且更是从逻辑主体内部内省其真我，历史方法就在逻辑进展中统一于逻辑方法了。

而历史事实，也不能离开逻辑主体而幽然独存。它是"经理论、逻辑、先天范畴加以组织整理而成。离开逻辑或先天的范畴，只有混沌的黑漆一团，更无所谓事实"。天地间，只有超事实的理论，超现象的本质，超历史的逻辑，而没有超理论本质逻辑的事实现象历史，孙悟空终究跳不出如来佛的手掌心。所以，逻辑外无历史，历史出于逻辑，而逻辑则出于主体；逻辑统一历史，决定主宰历史，历史就在逻辑中存在运动发展。他说，"理论系共相，事实系殊相。理论在先，事实在后，理论为本，事实为末"②。同理，逻辑也是共相，在先为本，历史乃是殊相，在后为末。可见，贺麟所谓历史，有两个含义：一是指具体的历史事实，当然只是殊相，在历史规律之后，为末；二是指逻辑统一历史，是逻辑为体历史为用的实现。这两个含义并不矛盾，统一起来，正好构成逻辑主体的运动过程在历史上的表现。唯物史观中的客观历史过程，被贺看

---

① 贺麟：《哲学与哲学史论文集》，第338页。
② 贺麟：《哲学与哲学史论文集》，第338页。

成只是逻辑主体的外在表现，对于主体来说，无论在认识上还是价值上，它都没有最高的地位，不是最高的标准。如果它离开主体，就只是没有理想目的，没有出发点，没有运动规范的盲目支离的运动。

历史的运动发展，在贺麟看来，只是主体的自身运动，自我发展。他说，人类历史上若有一星星一点点进化或进步，"则此星星点点的进步，必是这有理性的动物，精神上奋斗努力，自求发展的收获"。一个社会，一个国家，或一个民族的历史之进化与否，"全视此社会此国家此民族的分子，能本其固有的理性向上奋斗努力与否为转移"[①]。所以，无论是历史事实的变化，还是历史逻辑的进化，均离不开"精神努力"去整理组织，去解释征服。辩证法，作为历史方法，归根结底，只是主体的社会历史运动逻辑。

四　本体论方法

"体用合一"，是中国传统哲学方法论思想之一，它着重讲形上与形下两个世界之间的辩证统一；西方哲学中的本体论方法和现象学方法，从内在实质上看可以说是对形上形下辩证统一过程的具体而系统的描述。把中西哲学中的共同思维方法融贯起来，就是"新心学"的方法论。

贺麟"新心学"方法论，从纵向发展历程说，是逻辑的直觉方法，是辩证法，从内外层次说，是本体论方法。本体论方法，源于黑格尔对神学中证明上帝存在的本体论证明的改造。贺认为，在黑格尔那里，逻辑学发挥纯理念范畴的有机系统和矛盾进展，是纯粹发挥宇宙本体，揭示宇宙本然的大经大法，故可谓本体论。本体论方法，即是"敷陈本体之发用，流行于自然、人生、社会、政治、文化各方面"，"由体观用，发挥出本体之实现显示于自然人生文化各方面"[②]，是由体到用，从体求用的方法。黑格尔的精神现象学则描述求道的过程，由用求体，从现象到本质，故称现象学。由用到体的方法，称现象学方法。本体论方法和现象学方法是统一的，都是逻辑主体的运动过程的总的概括。

[①] 贺麟：《哲学与哲学史论文集》，第339页。
[②] 贺麟：《黑格尔哲学讲演集》，第151页。

贺麟认为，本体论方法是黑格尔哲学方法论的中心内容。本体论证明，本是神学家提出来证明上帝存在的方法，经过黑格尔的改造，成了唯心哲学的中心论证。黑格尔将证明上帝存在的本体论证明，变成思维与存在的关系问题的论述，转变成从思维证存在的本体论方法，并使宗教问题成为哲学问题；另外，又用理性的逻辑学代替了神学。贺麟说："这是一个进步。"①

最先提出本体论方法的是安瑟伦。他说，"我心中有上帝的观念，故上帝存在"。接着笛卡尔又紧随其后，说"我们对于上帝的圆满性，有一个清楚明白的观念，故上帝存在"。斯宾诺莎对本体论方法的贡献，在于证明本体真实无妄。他将存在和本质的关系分为三种：一是本质不包含存在，如方圆形、木质铁等；二是本质包含存在，如上帝；三是有限事物之本质与存在不符合。康德表面上反对本体论证明，贺麟说，"其实思想与存在合一就是本体论的真义，并且也是惟一的哲学的观念"。康德在《纯粹理性批判》《实践理性批判》中，都证明思维与存在合一，所以他"对于本体论证明是有贡献的"②。康德的贡献主要在于从道德信仰证明上帝存在，又以知识可能的条件，即知识对象可能的条件这一原则证明思维和存在合一。准确地说，康德只是反对用形式的间接的方法证明上帝存在，因为他认为上帝存在问题非理智的而是信仰的问题。黑格尔以后，新黑格尔主义者也讲本体论方法。比如布拉德雷认为，观念与存在是一体之两面，知道观念，就可以推存在。鲁一士、鲍桑葵等都讲本体论方法。

在贺麟看来，本体论方法中，涉及两个关键概念，即"存在"和"证明"。他说，"存在"有二义：一是指真实无妄，存在即有效准之谓，不是指时空中有生灭之存在；二是指时空中有生灭之存在。上帝，据定义，乃是永恒自如、不生不灭，故不能说上帝存在于时空中，只能说上帝表现于时空中。上帝，非指创世之人格神，乃是真理之人格化称谓。"证明"也有二义：一是直接证明，又称先天证明：由体验直觉去证明，如求仁得仁，知天即天知，见道即道之自觉。直证本体，直证上帝，都

---

① 贺麟：《黑格尔哲学讲演集》，第272页。
② 贺麟：《黑格尔哲学讲演集》，第193—194页。

是超理智的。二是间接证明，又称后天证明：是理智的证明，也是外在证明，由前提推结论，由因证果。这样，本体论证明就包括了两种证明方式，是以先天证明直接证明为体，而以后天间接证明为用的方法。也就是说，本体论证明中，包含了现象论证明在内，是两种证明的统一。但这个统一体中，本体论证明是根本，是主要的部分，所以可用本体论证明指称这两种证明相统一的合一体。本体论证明，实是现象论证明的本体论证明。而本体论方法，在贺那里，实际上也就是现象学方法的本体论方法。这是需要特别指出的。

就本体论证明说，贺麟认为，在黑格尔那里，它的关键在于证明"凡理性的就是现实的"这一思想。这个命题，包含了思维和存在合一，本质与现象合一，体用合一等内容。体用合一，所以有一面，就有另一面。对上帝信仰之真诚，可证上帝之存在。因为信仰之真诚，正是逻辑心的表现。由此可推而广之，可说由主观之诚以证明客观之物的存在。《中庸》有"不诚无物"之说，他发挥道，"诚则有物，由主观之诚，足以推证客观之物"[①] 之存在。这是唯心论之典型推论。这一推论的前提之一就是对"存在"概念的形上形下的划分。在贺看来，形上存在为体，形下存在为用，形下存在只是形上存在的表现。而形上存在，据界定，乃是"真实无妄""有效准"，是超时空的，但在时空中又有力量的实在；此实在既有主体性，又有客观性，是主客合一的，而主客合一，又是主体努力奋斗的结果，是主体有能力达到的理想彼岸。故"由主观之诚足以推证客观之物"之存在，根本上，只是存在之自我推证；主体的能动性只是存在之自我推证的一个条件，或者说就是存在自我推证的表现。

于是，根据本体论证明的逻辑，我们也可以说由精神条件之充沛以证物质条件之存在。比如，我心有一自由观念，故我多少有一些自由。这可说是由我有自由观念，以证我有自由行为。不过，这里还有一个条件，即必须是心同理同的理想的观念，才可证行为。比如说，我心中有一愤怒观念，故我多少有一些愤怒。愤怒，不是理想，更非心同理同之理想，所以，不是本体论证明。事实上，若我们对于愤怒的观念越清楚，我们恰恰就会越不发怒。若对自由观念越清楚，则越有自由。故愤怒和

[①] 贺麟：《哲学与哲学史论文集》，第195页。

自由，显然不同。将本体论证明运用于伦理领域，我们也可以由仁性证仁行，即当我们知道体的时候，一定知道用，由人之性格以证人之行为，由政治家的政见以证他有某种政治作风。由源证流，由体证用，是本体论证明的特点。

将本论证证明逻辑概括出来，就是本体论方法。本体论方法，在思维和存在关系上，就是由思维证存在，由思想证事实。贺麟说："当思想更透彻更贯通的时候，思想就包含了存在。真观念所指示者必是事实，思想是事实之母，有了真的思想才可表现为事实，发挥为事实。从思想的准确可以推断事实的准确。由思证有，由源证流，由体证用，由知证行。"① 换个说法，就是从思维到存在，从无限到有限，从逻辑心到经验心以至万事万物。如钟表匠制造了钟表，可由此推出整个世界有个工程师——上帝②，从而达到无限有限、思维存在以及逻辑心和万物的统一。在本体论方法阶段，真理或理性或逻辑心"自己发现，自己客观化，自己创造其存在"③，而不由外在的证明、发现和创造。

马克思曾在其博士论文"附录"中对本体论证明予以说明。他说，"本体论证明，就是认为凡是在我观念中认为是真的东西，那么就是真的"。恩格斯在《反杜林论》中，也谈到本体论论证法，说："当我们思考着上帝时，我们是把他作为一切完美性的总和来思考的。……我们必须把存在算在上帝的完美之内。因此上帝一定存在。"④ 所以，贺麟说，本体论方法，不是形式逻辑的三段论法，而"是从概念、观念、思维过渡到存在"，概念第一性，是体，存在第二性，乃用，"这是唯心论的中心原则"⑤。比如，有这样一个判断：由于美（理念），美的事物成为美。他说，美的理念是体，是本质，是概念、思想，美的事物是表现，存在，事实。这个判断，是根据一个理想标准、理想价值来推论现实事物。⑥ 事物之所以真，行为之所以善，皆因为它们符合真、善的理念，符合它们

---

① 贺麟：《哲学与哲学史论文集》，第195页。
② 贺麟：《黑格尔哲学讲演集》，第273页。
③ 贺麟：《黑格尔哲学讲演集》，第195页。
④ ［德］恩格斯：《反杜林论》，人民出版社2018年版，第44页。
⑤ 贺麟：《黑格尔哲学讲演集》，第275页。
⑥ 贺麟：《黑格尔哲学讲演集》，第195—196页。

所以然与所当然之理的意识或思想。

迄于晚年，贺麟对本体论方法犹有论及，主张并未转变。他说，"本体论证明的根本要义，就是从观念证存在，从本质证存在，从理性证存在，一句话，就是从思证有。黑格尔谈本体论证明，就是谈思有合一，思维和存在的同一。而这，我认为是黑格尔哲学的核心问题"①。

综上所述，贺麟认为，本体论方法，有这样几个特征：一是，相对于唯物论说，它从思维证存在，有鲜明的唯心主义性质；二是，它从理想证现实，从价值证事实，具有价值上或者说是人学上的理想主义特征；三是，相对于宗教、神学而言，将上帝是否存在，转化为存在与思维关系的问题，使宗教上升为哲学，使神学上升为逻辑学，这是一大进步；四是，相对于早期本体论证明，黑格尔强调以思证有的辩证进展②，所以本体论方法有辩证性。

但是，在黑格尔以前，康德在讨论二律背反时，反对本体论证明。因为在康德那里，一般与个别、存在与思维，不能相互过渡，在概念中分析不出存在，在经验中，寻找不出普遍概念。他举例说，我头脑里有100元钱的观念，并不等于我事实上有100元钱，据此，他反对从思维证明存在。黑格尔对此有非常精彩的回答。黑格尔说：

第一，假想、空想、抽象的幻想，如思想中的100元钱等一切抽象观念，并不与存在相统一，不包含存在，此乃常识。

第二，真正的存在，和真正的概念必然统一。用贺麟的话说，就是"物者理也""心者理也""心物合一"。因为上帝的概念包含了它的存在，这是上帝的本质所在。上帝是真正的概念，理念、精神是真正的存在。真概念即真存在，反之亦然。上帝作为精神、理念，其内容十分丰富，既真实又完善，既现实又理想，有生命有力量，所以它存在。而存在，乃最低级、最贫乏的范畴，像这样丰富、具体，这样高贵的上帝范畴，连存在也没包括进去，"是说不通的"，"岂非怪事"。③

---

① 贺麟：《康德黑格尔哲学东渐记》，载《中国哲学》第二辑，生活·读书·新知三联书店1980年版，第384页。
② 贺麟：《黑格尔哲学讲演集》，第53页。
③ 贺麟：《黑格尔哲学讲演集》，第275页。

第三，我头脑中如真有 100 元钱的观念，则必有 100 元钱存在。因为即使现在看，事实上没有 100 元钱存在，但只要有真观念存在，就必有坚决要获得 100 元钱的意志，进而可以订计划，参加劳动，付出代价，在一定时间内，能够挣来 100 元钱。这样，头脑中的观念，就转化成为现实事实。思维变存在，精神变物质，经过努力劳动的中介，从而实现了思有合一、体用合一。列宁对此曾予以肯定。他在《哲学笔记》中说："关于观念的东西转化为实在的东西，这个思想是深刻的。"[1] 不过，列宁是站在唯物论立场，从思维能动性角度，去理解本体论证明的。

贺麟认为，除了本体论证明外，在黑格尔那里，还有现象论证明。现象论证明，即从现象证本体，由用证体，由有证思，从存在证本质，自形而下的现象证形而上的本体，由流证源。把现象论证明的途径概括出来，就是现象学方法。现象学方法，就是由用求体，由有求思，从现象求本质、本体的方法。但和本体论证明比，现象论证明，是间接的后天的证明，如由一个人的仁行以证明其仁性，只能说明人有潜在的仁性，而其借仁行以证仁性，或许未能把仁性充分发挥出来。从不仁的行为也可证明人有仁性，从不完善证完善，因为没有完善的观念，不能证明不完善。所以，"现象论证明，只能证明潜在着的本体"[2]。但它的必要性在于，它作为间接证明，正可以弥补直接证明之不足。因为没有现象论证明，只是直觉，只是先天证明，有神秘性。但现象论证明，毕竟不是最后证明，它还要假定对本体有所认识，若对本体无认识，便无现象论证明之可能。

关于现象学方法，贺麟说，黑格尔现象学，"从现象找本质，这是合理的"[3]。从现象出发，比从逻辑出发，更接近于科学一些，离将主观强加于客观，更远一些。但现象学方法，并不等于科学方法。科学方法的实质，是实事求是，从事实、从实际出发，探索事实和实际的规律性。贺认为，与此不同，现象学方法，是"从自然、历史现象去寻求原理、原则、理念、理性，要求经验与原理、本质统一，这就超出了一般自然

---

[1] ［俄］列宁：《哲学笔记》，人民出版社 1993 年版，第 97 页。
[2] 贺麟：《黑格尔哲学讲演集》，第 196 页。
[3] 贺麟：《哲学与哲学史论文集》，第 236 页。

的、经验的研究,而成为走进哲学、逻辑学之门的阶梯"[①]。

可见,比起科学方法来,现象学方法,至少有两个不同点:一是它追求的是绝对真理,而不是相对真理。它的绝对真理,是对科学所探寻出的相对真理的扬弃或反思。所以,它不是科学方法,而是有科学基础、有科学性的哲学方法;二是它的绝对真理,不离开现象,就在现象中,和现象统一在一起,而不是离开现象的纯粹形式、空洞外壳。它追求的是内容和形式相统一、体和用相合一的真理。由此言,它是理性的辩证法,而不是理智的形式逻辑方法。但不用说,它已克服理智的缺点而又包含其优点了。因此,贺麟说,"认识的作用,首先在于把表象改变为思想,再进一步把抽象的思想改变为概念。这种改变,并不是歪曲,更不是远离了对象,通过这样的改变,感官材料,更能呈现出对象的真性质来。……黑格尔并不排斥反映论,而是要通过反映的门口,进而把握事物的本质"[②]。

这里顺便谈谈贺麟和胡塞尔现象学的关系。已有论者敏锐地注意到贺麟的学术思想和现代西方哲学中的现象学有关系,但因此断定说贺麟学术思想受到了胡塞尔现象学的影响,恐怕证据有所未足。诚然,贺曾赞扬胡塞尔现象学"保持先天方法,注重本质的观认,似为现代最能承继并发挥康德、斯宾诺莎的逻辑思想者"[③]。但他所赞赏的也仅仅是胡塞尔现象学方法中的先天直观内容而已。先天直观,在西方哲学中远有端绪,非仅胡塞尔一家。贺麟的逻辑方法,直觉方法中,均有先天方法在内,却是直接从康德处承来;而且贺麟"新心学"将西方古典哲学融会贯通的作风,与胡塞尔现象学也相去甚远。所以,贺麟又批评胡塞尔现象学,努力把它和黑格尔现象学划清界限。归纳起来,约有以下几点。

第一,胡塞尔现象学渊源于马赫派的纯经验说和新康德主义的概念的效准说,是两家学说的"杂拌",不是西方古典哲学的主流的继承发展。

第二,胡塞尔现象学是形而上学的,反对辩证法,反对对于事物进

---

① 贺麟:《黑格尔哲学讲演集》,第 236 页。
② 贺麟:《黑格尔哲学讲演集》,第 244 页。
③ 贺麟:《哲学与哲学史论文集》,第 219 页。

行历史考察。他的先天直观排斥逻辑方法；而他先天直观的对象又是脱离时间、空间以及现象事实的所谓本质，这个所谓本质经过"还原"，已经没有实在性；而他的先天直观的主体也是经过"先验的还原"的所谓"纯意识"，这个"纯意识"又是脱离经验、心理事实的。不用说，贺麟的"新心学"是辩证的，既强调历史方法，也强调逻辑和直觉的统一，坚持用"体用合一"讲逻辑主体和本体，和胡塞尔真有天壤之别。

第三，贺麟直接批评胡塞尔现象学，"其实不是现象学，应该说是先验的本质学，或者说直观本质之学"。因为他所谓现象，并不是在时空中的自然现象或意识现象，因为他反对心理主义和以自然态度来观察事物，所以，胡塞尔所谓现象"是把自然和心理事实或现象加以抽象化，使脱离时空作为先验意识所直观的对象"①。贺麟虽也从现实主体中抽象出逻辑主体，而且逻辑主体也是超时空的，但它不是脱离时空，而是就在时空中超时空，"现象"不是被"悬置"，而是和逻辑主体有机地构成体用合一的整体，占有不可缺少的地位。

可见，贺麟虽也讲现象学方法，也曾赞扬过胡塞尔的"先天直观"说，但总体上看，他们之间有根本的不同，不能混为一谈。

本体论证明和现象论证明的关系，决定了本体论方法和现象学方法的关系。如果说，现象学方法，是对科学方法的克服，超越和包括，那么，本体论方法则为之提供前提条件、存在基础和未来的理想。本体论方法，是出发点又是归宿点，现象学方法却是本体论方法实现自我价值的必经的中间环节。本体论方法，讲逻辑主体的外化、客体化，这是第一阶段；现象学方法，是逻辑主体的回归，宇宙万象之扬弃，这是第二阶段。两个阶段，三个环节，构成了"新心学"本体论方法的逻辑历程。图式如下。

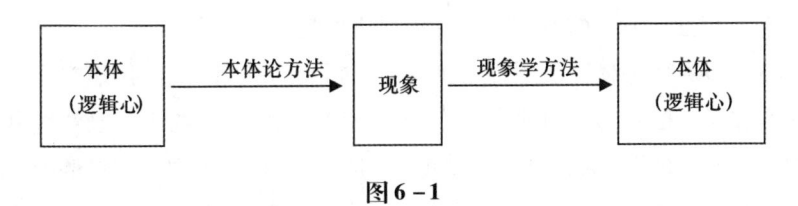

本体（逻辑心） —本体论方法→ 现象 —现象学方法→ 本体（逻辑心）

图 6-1

---

① 贺麟：《黑格尔哲学讲演集》，第 114—115 页。

本体论方法，由体到用，从本体到现象，是逻辑心的外化，是本质的现象化，在认识上，直觉体验本质，而后发散呈现于现象，所以是第一阶段；现象学方法，只能间接证明本体的潜在，它有理智作用的限制，它又不是最高阶段，本身不是目的，由用求体，从现象观本质才是目的，所以它在第二段。可见，贺麟的本体论方法，既不是直觉主义，理智、理性在其中，是逻辑的直觉；它又不单纯是本体论方法，而是融进了现象学方法在内，是现象学的本体论方法。

用现象学的本体论方法认识事物，具体地说，有两个方面。其一，运用本体论方法，先有了哲学原则，然后运用此原则来观察、解释、批评事物，就是"纯自一根本原则出发，采取以事实注理则，以理则驭事实的方法"，借事实说明原理，将事实当作原理的例证。贺麟说，这一方法的好处在于"理论富于哲学识度，贯通而少矛盾"。但若仅有此方法，则其弱点也很明显，即"空洞而不亲切"，所以必辅之以现象学方法。

其二，现象学方法，是"即用以观体，因物以求理，由部分以窥全体，由特殊以求通则的方法"。将现象学方法和本体论方法结合起来，认识事物，则既有标准，有规范[①]，有归宿而少矛盾，又不空洞而且亲切，庶收到去短集长之效。

五　心观法

贺麟"新心学"的方法论，整个说来，从逻辑主体的进展历程说，称为辩证法；从体用层次说，则有三个方面：一是若专言直觉与逻辑的关系，则称为逻辑的直觉法；二是倘专就本质现象关系说，则是本体论方法，全称是现象学的本体论方法；三是如果用"新心学"的范畴来表述本体论方法，则可称为心观法，物观法也包括在里面。

心，即逻辑主体。逻辑主体自我运动，自我认识，自我建立，自我实现的过程，把它的"有机节奏"概括出来，就是心观法。但贺麟并不自称为"心观法"，大约是为了避免人们将心理心、生理心、经验心误会成逻辑心的缘故。他只叫作全观法、理观法、内观法，其实，一言以蔽

---

① 参见贺麟《哲学与哲学史论文集》，第360页；贺麟《文化与人生》，第259—260页。

之，心观法而已。全即理，理在内而不在外，心即理，故全观理观内观诸说，只是心观法的另外的说法，都是心观法的具体内容和具体表现。

关于全观法，也可称为理观法，是一个意思。黑格尔说："关于理念或绝对的科学，本质上应是一个体系，因为真理作为具体的，它必定是在自身中展开其自身，而且必定是联系在一起和保持在一起的统一体。换言之，真理就是全体。"① 因此，全观法可称为理观法。贺麟则以朱熹的"外视法"为理观法。理观法中，又以物观法为第一步，包含了物观法在内。盖"物者理也"，理是物的本质，必先物观，而后理观；但物观又必以理观为前提。物观法指"以物观物"，由浅入深，从现象观本质，由物观理的方法，近似于现象学方法。

朱熹说："放宽心！以他说看他说，以物观物，无以己观物。""以书观书，以物观物，不可先立自见。"② 又说，"以圣贤之意，观圣贤之书，以天下之理，观天下之事。人多以私智去穷理，只是你自家所见，去圣贤之心尚远在"③。贺麟说，这就是朱子的包含了"物观"的理观法，是"虚心而无成见，从客观、从普遍的'天下之理'的立脚点以格物穷理的直观法"④。理观法，也可说是斯宾诺莎从永恒范型下以观认事物的方法，近似于本体论方法。

仅仅说理观法还不够，理和心的关系还没有明白地显示出来，还必须说个"内观法"，以明心外无理，理由于心，理在心中，心与理一。正如斯宾诺莎所言，"只要心灵在此种方式下为内在本质所决定，则心灵便能清楚明晰地观认事物"⑤。换句话说，只要心灵达到逻辑的高度，自然心与理一。同理一样，全体，也不是在主体外，高踞主体之上的上帝。全体就在主体中，就是主体，是主体的理想、本质、标准或范型。所以，全观法，也就是内观法。内观法、全观法的客观基础，在于宇宙本是有内在关系的有机全体，而不是外在关系的机械凑合。

现代西方哲学中，新实在论者力反唯心论，同时又丢掉了唯心论中

---

① ［德］黑格尔：《小逻辑》，第56页。
② 《朱子语类》卷十一。
③ 贺麟：《哲学与哲学史论文集》，第198页。
④ 贺麟：《哲学与哲学史论文集》，第198页。
⑤ ［荷兰］斯宾诺莎：《伦理学》，贺麟译，商务印书馆1991年版，第72页。

的辩证法的合理内核，只是孤立、静止、片面地看事物，在全与分、内与外的关系上，不怎么谈全与内，显得只是谈了外与分。对此，贺麟批评说：

> 在分与全的关系上，我们必得肯定说，知分必先知全，知桌必先知宇宙。真正的知桌，即是知桌之理，知桌之为桌的所以然……从科学上去研究生物，必须将对象孤立起来。……但在纯思维上考究起来，除开一切的背景，一切的关系，一切相关之物，很难说这件事物真正具体存在。即就抽象存在来说，也只能是从许多具体感性材料中得出的一种科学抽象的存在。科学研究的虽是现象和规律，也不能说是纯研究事物的外在关系。哲学研究的却是本体、本质，因此，哲学所研究的精神上、理性上、逻辑上、历史上自然事实的关系都不能说只是研究孤立绝缘抽象的外在关系，它们必须是内在的。[①]

根据"心即理"命题，全分的关系实质是内外的关系，由分到全的历程就是由外到内从表及里的历程，总而言之，都是由用到体的历程。因此，内观和全观，本质上是相同的。另外，就全与分、内与外的关系说，作为体用关系，彼此不能分离，而且全、内逻辑上必先在于分与外，因此也将决定主宰分与外，是分与外的根源、归宿和准则。

黑格尔说，就每一部分言，"只有就它们相互间有同一联系，或就它们结合起来而构成全体来说，它们才是部分"。只有以全体为背景、基础，为出发点和归宿，部分才有其价值，才成为真正的部分。譬如，对一活的有机体，不能仅看作是该有机体各个部分的机械组合。因为各部分肢体器官，只有在它们共居的统一体里，才成为活的有价值有意义的肢体器官。解剖学者将全和分的关系当成外在关系，各部分之间只是机械相加。但是一当解剖分开，原来的有机体，就不再是活的有机体，只是尸体了。解剖学的科学研究固然必要且重要，但仅仅凭借此方法，又是不够的。如果用机械方法研究精神世界，就更为不够了。因此，黑格

[①] 贺麟：《现代西方哲学讲演集》，第87页。

尔说：

> 本质的关系，是事物表现其自身所采取的特定的完全普遍的方式。凡一切实存的事物，都存在于关系之中，而这种关系乃是每一实存的真实性质。因此实际存在着的东西，不是抽象的孤立的，而只是在一个他物之内的。惟因其在一个他物之内，与他物相联系，它才是自身联系；而关系就是自身联系与他物联系的统一。①

全与分、内与外，还有心与物、理与事的关系，也就是这样一个有机统一体。黑格尔以后，对内在关系论述得较多且较好的，当推怀特海。怀特海哲学，对贺麟影响最大的，我认为应首推他的"内在关系"说。

怀特海认为，宇宙内的事物是一个有内在关系的有机整体。"生命和自然，心和物，都必须混熔一炉，才能得到对于它们的真正的了解。自然和生命，心和物都是构成真正真实的事物的主要成分，关于物理的自然的看法，必须加入生命观念进去补足；关于生命的概念也必须包含物理的自然。"又说，"这里有两件事：一个是我的身体，一个是我身体四周的环境，那伸展出去的自然，这二者的界限我是不知道的。——身体和外在世界里的分子，永远在不绝地交换。因此身体和环境是有统一性的。至于身体和灵魂心智，更是打成一片，不可分割的了。那些纯界限完全是抽象的方便的说法"。

据此，贺麟说，怀特海不承认人与自然、物与物之间是外在关系，而是认为一切整一，一切有机。心物之间存在着许多亦心亦物的中介事物，并无严格不可逾越的鸿沟，只不过高级的近心，而低级的近物罢了。世界是一个"由物到心的一个层层连接由浅而深的整体"②。主体和对象、事物与事物之间，并非互相孤立，或机械相加，而是"相互交融渗透"③的内在的有机关系。一切存在，都有内在的联系，联结成一个"无所不包的全体"；所以不管什么事物，假如它不能在这宇宙全体中取得一个地

---

① [德] 黑格尔：《小逻辑》，第281页。
② 贺麟：《现代西方哲学讲演集》，第112—113页。
③ 贺麟：《现代西方哲学讲演集》，第116页。

位，它就无法存在。"时空固然是不能互相分离的，进一步说来，时空不能离物质，物质不能离生命，生命不能离心灵，层层绾纽，彼此涵融，构成一个有机的牵一发动全身的大宇宙。"①

具体地说，每一事物个体"实际上，肯定在某地，但潜在地却存在在一切地方"。贺分析道，一个实有，一方面是主持当前变化的主体，一方面又以个体身份投入全体，行使它的客观不朽的功能。例如，讲演是一活动实有，是当前变化的主体，但一当投入到这个学校的教育活动里，投入到中国文化里，则意味着讲演这一实有的理想或目的的实现，投入全体，获得不朽，得到永恒。其次，实有本身就是一个有机过程，是反映全宇宙的小小的宇宙。因为每一个实有都是宇宙间许多成分聚集而成的新事物，是许许多多成分的结晶。但实有本身，作为个体，变动不居，无持久性。它们生生灭灭，造成宇宙的繁杂新奇，宇宙则随了这些实有的顿起顿灭，而向前创化去。再次，每一实有，都有心物两极，而心物相连相通，不能严格分开，如两方面之说。实有既有心物两极，故从物极看，它在时空中；从心极看，它又自有其目的、意义和价值，又超时空。② 心物之间关系是相互内在的、彼此互为对立存在和成立的前提。

对于内在关系，新黑格尔主义者也把它当成自己立说的基础。比如格林就认为，本身只是单一的东西就是不存在的。任何东西的实在性，都在于超越自身，指向其他东西。换言之，实在的东西，永远不是一个抽象的自我同一，而是异中之同，有差别的同一。任何单一的东西，都不能离开它的全体而存在。③ 可见，格林几乎是重复黑格尔的意思，而怀特海则在黑格尔的基础上，讲得更细密，给读者提供了一幅有机生动、丰富具体的世界统一体的图画。

据此，贺麟说，所谓内在关系，指具有真正内在性质、内在价值的事物相遇时所发生的关系。而所谓内在性质，指精神理性；所谓内在价值，也指精神理性方面的价值。因此内在关系可以说就是精神的互通、灵性的相融。如同两个自由人自由相处，发生关系，并不改变彼此的自

---

① 贺麟：《现代西方哲学讲演集》，第117页。
② 贺麟：《现代西方哲学讲演集》，第119页。
③ 贺麟：《现代西方哲学讲演集》，第154页。

由，而自由反更得助长增进一样。① 从心物关系的有机链条言，离心越近，则越为内在关系；反之，离物越近，越为外在关系。但不论离心远近，均在内在关系的整体中。所以，越能达到精神理性、本质本体的层次，便越是内在关系。越是内在关系，则相互关系越紧密，越能较全面准确地认识对象之内在必然性，也越能较直接自由地内省自我之真正本质，内与外便越是紧密地统一在一起。

逻辑心或真理，按一定的层次等级，在内与外的关系历程中，蕴含于世界万物之中，并在物与物、人与物之间，组建起内在关系，架起相互沟通、认识了解以至互相建立改变等有机统一的桥梁。逻辑心，是人们认识世界改造世界的基础。所谓内观法，不只是凭借语词概念认识对象的内在规定性，更重要的是认识到认识主体和客体处于一种内在关系中，双方不只有认识关系，还有实践关系，不只有知行关系，还有本源上的合一关系。须体验得心物之间、主客之间在精神的理性的交融中达到"天人合一""万物皆备于我""直与天地上下同流"之境界，所谓内观法方算完成，而所谓全观法、理观法以至心观法，也尽在于斯了。由此言，心观法，也正是现实主体奔向自由的历程，因为它就是逻辑主体的运动历程。因此，贺麟说，朋友交往、崇拜英雄、师生教学、读书旅游、欣赏文化，所贵均在于精神的交契、心灵的交融。认识到真理，把握住全体则主体越有自由的条件。

不过，内与外、全与分、心与物、理与事都是有机统一体。这种统一，不是混合的同一，而是辩证的统一。内、全、心、理是本质，外、分、物、事是现象，现象必表现本质、奔向本质，与本质合一，本质必通过现象表现，必在现象中存在，现象是本质实现自己的必经环节。它们双方作为同一事物的不同环节，本质上是统一的。② 从外、分、物、事可知内、全、心、理，内中有外，外中有内，全中有分，分中有全，心中有物，物中有心，理中有事，事中有理。格物穷理，以理观物，因此得以成立。单有内、全、心、理，即等于单有外、分、物、事；反之，

---

① 贺麟：《现代西方哲学讲演集》，第84页。
② 贺麟：《黑格尔哲学讲演集》，第324页。

单有外、分、物、事,是不可能的。①

所以,内观法,必已克服超越并包含了外观法在内;全观法,则已克服超越并包含了分观法在内;同理,心观法、理观法,均已克服超越并包含物观法在内。心观物观、全观分观、内观外观相互之间,不是截然对立,乃是由物到心、由外到内、从分到全的由浅入深、从表至里的辩证发展过程;也可说是从心到物、由内到外、自全至分的辩证发展过程。前者由用到体,后者由体到用,两个过程的统一,即是心观法的全部内容。

心观法,在中国历史上也有渊源,比如北宋邵雍的以物观物说。不过,贺麟心观法与之却并无直接关系,毋宁说,陆王心学的正心养心,内省直觉的说法与贺的关系更直接些。从上述内容也可看出,贺的心观法,已经对陆王的心学方法进行了改造,充实进去了西方哲学家如黑格尔、康德、怀特海等人的内容,为之提供了近现代哲学理论基础。总的说来,贺麟心观法有以下两个特点。

第一,包括了科学方法、辩证方法等逻辑方法在内,使心观法避免了直觉主义、神秘主义,具有一定的科学性辩证性。

第二,心观法所追求的不只是客观的真理,更强调主体掌握真理以后进一步追求自由的理想,是主体客体化而后又发生客体主体化过程的统一,即是说心观法是主客体合一之法,而不只是主客观合一之法,但又包括了后者在内。因此,心观法,不只是认识方法,更是人类实现理想,迈向自由的历史进程的揭示。

---

① 贺麟:《黑格尔哲学讲演集》,第177页。

第七章

文化哲学思想

　　文化哲学，或文化科学，也称精神科学，是贺麟"新心学"学术思想的重要组成部分。它在学术思想体系中充当"新心学"逻辑学统一自然科学、社会科学的桥梁；在生活中则充当"新心学"哲学指导人生航向的中介。文化哲学，是"新心学"的应用逻辑学。贺麟说："唯心论，又尝称为精神哲学。所谓精神哲学，即注重心与理一，心负荷真理，理自觉于心的哲学。"① 显然，唯心论、精神哲学、"新心学"，在贺那里，同体异名。有学者认为，近代以来的文化科学、精神科学、人文科学、社会科学，是同一种科学在不同时期不同国家地区的不同称谓。但在贺麟那里，至少文化科学、精神科学和社会科学是有不同的。他说："所谓精神科学，是指道德史、宗教史、艺术史而言，以研究人类精神历史为主。"② 他所谓"人类精神历史"，不是我们现在通常作为人文科学或社会科学一学科的历史科学，而是文化历史现象学，是精神现象学。因此，他明确写道：

　　　　至于根据精神科学——亦称文化科学，以作哲学的基础，应用人类最高的精神能力以观认世界，规定机械的唯物观与经济的历史观以应有之地位与范围，使勿逾越权限，发挥精神生活的本质，文化活动的根基，批评自然科学和社会科学所依据的范畴、原则和前提，调节自然和精神的对立，而得到有机的统一，使物

---

① 贺麟：《哲学与哲学史论文集》，第131页。
② 贺麟：《五十年来的中国哲学》，辽宁教育出版社1989年版，第74页。

不离心而独立，致无体；心不离物而空寂，致无用，便是理想的观点所取的途径，也即是真正的哲学——不论唯心与否——应有的职务了。①

可见，文化科学，是社会科学的理论基础，也是"新心学"哲学的科学基础。它凭借先天理性和辩证理性，用体用合一方法，观认世界，"限制"科学，以发挥逻辑主体的本来作用。文化科学，就是逻辑主体发挥本来作用的科学，而社会科学只是发挥经验主体认知作用的科学，两者根本不同。就文化科学说，"文化之物"② 才是它的研究对象。文化又与自然相对，"道之凭借人类的精神活动而显现者谓之文化。反之，道之未透过人类精神的活动，而隐晦地昧觉地显现者，谓之自然"③。因此，贺的文化科学，不是我们今天所谓文化学，它是哲学。就此言，可称为文化哲学。本章以贺麟的文化哲学方法论为重点，描述他的文化哲学思想特征。

一　本质批评法

本质批评法，是贺麟将本体论方法运用到文化哲学领域，是他的文化哲学的基本方法。如果说，本体论方法还保留了较多的西方哲学色彩，那么，本质批评法则几乎完全是和"新心学"思想血肉相连的有机组成部分了。

文化批评，在近代中国具有特别重要的意义。传统文化能否以及怎样现代化，中国文化和西方文化相互之间能否交流融合以及怎样交流融合，是关系到中国文化能否在近代化以至现代化转化过程中生存发展的大问题。随着中国现代化进程的开展，随着中华民族独立自主权利的争取获得，文化批评愈益为中国有识之士所特别关注。贺麟总结说，"自从西洋文化与中国文化接触以来，差不多每一个能用思想的中国人，都曾

---

① 贺麟：《哲学与哲学史论文集》，第136—137页。
② 贺麟：《文化与人生》，第83页。
③ 贺麟：《哲学与哲学史论文集》，第347页。

有意无意间在那里多少作一些批评文化的工作"①。另外，从哲学角度看，哲学要能和人生统一起来，发挥它指导人生的积极作用，获得现实人生的力量的支持，也必须通过文化这一中介环节。贺说，"批评文化，可以说是思想界最亲切，最有兴趣，对于个人和社会，对于物质生活和精神生活最有实际影响和结果的工作。……所以文化批评乃是使哲学与人生接近的一道桥梁"②，是学问与人生打成一片的中介。因此，文化批评在"新心学"思想体系中占有特别重要的地位。文化批评方法，在"新心学"哲学和近代中国历史两岸之间，架起了彼此统一的桥梁，使"新心学"哲学既受到历史的引导，又能对现实发生影响。

贺麟的文化本质批评法，又产生于他对他以前的中国文化批评的反思和总结。在近代中国历史上，文化批评围绕着中西文化关系，先后出现过中体西用、全盘西化、中国本位文化等观点。在贺看来，这些观点，"似乎多基于以实用为目的的武断，而缺乏逻辑批评的功夫"③，不能说是科学的理论，更不能说是有系统的哲学。结果，导致中国的文化批评，"似乎大都陷于无指针、无准则，乏亲切兴味，既少实际效果，亦难于引导到深彻的哲学领域"④。面对这种状况，贺麟希望用"据界说以思想""依原则而认识"的逻辑批评功夫，弥补不足，改变文化批评的现状。为此，他提出了他的文化本质批评法。

大致说来，贺的文化本质批评法，要求在批评一文化对象比如观念、制度、器物时，要分析其表象，"寻出其本身具有的意义，而指出其本质上的优点与缺点"⑤，探索文化对象的内在规定性，并对此内在规定性进行评价。所以，本质批评法，是科学认识和价值评价之和，是对事实真理和价值真理之和、所以然和所当然之理的总认识。就批评言，必抓住本质，才算批评，是本质的批评。表面现象的、粗浅外在的认识，排开价值评价的科学认识或排开科学认识的价值评价，均不能称为本质批评。另外，从本质说，一旦抓住了本质，则批评自在其中。离开本质，离开

---

① 贺麟：《哲学与哲学史论文集》，第343页。
② 贺麟：《哲学与哲学史论文集》，第343页。
③ 贺麟：《哲学与哲学史论文集》，第344页。
④ 贺麟：《哲学与哲学史论文集》，第343页。
⑤ 贺麟：《哲学与哲学史论文集》，第361页。

科学认识和价值评价，更无所谓批评。从"新心学"逻辑说，本质批评，就是"心即理""心与理一"命题，在主客体关系中的具体表现，是本体论方法的具体运用。

贺麟认为，本质批评法，用于批评历史文化，既不是用历史考证的科学方法，也不是用主观武断的办法批评文化。从反面看，它要求我们"不从表面或枝节处立论"；要求"不从实用的观点去批评"，不能说我们对历史文化的理解运用不好，就认为它本身不好，也不能说我们对历史文化的理解和运用随历史条件改变而改变，便说历史文化本身，它的基本精神也在改变；本质批评法，还要求我们"不能以经济状况生产方式的变迁"，作为批评历史文化的根据或标准。[①] 从正面说，本质批评法的基础，在于认识到历史文化有它自身的根据或标准，有它自身不随我们的认识变化而变化的永恒的内在规定性，即文化的本质。抓住文化的本质，则文化之实用、表面或枝节，自在其中。

文化本质，即文化之"体"和文化之"用"的辩证统一，是文化中蕴藏的人的对象化的本质，即逻辑心，也就是文化精神。贺麟说，我们批评文化，最重要在于"对于文化的体和用加以批评的研讨"[②]。这是他对他的文化本质批评方法的另一种表述。他认为，在中西哲学史上，有两种体用观：一是绝对的体用观；一是相对的或等级性的体用观，两种体用观有机地统一在一起，都说明体"生造"用，决定用的体用合一关系。但须辨别的是，哲学上的体用，不是科学上的因果。前者指形上形下之间关系，后者指形下事物相互之间的关系，前者克服主导并超越包含了后者，而又另有价值的等级或层次关系，比如，就哲学和科学关系说，哲学是科学之体，科学是哲学之用。不是说哲学是科学生灭盛衰的历史事实的原因，而科学则是哲学的史实的结果。从史实看，科学产生繁荣的原因甚多，比如生产方式变革、人的需要的提高是大环境的原因；就科学内部说，科学理论更新、科学体制的变化、人才培养水平的提高、科学著作的出版、印刷的有力支持等都是原因；就各文化部门关系说，宗教对科学有相反相成的因果原因，道德为科学研究提供必要规范，

[①] 贺麟：《哲学与哲学史论文集》，第361—362页。
[②] 贺麟：《哲学与哲学史论文集》，第344页。

艺术为科学提供灵感，哲学为科学提供理论、方法等。它们和科学都有事实上的因果关系，对这些关系的研究，是历史科学的任务。不过，在贺麟看来，仅仅从历史科学角度、层次来认识哲学和科学的关系是不够的，不能把握其本质。科学的本质，就是哲学，哲学的表现即是科学。意思是说，哲学是科学的逻辑原因，价值较科学为大。因为，逻辑原因克服超越而又包括了事实的因果关系成就在内；还因为哲学所认识的是大全、绝对真理，而科学认识是分、相对真理。全是分的本质，分是全的表现。说全是分的逻辑原因，价值较重，地位较高，是可以的。那么，说求全的哲学，作为求分的科学之体，科学为哲学之用，也当成立。

显然，此说成立的一个必要条件是，哲学能够而且已经探索到绝对真理，能够而且已经把握住大全。事实上，只能说，这是一个理想。从理想出发，谈理想的哲学和理想的科学之间的关系，理想性大于现实性，逻辑性重于历史性。固然，在贺看来，用，必然经过艰难曲折，向体挺进，否则被淘汰，科学，也将向理想的哲学靠拢，才能真正实现自己的价值，而现实的哲学，也将向理想的哲学进展。到理想实现时，哲学就成为体，科学即成为用，两者如体用关系般有机地统一起来。贺的体用观明显地体现了浓厚的理想主义特征。

从贺麟的文化体用观来看，所谓本质批评法，即要求人们认识文化，要抓住文化之体，以批评文化之用，要以文化的理想，批评文化的现实，要以文化哲学批评文化科学，以文化哲学逻辑批评文化历史事实。但文化之体、逻辑、理想……概言之文化的本质，是什么呢？

贺认为，文化是宇宙世界的一部分，是人和自然关系的产物，是"经过人类精神陶铸过的自然"[①]。在自然和人的关系中，"自然为文化之用，文化为自然之体。文化为精神之用，精神为文化之体。精神为道之用，道为精神之体"[②]。可见，精神，就是文化的本质，它是"道之用"，真理的显现。而道，"是宇宙人生的真理，万事万物的准则，亦即指真善

---

① 贺麟：《哲学与哲学史论文集》，第348页。
② 贺麟：《哲学与哲学史论文集》，第347页。

美永恒价值而言"①。道散现于万事万物中，精神得其要，文化得其中，自然得其下，故体用层次，高低不同。

专就精神说，也称为文化精神。贺麟写道："精神，就是心灵与真理的契合。换言之，精神就是指道或理之活动于内心而言。也可以说，精神就是为真理所鼓舞着的心。在这个意义下，精神也就是提高了、升华了洋溢着意义与价值的生命。"②所谓心灵、内心、心，都是指心理心、生理心、经验心，不是逻辑心。精神，就是心理心自我扬弃发展而达到逻辑心时的状态，是"心与理一"的表现。在现实人类活动中，精神蕴藏着，时时表现出来，且具有主动、主宰、主要的地位。贺麟说，"精神亦即指真理之诚于中形于外，著于生活文教，蔚为潮流风气而言。简言之，精神就是具体化、实力化、社会化的真理。若从体用的观点来说，精神是以道为体，而以自然和文化为用的意识活动，根据这个说法，则精神在文化哲学中，便取得主要、主动、主宰的地位"。由此可见，精神，就是逻辑主体运动于文化中，是文化里的逻辑心。

因此，就文化精神、自然和道或理的关系说，自然、道或理均不能离开精神而独在。自然若无精神，"只是纯用或纯材料而非体"，不能进展跃进成为文化。道或理若离开精神，也"只是纯体或纯范型而无用"，只是潜伏的、缥缈的、抽象的概念，不能实现或显现成为文化。只有精神，才是有体有用，"体用合一的真实"。贺麟说，自然只是材料，"道只是本体，而精神乃是主体。文化乃是精神的产物，精神乃是文化真正的体。精神才是真正的神明之舍，精神才是具众理而应万事的主体"。所谓精神活动或精神生活，就是将蕴藏在人类内心深处的法则，即理或道，发扬光大，提出到意识的前面，成为自觉的、具体的、活生生的真理。孔子说，"人能弘道，非道弘人"，正是就人的精神活动言。精神生活表现于外，即是文化生活。所以，每一个人的文化活动、文化创造，是个人的精神的显现，每一时代每一民族的文化，则是其时代精神、民族精神的显现，整个世界的文化，则是世界精神的显现。文化，绝不是静止不变的，而是一个变化发展的历史过程，是文化精神实现自

---

① 贺麟：《哲学与哲学史论文集》，第346页。
② 贺麟：《哲学与哲学史论文集》，第347页。

身的历程。

但是，文化精神中含蕴的道或价值理念有真、美、善的不同，且文化表现真、美、善也有多少的不同，所以由精神所显现出来的文化亦有不同的部门、不同的等级层次，形成"相对性文化的体用观"。哲学、科学都表现真理，但"哲学追求价值的真理，科学追求自然的真理"。这里的价值实指真、美、善的精神价值，涵摄包括了自然的真理的价值。所以他接着说，"哲学阐发关于宇宙人生之全体的真理，科学研究部分的真理。哲学寻求形而上的理则方面的真理，科学寻求形而下的事物方面的真理"①。这样，精神为哲学、科学之体，而哲学、科学为精神之用；哲学又为科学之体，科学又为哲学之用。同理，宗教、道德都是善的价值理念的表现，只是宗教重在调整天人关系，追求神圣至善，道德则调整人人关系，追求人本之善。因此道德为宗教之用，宗教为道德之体。艺术、技术又皆是美的价值理念的表现，但技术实用，艺术超实用。艺术是美的精神生活的直接产物，而技术只是实用智慧的产物，是美的精神生活间接产物。因此艺术是技术之体，技术为艺术之用。"至于政治、法律、实业、经济、军事等，距真美善之纯精神价值更远，乃科学道德技术之用，以科学道德技术为体，而直接以自然物质为用。"②

在此基础上，贺麟提出本质批评方法三原则。其一，体用不可分离，必然合一。用必有其体，体必包含用，无用不可能，无体亦无用。宋明儒学以理学为体，亦有其"科学之用"，有它对自然、人生、社会、历史种种事业的观察研究的基础。而西方文化，有其科学之用，也有其唯心论之体，有其近代道德之用，也有其宗教精神之体。

其二，体用不可颠倒。体乃本质，用乃表现，体是规范，用是材料，不能相互颠倒，以体为用，以用为体。如宗教、哲学、艺术在西方文化中为体，介绍到中国来，便不会成为中国文化之用。科学技术在西方居于用的地位，到中国也不会变成体。过去的中体西用、全盘西化诸说，错误根源就在于分离或颠倒了体用关系。体用颠倒，则形而下之用成体，形而上之体成幻，便陷于狭隘的理智主义、现实主义甚至机会主

---

① 贺麟：《哲学与哲学史论文集》，第349页。
② 贺麟：《哲学与哲学史论文集》，第349页。

义，而缺乏有深刻理论基础的原则、规范、理性和理想；体用分离，认为用可离体而独存，体可离用而幽居，便陷于知性割裂，执着一偏，抽象独断。

其三，各部门文化有其有机统一性。各部门文化，是同一个道或精神的表现，所以相互间有"共通性"。因此，一部门文化，每每可以反映其他部门文化于其自身内，进而可反映整个民族精神、人类精神；一个民族文化可以反映其他民族文化于其自身内，一个时代文化可以反映其他时代文化于其自身内，一种民族精神、一种时代精神固然蕴含于该民族当时代的文化中，但也潜藏于其他民族、其他时代的文化中，成为各民族文化交流融合以及各时代之文化的继承发扬的内在基础。

根据以上原则，则所谓本质批评法，宗旨在于由文化现象揭示其本质、本体、天理、大道，或者是以本质、本体、天理、大道统率文化、批评文化。本质批评，则现象、事实的分析研究评价也在其中，不是脱离客观事实的主观独断，也不是脱离丰富表现的内在直观，更不是排开科学研究的纯粹价值体验。它是对客观文化事实研究结果的进一步升华，是在科学研究成果基础上的价值追求。本质批评法，包含了科学方法，但远不止于科学方法，科学方法只是"发现"文化本质的历程中的一段过程、一个环节。理智必上升到理性，客体必回归主体，逻辑必经过直觉。所以，本质批评法要求我们认识外物，同时也是认识自我，是"合内外"的；要求我们认识外物，要由浅入深，由表及里，抓住本质，统率现象，而且不要局限于该事物本身，还要在事物的联系中，在宇宙全体中，认识该事物的地位、价值和意义，眼界开阔，心胸宽广，"不为物役"。从唯物辩证法看，如果去掉其唯心因素，排除其形而上学残余，补之以实践的基础环节和检验标准，则本质批评法，有其合理内核，不能一概抹杀。

第一，它启示我们，不能离开哲学谈文化，进行文化批评，必须在一定的世界观、方法论指导下进行；另外，不能离开人生谈文化，文化批评，必须以主体人的生存、发展、自由为中心。离开人谈文化，不能抓住文化的根本。

第二，批评文化必须抓住文化本质，而这个本质绝不是离开人，离开人的理想追求、努力奋斗的纯粹"客观"的东西。文化就是人的产物，是人的本质的对象化。没有人的需要、实践、自由等的所谓文化学、历史学，都可说是没有也不可能抓住文化的本质、历史的未来。至于贺麟强调从文化自身的本质谈文化，而不是从"实用"、枝节或表面处立论，要求有逻辑水平，无疑是正确的，也有科学性。

第三，贺麟的本质批评法三原则，要求抓本质而不离现象，要求在本质和现象的有机统一中认识世界，不能分割，不能颠倒，共同组成逻辑心即理所统率的"新心学"世界。三原则，是"新心学"逻辑体系的文化哲学基础或应用，它们的合理内核是包含了丰富的辩证思维。

二　文化精神"发现"法

文化的本质，就是文化精神。贺麟认为，认识把握文化精神，就是文化精神的"发现"。发现和发明不同。发明是发现的运用，是从无到有的创造，而发现却是从隐到显、从未知到已知的觉悟。文化精神蕴含于不同的文化之中，亘古常在，历久不变，东西方一同，有永恒性、普遍性、必然性和内在性。但发现文化精神却有两个层次或阶段：一是对文化对象本身表现的精神的发现，有相对性，相对于一定地区、民族、时代有其共性，在它的逻辑涵摄范围内有有效性；二是对逻辑主体本身的发现，是最高层次，超越了又包含了相对精神在内，发现的是绝对精神，绝对精神，超时空，有先天性、永恒性。明乎此，我们再来看贺的文化精神发现方法。

贺麟说，"五伦观念，是几千年来支配了我们中国人的道德生活的最有力量的传统观念之一。……我们要从检讨这旧的传统观念里，去发现新的近代精神"[①]。这里虽然只是说"传统观念"，但在贺那里，实际上也代表着传统文化甚至西方文化。从古代文化中怎么能发现近代精神，从西方文化中怎么能发现中华民族的近代精神呢？

---

① 贺麟：《哲学与哲学史论文集》，第361页。

美国学者林顿指出，发现"是对于人类知识的任何补充"①。据此，发现文化精神，则是我们关于文化精神的知识的增加，在古代去发现近代精神，则我们增加的关于近代精神的知识内容，古已有之，并非新创。古今新旧之间实有一条红线贯穿其中。贺麟说："从旧的里面去发现新的，这就叫做推陈出新。必定要有旧中之新，有历史渊源的新，才是真正的新"②，必定渊源于古代而且也潜藏于古代的近代精神，才是真正的近代精神。因此，贺所讲的"近代精神"，又不单纯是死的知识，而是活的理念，有能动性，有历史力量。我们不仅要认知，还要实行。发现，是知行合一的活动。发现的文化精神，总在追求实现自己。它不仅增加我们的知识，更要陶冶情操，指导人生，制约行为，提供理想等，要督促、推动、牵引着人前进，使人成为人。所以，它不可避免地带有时代性、民族性以至阶级性。就民族性言，在贺麟看来，在西方文化中发现的近代精神，也必须努力揭橥到中国传统文化中去，把它看成从中国传统文化土壤中也可以生长出来的东西。总之，强调新旧中西之间血脉相连，声气相和，有机统一，从而为中国传统文化现代化，为中国文化吸收西方文化中的积极部分，促使自己全面转型提供理论根据。贺苦心孤诣，其意可嘉。

文化精神，"万古如斯"，永恒不易，不论东西古今，"心同理同"。"发现"，即是认识理解；认识理解，就是征服超越。另外，文化精神不在心外，就在人的内心中，是人的心灵的本质的表现。所以，发现文化精神，就是逻辑主体的自我发现。贺麟说，"所谓思想，即在他物中遇见或发现自己"，"在他物中在对象中发现自我"。③ 由于心外无物，万物皆精神之外化，故在文化中发现精神，实即是"在结果中原因发现自己，回复自己"④，是精神之自我发现和回归。什么时代的主体在发现，便发现什么时代的文化精神；什么民族的主体在发现，便发现什么民族的精神。在这里，发现的内容和认识对象的关系，远不如和认识主体的关系

---

① 引自童恩正《文化人类学》，上海人民出版社1989年版，第276页。
② 贺麟：《哲学与哲学史论文集》，第361页。
③ 贺麟：《黑格尔哲学讲演集》，第185页。
④ 贺麟：《黑格尔哲学讲演集》，第184页。

亲密。本源上说，发现的内容只能是发现主体的对象化、外在化或具体表现，客体、外物、时空形式在这一过程中只起到工具性的作用。从工具角度说，是古代还是现代，是东方还是西方，又有什么区别呢？这样来认识理解"发现"说，才能从古代发现近代现代，从西方发现东方中国，从而在认识理解古代、西方文化中，真正征服超越古代文化和西方文化。

关于文化精神的发现方法，贺麟说，"我们只能用反省的方法去回思那己所固有的。我们只能用体验的方法去究察那物我同然的。我们只能用新的理论去说明它，新的经验去证实它，新的系统去贯彻它，新的问题去盘诘它，新的观点去发挥它"[1]。反省与体验是直觉方法，说明证实是逻辑方法，但它们又都是"发现"文化精神的方法。可见，"发现"法和逻辑的直觉方法紧密相连，从方法论层次说，它就是逻辑的直觉方法的具体表现。但它毕竟不等于逻辑的直觉法，它是理解法，是同情的了解方法。

同情的了解，又叫同情的理解。贺麟在《当代中国哲学》"原序"中说，要有理性，有证据，公正客观地批评一个人的思想、一个时代或一个民族的文化，必须先有"同情的了解、客观的欣赏、善意的批评等"[2]。又在同书中写道，"只要本于客观的研究、同情的了解"，对于思想、文化等"自能作公正的批评"。[3] 所谓"公正的批评"，即是本质的批评。可见，"同情的了解"方法，是本质批评的前提，理所当然，也是文化精神发现的前提。贺又说，近代功利主义，理论上确不免有许多困难，"但若加以正当的同情的了解，从社会和时代的需要来看，它也确有不少的优点"[4]。在另一处评价杨朱、墨翟说，若用同情的了解方法看，"对于为我的杨朱和兼爱的墨翟，我们似乎都应予以相当的谅解和嘉许"，而不应见其不足，而全盘否定，失于"太苛太狭"。[5]

---

[1] 贺麟：《哲学与哲学史论文集》，第125页。
[2] 贺麟：《五十年来的中国哲学》，"《当代中国哲学》原序"，辽宁教育出版社1989年版，第74页。
[3] 贺麟：《五十年来的中国哲学》，第62页。
[4] 贺麟：《文化与人生》，第210—211页。
[5] 贺麟：《文化与人生》，第202页。

根据上面材料可以发现，逻辑上说，贺麟的同情的了解方法和科学的客观认识有所不同，但又并不根本对立。同情的了解，实包涵了客观认识在内，是科学认识加上主体的理想追求、价值选择的辩证统一。同情的了解方法，从内容看，第一，有价值选择，是出发点；第二，有客观的科学认识，这是必经环节；第三，有价值评价，这是主体需要的满足。所以，表现于外，同情的了解，在科学研究的基础上，还要求认知主体对认知对象带有"温情"与"敬意"。① 总而言之，同情的了解方法，要求我们认识事物，要全面深刻，实事求是；批评对象，善意嘉许，重其长处，发展地看，重其未来，"乐道人之善"，在真与善、主与客的有机统一中看问题。"谅解"其不足，"嘉许"其长处，着重发挥其优点、积极部分，让对象自己发言，自己展示风采，自己暴露不足，从而扬弃自我，向理想迈去。

同情的了解方法，也可以用"述而不作、译而不作"② 态度来体现。述译学者思想，就是要"站在这一家的立场，把他的思想用同情的态度重想一遍"，抓住其真实面貌，然后"不增不减地"③ 如实描述出来。认识对象之所以能实现自我扬弃、自我进展，有赖于认识主体的"同情"态度和全面把握其本质，即运用同情的了解方法；认识主体之所以能够同情的了解对象，实因为认识主体并不是心理的经验的主体，而是逻辑主体。因此，认识对象之能进展，有活力，有理想，实根源于主体的认识和建立功能的发挥。从这一点上说，贺麟的同情的了解，只是逻辑主体的自我同情，自我了解。

归纳起来，在贺麟看来，同情的了解方法可以这样描述。

其一，虚心：抛弃主观成见，忘怀自我。切忌心浮气躁，欲速助长。故虚心非消除"先见"，使人心成为"白板"，相反，正是要先立大本、树大志，去除小我之私，使吾心即是宇宙，宇宙即是吾心，卓然自立，自作主宰，尔后虚心，才有可能。

其二，投入：设身处地，投入认识对象之中，深入文化的内在本质

---

① 参见钱穆《国史大纲》上册，《凡读本书请先具下列诸信念》，商务印书馆1994年版。
② 贺麟：《哲学与哲学史论文集》，第417页。
③ 参见冯友兰《四十年的回顾》，科学出版社1959年版，第27页。

或命脉,沉潜浸润其中,而不从外表去作粗疏的描写与概观。

其三,共变:投入认识对象之中,与物共变。用一番心情,费一番神思,以审美、艺术的态度,切己体察,优游玩索,神游冥想,虚心涵泳,领会欣赏其意义与价值。结果,认识主体将感觉到认识对象之可乐、可好、可爱。

其四,超出:理会反省结果,取精用宏,含英咀华,得其真意,同时也得以发挥自己的心得;如是循序渐进,一旦豁然贯通,终于觉悟:理不在心外,实本心自具,本性自足,"不假外求",从而实现自觉、自主和自由。①

可见,同情的了解方法,既是认识方法,又是"涵养工夫",是知行合一②、主客合一之法。从主客合一说,在"虚心""投入"阶段,逻辑主体把认识对象"接受在自身之内",从而扬弃了自己"片面的主观性","把那真实有效的客观性,用来充实自身内容";而在"共变"和"超出"阶段,则逻辑主体又扬弃了认识对象的片面的客观性,把认识对象"当做假象",当作一堆偶然的事实和虚幻的形态,并凭借主体的能动力量,去规定认识对象,使它符合主体的要求。这样,在同情的了解过程中,主体和客体"互为凭借,互为扬弃",从而达到主客统一。贺麟说,扬弃主观片面性,表明了认识真理活动的本身;扬弃客观的片面性,则是"意识实现的本能,代表理念的实践活动"③。列宁在《哲学笔记》中曾对此予以赞扬,说"非常之好"④。同情的了解法中,实包含了合理内核在。

在现代中国学术史上,同情的了解是一种有较大影响的方法。据笔者所见,把同情的了解当作方法,最早似乎是陈寅恪先生。陈寅恪在冯友兰著的《中国哲学史》审查报告中,提出要用同情的了解方法研究历史,并初步揭示这一方法的特征如"设身处地",深入其中,体会古人真意,把握历史本来面目。在陈寅恪那里,同情的了解还只是历史研究方

---

① 参见贺麟《文化与人生》,第178、180页;贺麟《黑格尔哲学讲演集》,第198页;贺麟《现代西方哲学讲演集》,第15页。
② 贺麟:《文化与人生》,第260页。
③ 贺麟:《黑格尔哲学讲演集》,第363页。
④ [俄]列宁:《哲学笔记》,人民出版社1957年版,第224页。

法，接近于德国学者狄尔泰的历史诠释学方法。① 以后，熊十力、冯友兰、钱穆、汤用彤诸先生，以迄于现代海外新儒家，均十分重视同情的了解方法，并把它当作自己阐释中国传统文化的基本方法，比如，1958 年，牟宗三等现代新儒家代表学者发表《为中国文化敬告世界人士宣言》，明确提出他们理解中国传统文化的基本态度和方法。他们联名写道：

> 我们可以说，对一切人间的事物，若是根本没有同情与敬意，即根本无真实的了解。……我们要透此表象之后面，则我们必须先能超越我们个人自己之主观的生命心灵，而有一肯定尊重客观的人类生命心灵之敬意。此敬意是一导引我们之智慧的光辉，去照察了

---

① 陈寅恪先生曾说，"所谓真了解者，必神游冥想，与立说之古人处于同一之境界，而对其持论所以不得不如此之苦心，表一种之同情，始能批判其是非得失，而无隔阂肤廓之论"。（参见陈寅恪《金明馆丛稿二编》，上海古籍出版社 1982 年版，第 247 页）其要在于，认识主体对历史对象，要虚心投入，"设身处地"；以艺术家欣赏艺术品的审美眼光，带着温情与敬意，以积极的建设性态度，明了历史对象的本来面目；理解历史对象中蕴含的历史主体"不得不如此"之苦心孤诣，以发掘发挥其根本精神。

何兆武先生敏锐地注意到，陈寅恪先生的历史诠释方法"与德国历史主义如出一辙"，并说，陈为中国现代史学泰斗，又留居德国多年，陈与"德国历史主义"思潮的关系"从未有人研究过"（何兆武：《历史理性批判散论》，湖南教育出版社 1984 年版，第 28 页）。

何先生还指出，所谓"德国历史主义"，乃是指新康德派至迈纳克（F. Meinecke, 1862—1954）的历史主义，而非分析派如波普尔的历史主义。它是 19 世纪浪漫主义的产物，认为真正理解历史必超出单纯的科学因果律，而对前言往事达到一种"同情的掌握"，"对于材料有一种活生生的乐趣"。

德国历史主义思潮或许还可以追溯到黑格尔——按贺麟看，甚至可以追溯到斯宾诺莎；狄尔泰、马克思主义、新黑格尔主义、新康德主义，都和历史主义有千丝万缕的联系，比如，贺麟的同情的了解文化历史的主张就直接渊源于新黑格尔主义，可能也受到狄尔泰"体验"方法的影响，并最终归之于黑格尔的辩证法。令人感兴趣的地方在于，中国现代学术史上，学者们几乎不约而同地谈到"同情的了解"方法，对此，我认为有两个问题值得注意。

第一，"同情的了解"派各自的学术渊源并不相同，对他们的渊源需要进行具体研究。但值得注意的是，除了何先生所谈的"德国历史主义"渊源外，还有其他哪些渊源？除了西方哲学、史学渊源外，有没有中国经典诠释学思想的影响？

第二，"同情的了解"方法的哲学根据是什么？"同情的了解"派都强调这个方法，中国古代史学、近代史学提供运用这个方法所撰述的史学典范著作了吗？这一方法的有效性有史实的根据吗？如果没有，他们一致主张用这个方法的"不得不如此之苦心孤诣"在哪里？除了历史学的意图以外，还有没有文化哲学、人学以至于自然哲学的追求？——这里的人学，指追求真、善、美永恒价值的学问，包括了认识论、伦理学、宗教学、美学等在内。

解其他生命心灵之内部之一引线。只有此引线而无智慧之运用，以从事研究，固然无了解。但是莫有此敬意为引线，则我们将对此呈现于感觉界之诸表象，只凭我们在主观上之习惯的成见，加以解释，以至凭任意联想的偶发的奇想，加以解释。这就必然产生无数的误解，而不能成就客观的了解。要成就此客观的了解，则必须以我们对所欲了解者的敬意，导其先路。敬意向前伸展增加一分，智慧的运用，亦随之增加一分，了解亦随之增加一分。敬意之伸展在什么地方停止，则智慧之运用，亦即呆滞不前。……我们的恳求，只是希望大家推扩自己之当下自觉是活的之一念，而肯定中国之历史文化，亦是连续不断的一活的客观的精神生命之表现；则由此研究所得的结论，将更有其客观的意义。①

牟宗三诸先生所谓温情的敬意的了解，正是同情的了解的另一种说法。这一方法，和梁漱溟的"非静观的态度"② 是一脉相承的，却不能说和陈寅恪的同情的了解法毫无关系。历史研究方法，是文化诠释方法的运用，而文化诠释方法，不仅仅在西方学术史上，而且在中国学术史上也是有悠久渊源的。可以说，中国现代的同情了解方法融会了义理和考据在内，也程度不同地吸收了西方诠释学成果，是对"述而不作"方法的新发展。强调在主客合一、真善合一、知行合一中看世界、评文化，是同情的了解方法的共同特点。但是，贺麟的同情的了解方法又有自己鲜明的特点。

第一，同情了解的对象范围有大小不同，贺麟同情了解的范围广、层次高，不仅是历史，也指文化、自然以至宇宙万物，不仅指中国文化，也包括西方文化，不仅指物质，更包括人生、精神、观念等，可谓无所不包，靡有遗漏。因为它本质上就是逻辑主体借外物以使自己同情的了解自身，是作为本体的逻辑心的运动。所以它有"新心学"的本体论基础。

第二，贺麟的同情的了解，又是他文化精神发现历程的一个环节，

---

① 转引自封祖盛编《当代新儒家》，生活·读书·新知三联书店1989年版，第8—9页。
② 李渊庭整理：《梁漱溟讲孔孟》，中国和平出版社1993年版，第149页。

是本质批评法的中间阶段，是他的辩证法的一部分，因此具有辩证性。

第三，贺麟的同情的了解，又是理解方法的前提，或者说是他的理解方法的一部分，是"新心学"文化诠释的基本方法。按理解的对象的不同层次，贺所谓理解有两种：一是对物的理解，如理解时空、自然、宇宙万物，人生历程等。① 这是主体接受客体，统一于客体的理解，是理解的低级阶段，如虚心投入、设身处地、与物共变等，是这一阶段的特征。理解对象以理智的逻辑和理智的直觉的统一为基础，力图自觉主宰、超越对象。为了区分，我们可以把这种方法称为同情的了解方法。西方诠释学家如狄尔泰的诠释方法，与之相近。贺认为，狄尔泰的诠释方法，是理智的直觉，即体验。体验方法，在狄尔泰那里，既是欣赏文化价值的精神生活，又是体认文化价值、认识真善美，从而形成精神科学的方法。② 二是对天理、本心，上帝的理解③，是客体返回主体，主体统一了客体而实现了回归，是理解的高级阶段。这时，主体的特征表现为经过自觉、主宰、超越而达到心与理一的自由境界。理解对象，即是以理性方法为基础，使对象与自身合一。西方诠释学中，后起的哲学诠释学与之相近。不过，贺麟并不说理解是存在的方式。他的意思大约只是认为理解作为方法，是作为本体的逻辑主体的运动形式，运动历程，即言存在，也只是逻辑主体的存在，离开主体无存在，心外无物，心外无存在；离心言存在，则所谓存在只是漆黑一团的混沌，无意义无价值。可见，贺麟的理解方法，和哲学诠释学理解存在的宗旨根本不同，但双方都对狄尔泰的理解有超越发展。

如上所述，贺麟的同情了解方法，总的说来，就是理解方法，只是一个方法，都以"发现"文化精神为宗旨。但若定要细分，则也未尝不可以说，同情的了解，是理解的中间过程，而理解，则是同情的了解的开始和完成；两种方法，构成两个阶段、三个环节。但贺本人并未作此明白区分。

从中国现代文化史看，文化生活、文化活动是文化哲学产生的基础

---

① 参见贺麟《哲学与哲学史论文集》第167、131、151、153等页。
② 贺麟：《哲学与哲学史论文集》，第197页。
③ 参见贺麟《哲学与哲学史论文集》，第142、197、151等页。

和源泉。同情的了解或者说理解方法，就产生于传统文化现代化和西方文化中国化的历史过程中。所以，谈同情了解文化，不能完全脱离其存在基础和源泉，必须确立文化实践活动的基础性地位和标准性地位。否则，温情或成狂热，敬意变成崇拜，同情也滑向非理性以至反理性，而所谓理智、理性，也将成为各逞私智的主观意见的掩饰，客观的了解将不可能进行。因此，在这里，必须坚持实践标准，历史地、科学地对待传统文化和西方文化。① 这也是对中国近代文化历史的经验总结。

至于"发现"，历史科学也讲发现，但它要求在古代去发现古代的规律，在近代去发现近代规律。所发现的规律，也不是如同贺所谓的文化精神，具有先于且高于具体的历史文化过程的地位，相反，只有先有了历史过程，才会有相应的历史规律、文化精神。文化精神，只存在于具体的文化历史过程中；具体地分析具体的问题，这是历史科学的态度。贺麟要求到古代文化中去发现近代精神，到西方文化中去发现中国精神、民族精神，不是历史科学的态度；同情的了解方法、本质批评法，也不是历史科学研究方法，而是"新心学"哲学指导下的文化哲学追求、文化哲学方法。用他的方法所发现的文化精神，也不是文化历史发展规律，而是包含了历史文化的内在规定性在内，又包含了历史文化主体的"内在尺度"，是主客体在真、善、美统一基础上的统一过程，它是合情合理而又尽善尽美的。

毫无疑问，贺麟的文化哲学是唯心主义的，他的同情了解方法、本质批评法都是唯心方法，是他的心本体的展开。不过，除掉其唯心因素，他的方法中是包含了合理内核的。有了这个方法的连接，遥遥疏远的历史文化，和我们今天的历史生动地、有机地联系在一起，古老的传统文化变得生动活泼、刚健有为，具有了近代、现代气息。传统文化不再是死的文物，而是活的灵魂。贺麟站在哲学高度，追求传统文化现代化的苦心孤诣，值得赞赏；而他的文化哲学所达到的理论深度，在现代也十分突出，值得特别重视。他到古代去发现"近代精神"，多有足以启发我们思考处。因为文化正是在历史过程中一点一滴积累起来的。现代文化是古代文化的继承发展，"近代精神"也不能完全脱离古代精神而突然生

---

① 参见张岂之《科学地对待传统文化》，《求是》1995 年第 11 期。

长出来,中华民族精神也是在中外文化相互影响中逐渐形成的,也不能从外面全盘引入。"近代精神"是古代精神的源泉一滴滴积聚起来的长河,民族精神也是外来文化精神逐渐影响、交融而形成的。正如一位老年学者多在青年时就立定了规模气象一样,"近代精神"在古代也已预先打下了格印,铸造了规范,具有了特色,"先立了大本",外来文化只是充实其内容,坚定其理想,为其所利用而已。古代精神,是"近代精神"的青年时代。到古代文化中,确实能客观地发现"近代精神"的许多内容。因为无论是古代文化还是现代文化以及"近代精神",民族精神,都是历史的主体所创造出来的东西,是人在创造性实践活动中展示出来的东西,是人所固有的内在本质,通过实践活动,而被对象化了,以至于显得是外在于人的对立物;人们在实践中去发现文化精神,不论时间的古与今,还是空间的中与西,都有其共同性,即都是人的自我发现。人对自我发现多少便相应获得多少自由;而人的本质在历史过程中愈益趋向于统一。人愈益逼近自由,则人的本质便愈益实现,人愈益成为统一的人。这时说他是超时空的也未尝不可。总之,离开自我,没有人这个主体,文化哲学方法将不可能。具有鲜明的主体性,也是贺麟文化哲学方法的特征。这一点也启示我们,在具体问题具体分析的科学态度、科学方法的基础上,努力弘扬人的主体性,强调方法论中的主体地位,追求人性一以贯之的实现,也仍然是后来人的努力方向。

三 文化比较方法

贺麟的文化本质批评,本质上是逻辑主体的自我批评;文化精神的"发现",本质上是逻辑主体的自我发现。发现和批评,在古今文化、中西文化之间,不是以传统文化批评、发现现代文化,也不是以现代文化去批评、发现传统文化;不是以中国文化去批评、发现西方文化,也不是以西方文化来批评、发现中国文化。古今中西之间的文化关系,不是谁吃掉谁,谁主谁次,谁优谁劣,谁体谁用的关系。在贺看来,在它们之间作比较研究,非常必要而且重要,但若仅仅停留于理智的、外在的比较中,将不能发现古今中西文化所共具的文化根本精神。

文化比较方法,决定于比较方法本身的内在规定性。贺麟分析说,在黑格尔那里，比较方法有两种。一是"外表的比较"；二是内在的比较。

比较方法的基础是事物之间的差异。黑格尔认为，差异的第一个阶段是"直接的异"，即殊异、差异、杂多，这些都是偶然的异。这时，许多不同的事物各自独立，互不发生影响，彼此关系是外在的。外在关系中的事物，要向前进展，达到内在关系，即差异由外在总要上升到内在。内在的差异，就是自己和自己相异，即自我矛盾。贺麟说，"我们从相异出发，提出了比较方法，即是把杂多的东西，通过比较研究其相似点与相异点，就提出比较方法来了"。关于比较方法在方法论中的地位，黑格尔站在辩证法的角度，进行批评，说它在解剖学、语言学等具体科学方面，是有效的，而且也取得了相当大的成就。因为，我们要认识事物，必需的一步，是用理智去分析、归纳出事物的性质，别殊异，划界限，寻找其互不相同的内在规定性。但由于理智思维具有孤立性、片面性、静止性、抽象性的特点，所以，理智的比较方法还不能有联系地、全面地、具体地在运动中看事物，不能把握住事物的内在本质。在这时来比较事物的异同，就只能是外表的比较，"不能满足概念式的辩证思维的需要，仅是辩证法的预备工作"[1]，因此，也"不能予吾人以根本满足"[2]，这就必然上升到内在的比较。

内在的比较，是全面发展具体的本质的比较。认识事物，如在求事物与事物之间的共同点，乃是在不同的事物中求之，如在事物间求不同点，则必在事物之共同的背景、联系、理想、标准中求之。简言之，内在的比较，是在同中求异，异中求同。离开同或异的共同的背景，单纯地求异求同，就成了外在的比较，运用于认识事物，将流于牵强附会，随意拉扯，不能认识事物的本质。这样认识的同只是"抽象的同"，这样获得的异只是"杂多的罗列的异"。所以，"只有在相异的前提下比较相同才有意义"，也只有在相同的背景下比较相异才有价值。真正的比较，就是寻求同中之异，异中之同。同中求异，是在相同背景下寻找"本质

---

[1] 贺麟：《黑格尔哲学讲演集》，第313页。
[2] 贺麟：《黑格尔哲学讲演集》，第171页。

的异"；异中求同，则是在不同之中求其"内在的本质的统一"①。这样求得的异，只是自己和自己不同；这样求得的同，也只是自己和自己不异。

不用说，内在比较和外表比较有机统一，共同构成比较方法的不同环节。外表的比较，是内在的比较如哲学比较的必要前提、准备；内在比较一方面是外表比较的本质、根源、出发点；另一方面也是外表比较自我扬弃的升华、发展、归宿。外表比较，还不是真正的成熟的比较，它只是比较方法的一个部分、阶段；内在比较才是真正的比较，它克服了外表比较的不足，超越并包含了外表比较的成绩。

根据上述比较方法论，贺麟反对对中西古今文化只进行外表比较，主张进行内在比较，以认识文化的本质，得其"体用之全"。他说，单纯的外表比较中西文化的异同优劣，必然流于"附会比拟之谈"，"缺乏学术价值"。在中国近代文化史上，特别在五四新文化运动时期，学人们多做中西文化的比较工作，以明其异同优劣。贺认为这种比较工作，"基于经验的观察"，在当时"颇合潮流需要"②，自有其必要性和重要性。但到20世纪三四十年代，历史已发展，这种外表比较工作，"现在亦已成为过去了"。"因为文化乃道、精神之显现。可以说是形而下的价值物。形下事物间的关系，可以说是毕同毕异，而无有绝对的异同。若执着文化间的异同，认为绝对，则陷于武断。"③ 文化间的异，有其同作背景；文化间的同，又有其异作前提。只见表面异同，而看不见异同背后的同异，不能见到文化本质，则其结论自然"陷于武断"。

因此，贺认为，五四运动以后数十年，时势变迁，要求"由文化迹象异同的观察辨别，进而要求一深彻系统的文化哲学。无文化哲学作指针，而漫作无穷的异同之辨，殊属劳而无功"。这种文化哲学，要求比较文化，是内在的本质的比较，"深入其中，直探本真"④，"直接探求有普遍性永恒性的理则，毋庸斤斤计较于文化事物的异同"⑤，在文化之同中

---

① 贺麟：《黑格尔哲学讲演集》，第313页。
② 贺麟：《哲学与哲学史论文集》，第419页。
③ 贺麟：《哲学与哲学史论文集》，第353页。
④ 贺麟：《哲学与哲学史论文集》，第419页。
⑤ 贺麟：《哲学与哲学史论文集》，第353页。

求其本质之异,在文化之异中求本质之同。而同与异则是对立地统一在一起,异是同的表现、现实,同是异的本质、理想。文化之同,即文化精神,即逻辑主体,普天之下唯一永恒的本体;凡文化之异、自然之异等皆逻辑主体在不同阶段的表现。比较的宗旨,根本在于从现实表现的异中,求理想本质的同。而比较方法,则正是逻辑主体在从同外化为异,又从异回归到同的过程中,实现自我价值的历程的"有机节奏"的概括。所以,文化的比较根本上只是自我比较,是自我认识的一部分、一阶段。具体地说,文化比较方法,在"新心学"那里,就是"同情的了解"方法,文化本质批评法的具体运用。

内在的本质的比较,要求对待古今中西文化,要"以精神或理性为体,而以古今中外的文化为用"。精神,即文化精神,是文化的本质;理性,即真理性,既是本体,又是主体。二者都是指逻辑主体。所以,贺麟解释说,"以自由自主的精神或理性为主体,去吸收融化,超出扬弃那外来的文化和已往的文化。尽量取精用宏,含英咀华,不仅要承受中国文化的遗产,且须承受西洋文化的遗产,使之内在化,变成自己活动的产业。……须视之为发挥自己的精神,扩充自己的理性的材料。……我们只需虚怀接受西方的遗产,以充实我们精神的食粮,而深彻地去理会其体用之全,以成就自己有体有用之学"①,在认识上实现真正的自我理解。

这种有体有用之学,就是文化哲学。文化批评必然进展到文化哲学阶段,才能实现本质批评。贺麟说,"我们不能老滞留在文化批评的阶段,应力求浸润钻研,神游冥想于中西某部门的宝藏里,并进而达到文化哲学的堂奥"。在文化哲学指导下,进行文化批评、文化比较,则"有哲学的指针和亲切的内容,且可不烦支离比附,而自能见其异中之同和同中之异,知所选择去取,且能不期然而达到融会贯通之境"②,建筑起新的"有体有用"的文化哲学。其中,既有高远的识度,本质的批评,而不空洞抽象,又有亲切丰富的内容,有现象的研究,是本质和现象、体和用相互合一的辩证洞观。比较方法,正是这种辩证洞观的另一种

---

① 贺麟:《哲学与哲学史论文集》,第353页。
② 贺麟:《哲学与哲学史论文集》,第420页。

说法。

伴随内在的比较方法，贺麟主张对古今中西一切文化，甚至一切事物，采取"承受"态度。承受，也叫"虚怀接受"。它和我们通常所说的批判继承或批判吸收显然不同。

其一，继承是科学批判基础上的理智选择行为，继承是批判的结果、检验和起点。而"承受"却是理性的态度，是扬弃了知性的不足而统一到主体"内在尺度"以后所确立的理性人生态度，它是科学性和人性的统一。在"承受"时，科学的批判就是本质的批评，而本质的批评就是"承受"。可见，"承受"是在知识与价值、知与行的统一，以及批判和继承的统一基础上的主体的知行状态。

其二，继承的对象是经过科学批判后分辨出来的"精华"，而抛弃了"糟粕"。在操作上，将在具体的文化之间及其内部，做出"精华"和"糟粕"的划分工作。所以，更具体地说，继承，是继承被判为"精华"的文化物，而其反面，则是抛弃被判为"糟粕"的文化物。但由于这种判断是历史的，所以继承和抛弃也必然具有历史性。文化财富就这样在或"精华"或"糟粕"，或被继承或被抛弃的切割下，被动地支离破碎地堆放在历史长河里，就像百货商店的商品，任人品评挑选，或弃或取，也像博物馆的文物，只是死的无生命的东西，是否去参观欣赏，明其价值意义，与日常生活关系不大。因此，继承就特别强调要历史地科学地对待文化。继承，只是历史过程的表现。但"承受"的对象，却是在科学认识和价值评判统一基础上所把握的文化本质，即文化精神。它内在于各种文化之中，不在文化外；它有先天性、永恒性，也不发展变化，圆满自足。"承受"，只是越来越接近它而已。所以，"承受"的态度，就是不管什么文化，只是沉浸其中，同情的了解其根本精神，体验领会，从而充实自我，而不只是从实用角度利用而已。文化历史进程，则只是逻辑主体自我"承受"的表现。

其三，继承的最高标准是科学，可以说是强调善、美统一于真。而承受，最高的标准是逻辑主体，是人的主体性、人的本质，另外也可说是"理"，是真、善、美的统一。所以，"承受"的最高标准是心即理也的逻辑心。前者平实显豁明白，后者则高深玄妙隐秘。

其四，仅就方法本身说，继承，是科学批判的结果，是科学认识的进一步展开，在实践领域中展开。科学批判的真理性，在一定程度上也取决于继承活动的进行，有待于它来展示和检验。单就批判继承说，似乎批判是第一阶段，主体在"白板"状态下批判文化，而继承是第二阶段。但据哲学诠释学发现，不论是科学研究，还是哲学研究，认识主体在认识前不可能保持到空无所有的"白板"状态，必有"先见"存在。"先见"，既可说是头脑中已有理论、经验的积累，也可说是原有实践活动、本能习惯。客观的认识成果，主体的价值理想，都是"先见"的表现。"先见"说的积极意义在于，从文化哲学角度看，它不仅为使文化的传承落实在具体的每个人的认识活动中提供了理论依据，也使批判继承的过程，变成了"先见"产生、检验、修正的过程。也就是说，在批判之前，必先有所继承，继承才是批判继承的真正出发点；而批判只是批判继承的中间环节，它又必然上升或者回归到继承中。这足以表明，仅仅强调批判环节中的科学性、历史性，对于完成批判继承文化的历史任务是远远不够的，还必须考虑两个继承环节和批判的关系，考虑批判的科学性、历史性和两个阶段继承特征的转换的关系。而贺麟的"承受"，正是新心学比较方法的第一步。所"承受"的文化精神，还不够具体，还要经过检验、修正，在实践活动的基础上，在逻辑的规范内，向具体的真理迈进。这样看来，在诠释学的"先见"论介绍下，"承受"说和批判继承说，是可以相互交流讨论的。

所谓"承受"，具体说即是"吸收融化，超出扬弃"。在另一处，贺麟将它分为"把握、吸收、融会、转化"[①] 四阶段。"把握"是通过同情的了解以实现对本质的发现，即理解。这种把握，是逻辑主体的自我把握，而不是科学的认识，但又包含了科学的认识在内。

吸收，当然是主体的吸收，外化物向主体回归。它表现为一种文化向另外一种文化学习，引入自己所缺乏但对方又具有的文化部分。这是常识上的理解。贺麟所说的吸收，是对文化精神的体验和承受。他提出，了解一种文化，必须得其体用之全。作为具体的优秀文化部分，只是用，不是体，而被判为文化的糟粕部分，也不是体，只是用。这些部分之优秀之理，之糟粕之理，才是其体。学习一种文化，除了必须认识其本质、

---

① 贺麟：《文化与人生》，第6页。

优劣、精华糟粕以外,更要了解其之所以如此的更深刻的原因,了解其所当如此的未来的理想,这就是文化精神。只有把西方文化的基本精神认识了,才能学习到真正的西方文化,吸收西方文化的精华,而且抛弃其糟粕。

另外,文化、文化精神,从根本上说只是人的本质的对象化,作为客体,根本上只是主体的外在化。所以文化精神不在主体外,而在主体中。因此,了解文化的基本精神,一方面固然要了解其体用之全;另一方面又必须"自己卓然有以自立",张扬自己的民族个性,振奋自己民族精神,自主自立,然后去"虚怀求友以赞助自己","在异国异代去求友声,寻知己,去找先得我心,精神上与我契合者而研究之,表扬之,绍述之而已"[①]。吸收,实即主体先立大本,而后引外在文化来"赞助"自己而已。

所谓融会,也叫融化、融合,是逻辑主体对自我吸收的成果的总结。把从传统文化中吸收的文化精神和从西方文化中吸收的文化精神融聚一处,根据合情合理而又符合时代的原则整理成一个系统,使它成为主体内在有机组成部分,从而实现充实主体自身的追求。所以,它把主体作为核心、生命线,而不是离开主体的融会;不是离开主体以求把各文化之优点长处拼凑在一起,希望形成一个完全纯粹"精华"的文化,这是典型的、形而上学的幻想,主观的、形式的美好愿望。如果奠定以主体辩证的历程,这个美好愿望是能够实现的。不过,这时它已前进到贺麟的融会阶段了。贺的融会,不是文化之间的机械相加,也不是主体的理智的夸大,而是文化精神之间的交契,主体和文化精神的交融。因此,文化融会完成的标志不在外而在内,不在客而在主,不在于新文化的诞生,而在于主体对文化精神心领神会,获得新的觉悟,对自由的新的接近。

而所谓转化,其本质就是"超出扬弃"。它不只是形式的转化,而且是包含了形式的内容的转化。形式的转化,指一种文化被人抽象地比附为等同于或渊源于另一种文化,但又指不出这种等同、渊源的发展的证据,或主观地将两种以上的文化内容,杂糅到一块,拼凑成另一种文化。

[①] 贺麟:《文化与人生》,第229页。

离开辩证发展的转化，缺乏具体内容的进展，是形式的外在的转化，不是主体的内在的转化。内在的转化就是"超出扬弃"。它可以理解为是对外在转化的"超出扬弃"，这时是由外到内的进展。主体向自由进展，则所存者神，所过者化，主体对象化的文化也必发生质的转化——进化或飞跃。转化，也可以理解成不同文化间的转化，转化结果，形成新文化。新文化从原有文化之相互影响的历程中产生出来，是原有文化的自我扬弃和自我超越。新文化的产生，是文化转化完成的标志。

譬如，在近代中国，传统文化和现代文化有相互转化的关系。一方面，传统文化要向现代文化转化，即现代化；另一方面，现代文化又要向传统文化转化，即传统化。现代化和传统化统一起来，就形成传统和现代相结合的新文化。此新文化既是传统文化的自我扬弃、自我超越，走向新生，又是现代文化自我扬弃、自我超越，向前进展。新文化一诞生，传统文化和现代文化的相互转化就完成了。根本上说，这一转化之能完成，还是主体努力的结果，是逻辑主体的自我转化，既可以看成是回归，也可以说是新的外化。因此，转化双方不能分割。只有传统化而无现代化，将成为片面的复古主义、保守主义。但若只有现代化而无传统化相伴随，则所谓现代化也将成为无本之木、无源之水。或者口头上承认二者的统一，但实际上没有辩证法作基础，没有逻辑主体作主宰，则也几乎是在传统与现代之间筑起一道不能逾越的无形的墙，这些都不是真正的转化。

中国文化和西方文化的相互转化关系也是这样。中国文化要向西方文化转化，此即所谓"西化"，西方文化又要向中国文化转化，贺麟称之为"化西""中国化"。① 西化、化西相统一，也产生一新文化。它是中国文化和西方文化各自自我扬弃超越的结果，各自都向理想目标迈进了一步，各自都进一步实现了自己的价值。而从文化的本质上说，新文化，乃是逻辑主体的新外化或新回归，从新外化说，逻辑主体更加丰富具体、生机勃勃；从新回归言，逻辑主体愈益明朗显豁、自我展示。所以，化西、西化也是有机统一的，统一于逻辑主体的辩证进展中。从中华民族说，中华文化的西化和化西则统一于中华民族主体的辩证法中，统一在

---

① 贺麟：《哲学与哲学史论文集》，第 352 页。

化西主导、克服、超越、包括西化的斗争和统一中。只有西化，而无化西，则主体丧失，是片面的全盘西化；但只有化西而无西化，则主体空洞抽象，而所谓化西也不可能，表现于外，即是闭关锁国。全盘西化或闭关锁国的认识根源之一，即在于片面抽象静止孤立诸性质，于中西文化之间人为挖掘了一条不可跨越的鸿沟。这不是辩证的转化。

第八章

人学思想

中国传统儒学，是着重讲内圣外王，讲个人如何提高内在修养，从而使社会向天下大治的理想迈进的学问。所以人的问题是它关注的中心。从这个角度看，可以说儒学即人学，是关于人的本质、人与自然关系、人与人关系、人的理想及其实现等问题的学问。[①] 儒学的核心部分是人学。从人学角度看儒学，将加深对儒学的认识。而传统儒学的产生形成、发展演变以至于它的现代化，都有赖于它对人的问题的关注，有赖于它的人学内容的形成和更新。中国现代新儒学，也紧紧抓住人的问题来论述中国的现代化，讨论中西文化交流，建立自己的学术思想体系，所以才被称为传统儒学在近代的"新开展"。不过，就每一位新儒学学者来看，由于各自的世界观、方法论的不同，人学思想也各有特色。贺麟的人学思想，是他"新心学"思想体系中的一部分，以对人的自由、人的理想的论述为中心，兼及人与自然、人与人的关系，鲜明地表现出理想主义特色。

传统儒学，作为中国传统文化的重要组成部分，它要实现现代化的理论和现实的根据何在、路径如何，标准是什么，以及怎样处理好儒学与西学的关系等，对于贺麟来说，都是很迫切的重要问题。贺麟比较早地从文化哲学角度，对之作了较全面的论述，形成他的新儒学思想。人学思想，也是他新儒学思想的中心部分。他的"新心学"学术思想体系，也就是他的新儒学思想体系。在现代新儒家中，贺麟是新心学的代表。而就整个现代儒学的历史看，他第一个自觉而明确地吹响了"儒家思想

[①] 参见张岂之《儒学·理学·实学·新学》，陕西人民出版社1991年版。

的新开展"的进军号角,这也使他成为高举现代新儒学旗帜的旗手。我们现在研究现代新儒学,不能抛开贺麟"新心学"不管。从人学思想角度观察贺的新儒学思想的特征,是一条重要途径。

贺麟的人学思想,是古今中西人学思想融会贯通的产物。它以中国传统人学精神为主体,在传统人学重视人与人关系的基础上,努力吸收西方人学重视人与物、人与天的关系的内容,力图把中国传统儒学"知人"的道德和西学中"知物"的科学和"知天"的宗教有机结合起来,使古今中西人学思想打成一片,建立了自己有远大理想、有辩证方法、有崇高主体性的理想主义人学理论。

一 意志自由

意志自由,几乎可以说纯粹是西方哲学的问题。文艺复兴以来,争取自由成为历史的主旋律。贺麟认为,西方近代史上的德国宗教改革、法国革命、美国独立战争和南北战争等,不论经济背景如何,"总以争自由为目标"。争自由,就是要把人"从教权与君权里解放出来"[1],使现实的人成为独立自主、个性张扬的人。所以,意志自由最足以代表近代精神,它在近代西方哲学历史上占有十分重要的地位。

譬如,知识论在近代西方哲学中地位很重要,但研究知识论,又不能不研究意志自由问题。贺麟说,许多哲学家之所以要批评研究知识问题,"其目的也就在为意志的自由预留地步"。因为自伽利略、牛顿以来,科学的新知识骤然膨胀,引起人们广泛关注。一些哲学家起而追问知识能够成立的道理,追问知识何以可能,希望为科学知识奠定形而上学的基础。于是,康德得出了答案——因为人有先天感性形式、知性范畴和理性观念,所以知识可能。另外,由于近代历史上争自由运动蓬勃兴起,也引起一些哲学家去追问政治自由何以可能的道理,进而为之奠定形而上学基础。结果,还是康德得出答案,因为人有先天的意志自由,所以,道德自由可能;因为道德自由可能,所以政治自由也可能。这样,知的方面形成足以代表近代精神的知识论,行的方面也形成了足以代表近代

---

[1] 贺麟:《哲学与哲学史论文集》,第311页。

争自由的精神的自由意志论。

所以，在贺麟看来，意志自由具有层次性。政治自由必须以道德自由作基础，而道德自由又必须有形而上学的基础。他说，"道德自由，是政治自由的根本，而政治自由，可以说是道德自由的组织与实现。政治自由，是向外去奋斗争夺而得，道德自由便出于内心的学养与自主"。一个社会，有政治自由的公民多，则有道德自由的人亦必多；反之，有道德自由的个人多，则有政治自由的公民亦随之多。如果仅仅看事实，道德自由和政治自由也有不完全一致的地方；但若更就价值而论，"道德自由比政治的自由较根本、较重要"。外在的自由权利必须建筑在内在的自由的素养和境界基础上，内在的自由素养和境界，又必须建立在逻辑严密的形而上学基础上。所以，道德自由，又有其"形而上学的基础"①。

没有道德自由作基础，政治自由容易"流入蔑视法律纲纪的无政府主义和浅薄的理智主义与狭义的个人主义"，不是真正的政治自由；如果没有形而上学作基础，则所谓道德自由也容易"成为反科学反理性的神秘主义"②，不能成为真正的道德自由。这样，政治自由，必须上升到道德自由的高度，才有真正实现的可能。近代争自由运动，不仅要使人从君权、教权下解放出来，更要从物欲、情欲的桎梏下解放出来，达到与天、与真理合一的最高境界。所以，道德自由又必须进展到形而上的自由——包含了必然的绝对自由，才能真正实现自己的价值。这样，在贺麟那里，所谓自由，既是理想，又是达到理想、争取自由的历程。作为理想，指"心与理一"的境界，是"逻辑心即理"的实现；作为历程，是逻辑主体外化而后回归的过程，包括了政治自由向道德自由再向形而上自由的辩证进展。有理想，又有方法、过程，两者有机统一，正是贺麟自由观的特点。

在贺麟看来，自由，是主体哲学的概念，是人学核心范畴。他认为，自由，就是自己决定自己。自己，指主体自身、人自身。人自身总和他人相对待、和世界也和自己相对待；主体也总和客体相对待、和主体自身相对待。因此，根据主体自身、人自身水平高低之不同，与他们相对

---

① 贺麟：《哲学与哲学史论文集》，第312页。
② 贺麟：《哲学与哲学史论文集》，第313页。

待的客体、他人、世界层次之不同，所处的主客体关系层次的不同，主体获得的自由也就不同。总的看来，主体的自由，可以划分为高低不同的三个层次：

第一，形上自由：是主体、人的绝对自由。"逻辑心即理也"，是对形上自由的描述。从心所欲，而不逾矩，是古人对它的体会。内外必然性皆被主体全面认识和掌握，成为主体的本质；必然性渗入主体的理性和感性层次，积聚发挥成为主体自身的本能习惯、言行方式，融为主体自身的血肉和骨髓。形上自由，是意志自由的彻底全面的实现，在逻辑上，它也是意志自由的基础和本质。形上自由，是主体追求的最高境界，是主体本质的真正实现。

第二，意志自由：包括认识自由道德自由审美自由。它们分别为认识论、伦理学、美学的主体论所探讨。意志自由的含义，可以概括为，它是对内外必然性的本然性、目的性、创造性的理性掌握和感性表达。在意志自由里，必然作为客体，还处于和主体相对待的地位。但主体也已自觉到自己有理想、有动力而且有能力去建立和认识必然，去主导、超越和包容必然。必然既与主体相对待，那么，必然对主体有限制、有压迫。限制和压迫，可称为强制。主体一旦自觉了这种强制，它就会做出努力，一方面"反抗"强制；另一方面又把这种强制中包含的必然性纳入自身，使之成为自己对自己的强制，从而获得自由。

可见，意志自由，乃是主体在知行活动中，在和必然性相对待中，努力吸收必然的长处以充实自己，从而提高自身的素质的修养过程、发展过程。在这一过程中，既有主体精神的修养、内在觉悟的提高，也有身体的活动、行为习惯的养成。意志自由，既是形上自由的表现和实现，也是主体达到形上自由必须经历的阶段。另外，意志自由还是社会自由的基础和本质。贺论意志自由，着重论道德自由。

第三，社会自由：它包括政治自由、经济自由、劳动自由、教育自由、学术自由、新闻自由、出版自由等，是形上自由、意志自由在社会各领域的全面落实和实现。规范、制度、权威、权力等必然性因素，是对社会主体的强制。主体不甘于被强制，它要反抗之、遵循之、改进之、建立之，使之理想化，使其不成为对主体的必然性强制，而成为社会主体自己对自己的强制，从而解除强制，实现自由。社会主体自身的努力，在根本上是使自己实现意志自由的过程,只有实现了意志自由,社会自由才可能完全实现。

在现实中,特别是近代以来,社会主体的这一努力,又发展到通过外在社会规范、制度等表现出来,这就是自由权利。自由权利乃是自由意志和社会制度规范的统一,是实现在社会制度、社会规范中的自由意志。另外,自由权利又被落实在每一个人身上,成为主体实现了的自由意志。主体争取、获得和运用自由权利的过程,和主体进行内在修养,实现意志自由的过程,是相互促进、相互统一的。但是,在两者的统一体中,意志自由占据了更基本的地位。因为,每个个体主体的自由权利能不能真正获得,获得以后能不能合理、合情、合时代的运用,使自由权利成为不损害他人自由权利的自由权利,成为推进自己意志自由的实现的自由权利,都端赖每个个体主体的意志自由程度的高低。

个人的自由,必须建立在他人的自由的基础上,民族、国家的自由,也必须建立在其他民族、其他国家的自由的基础上;反之亦然。而所有国家、民族以至全人类的自由,则以生动活泼、健康和谐的每一个人的意志自由为前提。所以,个人自由,总要追求和社会自由相统一,这是一个长期的过程。这一过程,实际上也是社会自由向意志自由、形上自由的进展的过程,而且,它也是主体建立、认识客体,主导超越包容客体的对立统一过程。可见,贺麟的自由观,乃是他的主体哲学的运用。

中国传统儒学,也涉及道德自由问题,但谈得笼统。强调道德是政治的基础,但不大讲自由问题,也不大讲道德的形而上学基础问题。在贺麟看来,这是一个不足。谈人必须谈物论天,看人的自由也必须有形而上学作基础。中国传统儒学没有受过近代争自由精神的洗礼,形而上学基础也不严密系统。所以意志自由问题,在传统儒学那里,始终没有清楚明白而有系统地揭示出来,显得成了一块空白。但追求意志自由,实乃人的本性的表现,中国人、西洋人并无不同。所以到近代,特别是新文化运动以来,中国"也走上西洋近代争自由的大道,而其猛烈的程度,与所争的自由的各方面,和牺牲之大,代价之高,比起开明时代的西洋来,实有过而无不及"[①]。因此,意志自由,又不仅仅是西方哲学的

[①] 贺麟:《哲学与哲学史论文集》,第312页。

问题，中国哲学必须研究它，吸收融会西方哲学中有关理论，建立中国的意志自由理论。

强调意志自由问题的民族主体性，也是贺麟自由观的特色。在他看来，自由的争取是一个历史过程。它"不是抄袭模仿可得，亦非徒虚骄咆哮所能收功"。自由不能引进，照抄照搬。自由，要在自己的文化土壤中成长壮大，必须是自己内心学养的自然流露。中国的意志自由论必须揭橥到中国传统文化的大树上，而最根本的则在于主体性的弘扬，中国人的主体性的弘扬。主体性，是自由的内在基础和基本内容；自由，则是主体性的实现。

据此，贺麟认为，所谓意志自由，乃是关于"全人格的问题"。用几何学方法、实验方法所得出的关于人的行为的定律，只是"部分的抽象的科学定律"，不能支配全人格的道德活动。内在的意志自由，必须凭借自己"直觉内省"，或者是知己朋友以"同情态度来了解他、体贴他"，才能知其大概。仅仅用理智从外面去分析研究意志自由，便如医生之量体温，是量不出人的内心思想境界的。一个人，只要他"自己觉得潇洒超脱、雍容自在，做起事来心安理得，无愧无怍，那么，他的意志就算自由"。当然可以用科学去研究他的一言一行，发现他的言行都有原因，可用机械定律来解释；但因果必然性，并不只是和自由对立，它也是人类到达自由所必经的阶段，又是人类"道德努力的收获"，是自由的一个环节。"诗人的超世俗、游物外"，感觉到万物莫不各遂其性，各乐其生，如庄子濠上观鱼而知鱼乐，周茂叔觉得庭前春草生意一般，程明道以"万物静观皆自得"咏叹一花一草，欣欣向荣等，皆是"人与物生而共有"的自由的表现。这种生而共有，人物俱具的自由，没有经过人世的奋斗努力、困心衡虑的过程，并不是为人所特有的"经自觉的奋斗"而获得的道德自由。贺麟说，道德自由"乃是出发于内心的深处，及性格的发展，是自觉的、理性的、自主的努力争得的成绩，而不是盲目的、偶然的外界赐与的恩惠"。争取自由的历程，包含了因果必然性的科学环节，也包含了同情的了解在内。必然和自由，并不截然对立，根本上是辩证统一的。"科学定律欠准确，科学方法欠周密"，"不能反证道德上意志的自由"；而"偶然、反常、失性、发疯，绝对不可知，只是证知识之缺陷，不足以证意志自由"①。

另外，对必然性的认识而不内在化，或者说认识的只是外在的必然，而不是内在的自性的必然，便似一个人只处在奋斗努力的过程中而无结果，总在困心衡虑之境而无超脱，则所谓道德自由也将半途而废。缺乏形而上学基础，没有对永恒绝对的理想的向往憧憬，只有对现实外在环境形势的屈从，只有对形而下事物的狭隘认识，则"无异于根本否认意志自由"②。在主体的努力下，空洞抽象的自由将被必然所否定，而必然又将上升到新的自由境界。

从上述可见，在贺麟那里，根本上说，有两种意志自由。一是"随人格以俱来，是一个普遍的事实"。这是意志自由的第一个阶段。这时，自由具有先天性。只要是人，有人格，他就有意志自由。他要对自己的言行负道德责任，也要求别人对其言行负道德责任。因为只要是人，他就有道德意识，有良知，知善好恶坏，"是非之心，人皆有之"；其次，只要是人，他就要承认他是他自己言行的主动者；再次只要是人，他便有人格，需要别人尊重他的人格，他自己也必须尊重自己的人格，自愿对自己的言行负道德责任。所以只要是人，他的意志就是自由的。诗人艺术家将这种"人与物共生"的意志自由发挥出来，就成为朴素的初级的自由观。康德在《判断力批判》中也说，"从先天的原则看来，每一有组织之物都可说有其内在的目的，与人造的机器不同"。这一阶段的自由，也可说是先天自由。

二是意志自由，"是一个超经验的理想"，是人"一生所追求不到，望之弥高钻之弥坚的理想"③，是尚未完成的职责。人人都处在完成其人格的历程中，处在向实现人的本质努力的奋斗中。前一种意志自由，还没有容纳宇宙万物的必然性在内，还不能将人与物区别开来，甚至流于将人矮化等同于物；也没有将理性和愚昧区分开来，也可能陷于将理性贬斥等同于愚昧。绝圣弃智，绝不是真正的意志自由。真正的意志自由，是把握了必然的、人作主宰的、消除了愚昧而达到理性的自由。贺麟说，

---

① 贺麟：《哲学与哲学史论文集》，第314—315页。
② 贺麟：《哲学与哲学史论文集》，第316页。
③ 贺麟：《哲学与哲学史论文集》，第318页。

中国传统儒学，虽然"对于意志自由问题从未提过，而自由二字也竟名不见经传了"，但他们却"早见到自由是个理想，不是根据科学实验或逻辑分析所能解决的问题，乃是一个须实际的内心修养方能达到的理想"。所以，中国传统儒学，虽少谈及自由本身，但对达到自由的方法却十分重视，"所谈的大都是如何注意修养以发展自由的本性与实现自由的理想的先决条件与根本关键"①。

贺麟认为，关于如何求得真正的意志自由，中西学者各有阐发，其间"可以相互贯通发明者"，有三个方面。

第一，"求放心"。"求放心"，相当于求得"人与物共生"的意志自由。所以，其关键在识得自己的先天自由——"知的方面，必须随时提醒自己超经验的真我，行使自己的先天的知识范畴，以组织感官的材料，而形成真知识；行的方面，必须本着自己与人格俱来的意志自由的本性，于复杂的意念与欲望中抉择其能发展自性，实现真我者而行。……自己为自己的知识之组织者，自己为自己的行为的主动者，就是求放心"②。自己每得一知识，不只是被动接收外界刺激，更是自己精心组织而成；自己每一行为，也不只是受外物引诱，徇情欲而被动，更是经过自己决定签字、选择足以实现真我者而行。

不过，"求放心"虽是求得自己的先天自由，但也不是一个单纯抽象的概念，或者是一种沉思默想的空洞静坐，而是一个辩证过程。它"由心之自在自守，经心之自外自放，而回复到心之自在自为"。自在自守的自由，只是空洞抽象的枯寂的心；它必须"放出于外"，故意忘掉自己，使此心开放，让外物闯入，是为心之"自外自放"；然后将此心收回，赶走外物，留下真理，以使此心内容丰富，人格扩大，达到"自在自为"的境界，这时才真正实现"求放心"。贺麟说，如优游自然，欣赏艺术，钻研学问，过庄严神圣壮烈的宗教生活，以至于热烈执着的爱国主义运动等，都可以说是使此心放出，忘掉小我，"使此心放于悠久高明博大之域"，如此，庶能使自己的心灵高洁丰富，更超脱、更伟大、更自由。

"求放心"，是宋儒，特别是陆王心学所特别强调的自作主宰，不为

---

① 贺麟：《哲学与哲学史论文集》，第 319 页。
② 贺麟：《哲学与哲学史论文集》，第 319—320 页。

物役的道德修养方法之一。贺麟把它承袭下来，用辩证法对之作了新解释，然后作为求自由的一个阶段。用西学中的黑格尔辩证法改造充实中学的道德修养方法，又用中学中的道德修养方法改造利用西学中的哲学方法论命题，融合中西，使传统儒学哲学化、现代化，又使西方哲学中国化，他的新儒学思想因此充满新意，所以称为新儒学。

第二，"知几"。《易传》上有"知几其神乎"① 句，贺借用"知几"一词描绘他求自由的第二段。在他看来，"知几"实将因果解释法、同情了解法都包括在内。他说，"知几"就是"察微知著，见显知隐"②。从方法论说，这是本体论方法和现象学方法的统一，或者说是本质批评法和同情了解法的统一。贺又解释说，"我所谓知几的观念，可以说是得自易经者少，而得自以倡意志自由说著称的柏格森者多。柏格森曾由欣赏艺术的经验来说明意志的自由，我觉得实含有知几即自由的意思"。他认为据柏格森看来，当我们欣赏音乐、观看舞蹈时，能预知其节奏，不期然而与之谐和。当乐阶高时，几可知其将低，节奏急时，几可知其将徐；就跳舞言，见其向左，几可知其将右，见其向前，几可知其向后。故音乐之高低急徐，跳舞之左右前后，有一定的节度，几乎为我们预料得到，好像受了我们指挥，我们可与之合拍，从这种体验中感觉到"一种精神的自由"，"得到一种意志自由的感觉"③。推而论之，凡宇宙万物、人事变迁，皆有其规则、节奏，人只要未被利害物欲所蒙蔽，用理智的直觉方法，去同情了解，自然看得出其规则、节奏。

具体到我们个人，"知几"，不只是知的问题，也是行的问题，是知行合一的人生态度。贺麟说，"大概天地间，有许多职分上不可规避的职责，义理上不得不办理的事务，能够事先自己主动地欣然担当负重，而不临事希图推诿苟免，就是知几，就是自由"④。就"几"言，不仅是"是什么"，还是"应该是什么"，是"所以然与所当然"的统一的道理，是人的使命。知道这些道理当然就有了取得主动，获得自由的可能。贺

---

① 《易·系辞传》下。
② 贺麟：《哲学与哲学史论文集》，第 320 页。
③ 贺麟：《哲学与哲学史论文集》，第 321 页。
④ 贺麟：《哲学与哲学史论文集》，第 320—321 页。

说,"自由即是主动,被动就不自由。知几就可以先物而主动,不致随物而被动"①。所以"知几"是主客统一的,但又不只是主体统一于客体,更是客体统于主体,是主体做主宰有能动性的统一。所以,"知几"是意志自由的较高阶段。

第三,"尽性"。"尽性",是《中庸》所述先秦儒家道德修养方法之一②,后来理学家从性即理进而又扩展到心即理,为尽性说奠定了理论基础,高扬了主体性。至贺麟,则明白地用现代语言释为"自我实现"。他认为,尽性包括尽物之性,尽人之性,"认识自我,发展自我,实现自己的本性,就是自由"③。人能顺其天性,发展其创造真、善、美的本性,如鸟之歌唱、蚕之吐丝、蜂之酿蜜,就是尽性,就是自由。尽性是"知几"的结果。"知几"犹存有人为努力的痕迹;尽性,则已返璞归真,如东坡论文"行乎其不得不行,止乎其不得不止",纯出天然,只依本性,为所欲为而不逾矩尽性,是自由的最高阶段,是真自由的标志,是人从自我实现,而达到"与天理相合与宇宙意志为一的境界"④。

关于如何"尽性",我们似乎可以参照贺麟对英国新黑格尔主义的先锋哲学家格林的批评,来进行理解。贺认为,在格林那里有两种获得自由的途径。一是通过外在世界。我们理解物理的自然或事变的联系之网,发现规律,使人的精神从自然束缚中解脱出来。这样,我们在理解世界方面,每进展一步,自我解放就前进一步。这条途径类似于贺的"知几"。但"知几"较之有发展,不仅认识外在自然,更认识内在必然,"知几"的主体性明白突出。

格林的第二条途径是"通过神圣的精神,我们把自己与永恒的规律等同起来",和显示在自己周围的规律同一,"使我们从邪恶中带来善"。我们之所以自由,不是脱离了必然,也不是盲目屈从必然,而是"认识到自身的软弱和依赖性,要求有一个神圣的存在,人对这样一个存在的尊崇和服务,就是他的一种完满的自由"。所以,人的自由,特别是最高

---

① 贺麟:《哲学与哲学史论文集》,第320页。
② 《中庸章句》第二十二章,《四书章句集注》,中华书局1983年版。
③ 贺麟:《哲学与哲学史论文集》,第321页。
④ 贺麟:《哲学与哲学史论文集》,第322页。

阶段的意志自由，是和"他自己固有的创造性，他的最高创造力，他对道德理想的忠诚，像殉道者那样的献身精神成正比例的。对这自由的人，所有周围的环境同样皆是可塑性的材料"[1]。把自己等同于规律，有似于贺麟的"心与理一"，乃主体经过千辛万苦终于达到的理想境界。便如人之登山，流多少汗水，走多少弯路，终于上达山巅，放眼望去，天下美景，尽收眼底，蓝天白云，微风煦煦，顿觉自己和大自然融为一体。静思量，这如沐春风，满心惬意里，不是包含了对登山历程中无数困难的克服么？所以贺麟说，"在格林那里，我们发现了斯宾诺莎伟大的思想，即我们追求真理，真理能使我们自由"[2]。尽性，正是对"知几"的扬弃和升华。

贺麟的意志自由论告诉我们，所谓自由，是包含了必然的自由，是主体经过艰难曲折的奋斗努力的收获，是辩证之树上开出的自由之花。至于达到自由的三个途径，既是主体运动的三个阶段，也可以理解成是从三个方面讲的。"求放心"，从心物关系说；"知几"从知识关系说；"尽性"，从人之自我进展说。三方面都是围绕主体达到自由的历程讲的。意志自由论，是贺的主体唯心论和辩证法的运用。在融会贯通中西思想的支持下，贺麟使意志自由成为中国哲学的固有问题；他的意志自由论也成为中国现代新儒学对意志自由问题的有代表性的系统看法。意志自由论，在近代中国伦理学中占有重要的地位。在"新心学"中，以意志自由论为核心的伦理学思想，和他的以方法论为核心的认识论思想，如鸟之双翼，车之双轮，共同构成了"新心学"的学术思想体系。

二　理想主义

人的自由，是贺麟十分关注的问题。在他看来，"自由是人格的本质，要有自由的人，我们才承认他有人格"。自由是人格的基本要素。所以在近代西方，人的解放的主要内容就是争自由，争取政治、经济、社会、宗教等一切方面的自由。争自由是西方文化的近代精神。不过，贺

---

[1]　贺麟：《现代西方哲学讲演集》，第153页。
[2]　贺麟：《现代西方哲学讲演集》，第153页。

认为，争取自由，在主体方面"最不可缺少的条件"是理想。他说，"无理想，就无自由的标准。行为合于理想，就是自由，不合于理想，就是不自由"①。理想是自由的现实的标准。一切违反理想的事物，都是侵犯自由的事物。如果没有理想作标准，则我们只是随遇而安，将无所谓自由。所以贺强调说，"舍理想的实现，人格的扩展外，便无所谓意志自由"②。意志自由，总是通过理想的实现而达到的。

因此，贺谈人的问题，十分强调人的理想的重要性。他甚至将他的"新心学"思想体系称为理想论。他说，"唯心论，又名理想论或理想主义。就知识之起源与限度言，为唯心论，就认识之对象与自我发展的本则言，为唯性论，就行为之指针与归宿言，为理想主义"③。理想主义和唯心论同体异名。就逻辑主体为本体说，是唯心论，就逻辑主体运动之"指针与归宿"言，称为理想主义。唯心论要落实于实践活动中，必须谈到理想问题。

贺麟说，所谓理想，是人的本性的表现。理想出于理性，理性乃构成理想之能力。理性就是人的本性。所以，理想也构成人格，人之异于禽兽，伟人之异于常人，全看理想之有无与高下。现实的人之能成为人，全在于他有理想。但理想在根本上并不和现实相对立，而是辩证统一的。

一般情形下，理想和现实总是分离、矛盾、冲突的。一般人见此，便以为理想不现实，没有能力创造现实。现实虽丑陋、复杂、生硬而无情理，但却实在；理想美丽、简单、和谐而有情理，但却虚无缥缈，如海市蜃楼。贺麟说，其实不然，"在我们看来，离现实而言理想，理想就会成为幻想和梦想；离理想而言现实，现实就会成为盲目的命运和冷酷无情的力量"④。现实和理想，实是相辅相成，密不可分。

具体地说，理想乃现实的根据、准则和目标，是认识和对待现实的主体条件。从知上看，没有理想将不能认识现实。比如科学认识，就是对现实的认识。但若没有科学的假设，也就"没有法子求得科学的事

---

① 贺麟：《文化与人生》，第103页。
② 贺麟：《现代西方哲学讲演集》，第415页。
③ 贺麟：《哲学与哲学史论文集》，第134页。
④ 贺麟：《文化与人生》，第101页。

实"，而假设，正是"假想的理想"①。可见，贺所谓理想，包含了真理性认识在内，是主客合一而且是客一于主的，不只是主观的设想。另一方面，贺又说，从行上言必有理想，才可能感觉得到现实之不足，而设法"改造现实"。所以，历史上，当衰乱之世到来，现实的不足大暴露，对现实不满的人也骤增，由是而"遁入理想世界以另求满足之人与根据理想以改革现实之人，亦必同时增多"②。可见，理想，乃是人们超越现实、改造现实的关键。运用理想，实乃发挥人的"最高的灵性以实现其自身"③，是运用人的最高精神能力，以实现人的本质。理想和现实的统一，不是平等的凑合。理想是征服现实的指针。贺麟说，"理想是陶铸现实的模型，是创造现实的图案，是建立现实的设计；现实是理想的材料，是理想实现其自己的工具。现实是被动的、受支配的；理想是主动的、支配的。……理想为主，现实为从，理想为体，现实为用"④。由此也可见，贺所谓理想，就是真、善、美的直接表现，故为体为主，而现实只是理想实现自己的材料、工具，故为用为从。

譬如，就民族、国家、人与人之间关系而论，既是相互的现实的关系，也是相互的理想的关系。后者尤为重要。只见现实而不见理想，便似只管今天不管明日，只见表皮不见本质，则处理相互之间现实的关系，也一定是被动的、浅薄的、混乱的。要认识相互之间理想的关系，就要看谁的理想更合理、更高尚、更远大、更能支配现实，要看谁的理想更有现实基础、更有力量。若要认识相互间的现实的关系，则要认清谁在物质、实际、经济等方面，更有组织、更遵循理想的指导。任何关系都是精神与物质合一、理想和现实合一的，是两者是否配合得当的关系。

但是，理想和现实合一，支配、征服、超越现实，实现和现实的体用合一，不是自然如此的，它必须要经过主体作为其体用合一的中介。主体之能作为中介，只因为主体具有先天的能动性。主体必须发挥自己的能动性，经过艰苦努力、曲折斗争，才能实现理想和现实的合一。所

---

① 贺麟：《文化与人生》，第103页。
② 贺麟：《哲学与哲学史论文集》，第135页。
③ 贺麟：《文化与人生》，第103页。
④ 贺麟：《文化与人生》，第104页。

以贺说，理想和现实合一，"不是唾手可得，不劳而获的，需要长时间的修养，精神上的努力，才可以达到这一种境界"①。

从主体方面看，要达到理想和现实合一，必须经历三个阶段。

第一，必须先有理想。从知方面看，贺麟认为，"理想乃事实之反映，要透彻了解事实，我们不能不需要理想的方式。必先有了解或征服自然的理想，然后方发生了解或征服自然的事实；先有改良社会的理想，然后吾人方特别注意于社会事实之观察与改造。吾人理想愈真切，则对于事实之认识亦更精细。理想可以制定了解事实之法则和方式，使吾人所搜集之事实，皆符合理想的方式，而构成系统的知识"。从行方面看，"理想为现实之反映。必有理想方可感得现实之不满，而设法改造现实"②。就知行关系说，知在行先，知体行用。理想既在知先，则也在行先。既在知行之先，则也在现实之先。所谓现实，不是事实，而是事实和主体的结合，是经主体审查签字，进入主体主宰领域的事实，是事实的主体化——精神化或理想化。所以，理想必在现实之先。

理想和现实，是体用关系。理想逻辑在先，但内在于现实，是现实前进的内在动力。不过只处于逻辑先在的理想，还只是抽象空洞的幻想和梦想，现实性很少。但贺麟认为，幻想和梦想虽不等于理想，"到底还与理想接近"，"是形成理想的初步工夫，是理想的雏形"③。尚未现实化的理想，只是理想的第一阶段，是初步工夫。

贺麟认为，幻想和梦想也有其积极性。其一，它建筑在情感上面，饱含诗意，"每每是很美的，可以令人忘记现实的污浊和痛苦"。诗人、艺术家等大半是幻想家、梦想家。把诗意的幻想梦想现实化，其积极价值就会实现出来。④ 其二，幻想梦想，只有人类才有。禽兽便只是沉溺于现实，连构成幻想梦想的能力也没有。其三，幻想梦想一方面可说是消极地逃避现实；另一方面也可说是积极地为改革现实做了准备。现实世界中，有幻想梦想的人少，沉溺现实，随波逐流的多。沉溺于现实，永

---

① 贺麟：《文化与人生》，第104页。
② 贺麟：《哲学与哲学史论文集》，第135页。
③ 贺麟：《文化与人生》，第101页。
④ 《文汇报》1993年4月14日。

远被盲目命运束缚住，毫无主体性可言，连消极逃避也不可能。那少数有幻想梦想的人反倒保留了人类主体性的一点点"机芽"①。这一点机芽，正是日后征服支配现实的源泉。譬如青年人，就易陷于幻想梦想，也最富于理想。他们每每喜以书本知识和主观幻想应对现实，在社会上到处碰壁后，才得着实际的经验教训，进而才形成足以支配现实的理想。幻想梦想，在现实生活中，当然会使人失败，但大都是物质方面的损失，如无实用、无成功、无经济的收获等。这些损失失败，对于他的人格无损，他内省无愧，精神不堕落，主体性还保持着。这将成为他日后精神焕发、实现理想的起点。

第二，理想必须现实化。贺麟说，"单重应该，便不完成，理想还没有力量"②，太空洞缥缈，要用现实来使理想"成型"③。理想必须深入现实，经受现实的考验，在统一现实中显示力量。对主体而言，抽象的理想，必须具体有内容。人不仅要有理想，还要将理想变成人生的目的，人的责任和义务，人的使命。贺麟说，人的使命也是人的天职，它"固是理想的，同时也是现实的"。使命是理想和现实的统一，是理想主动去统一现实。这样，使命就和理想不同。大致说来，理想自由，我们可以自由地提出此理想、彼理想，而使命是决定的，"是人不能自主、不能不遵从的天命"。理想为主观建立，使命却是客观赋予的，是国家、时代、人民、上司给予的。④ 所以人的使命，是对空洞理想的否定，它用丰富的现实充实理想的内容，使抽象理想，变成具体的人生目的。

第三，现实必须理想化，实现现实向理想的回归。贺麟说，"现实太秽浊浅近，太没有意义了，要用理想来把它加以净化"⑤。又说，"就是人

---

① 按"机芽"一词，创自熊十力先生。他解释说："机者生机，芽者萌芽。孟子四端，皆性之流露，喻如机芽。"又说："须知个物或个人的自性虽一向被障碍，而毕竟无有减损，时常在障碍中露一些机芽，令其扩充不已。这些机芽，原是内在的大本之流露。识得自有的大本，才仗着他来破除障碍（因为他是自觉的，故可破除障碍）而把自性中潜伏着的和无所不足的德用，源源的显发出来。"（《辨佛学根本问题》，来书五，《中国哲学》第十一辑，人民出版社1984年版，第191—192页）
② 贺麟：《黑格尔哲学讲演集》，第202—203页。
③ 贺麟：《现代西方哲学讲演集》，第132页。
④ 贺麟：《文化与人生》，第81页。
⑤ 贺麟：《现代西方哲学讲演集》，第132页。

格和精神，如果老是在现实束缚里面斤斤计较，也是绝对没有自由洒脱可言的"①。现实理想化，在主体方面，有知行两个途径。从行方面看，要求理想与现实合一，主体必须要有"反抗现实的力量"。他说，现实盲目，又不合理，主体应该有力量来反抗它。反抗，不是逃避，而是克服现实的不足，力图主宰、超越、包容它。反抗现实，正是运用理想，以超出和扬弃现实的过程。

反抗现实，具体说，约有以下三个途径：一是以历史教训、将来目标反抗目前现实的压迫。就时间说是以过去、将来反抗现在；就本质说，是以理想反抗现实。贺麟说，"历史上圣贤所昭示我们的是理想的，而我们所企求的将来的目标，也是理想的"②。所以，以历史教训、将来目标反抗目前现实，实质是以理想反抗现实。二是以关于全体的理想反抗目前部分的压迫，即以全反抗分，以理想反抗现实。贺麟说，"社会的福利，人民的公益，世界的公理，理性的律令，乃是关于全体的理想"，而"引诱人的富贵、威迫人的武力，都是当前部分的事实"。三是以人格的尊严、良心的命令反抗外界现实的压迫，即以内反抗外，以内在的理想，反抗外在的不合理想、违反良知、妨害人格的现实事物，对之"拒绝承认和签字"③。

以理想反抗现实的前提，是知道什么是理想，知道历史教训、将来目标是什么，才能反抗当前现实的压迫，知道全体的理想是什么，才能收到反抗部分的现实的功效，知道人格的尊严、良心的命令是什么，才能真正反抗外界现实的压迫。对本质的认识是根本，对本质的认识的运用，即本质的表现，却各各不同。以理想反抗现实，只是本质的反面表现；正面表现，在贺麟那里，有两部分：一是以理想解释现实，使现实在认识中理想化；二是以人的使命落实理想，使理想在行为中现实化，又使现实在行为中理想化。

---

① 贺麟：《现代西方哲学讲演集》，第 135 页。
② 贺麟：《文化与人生》，第 105 页。
③ 贺麟：《文化与人生》，第 105—106 页。

三 人的使命

贺麟认为,人的使命有两个层次:一是指人的一般使命,即人如何做一个人,成一个人。这涉及对人的本质的认识。二是指特殊个人的特殊使命,是一般使命的具体化。没有一般使命,特殊使命无背景、无方向、无原则,终不能成为真使命,不能使人成为人,也不能实现人的理想。反之,没有特殊使命,一般使命也空洞无内容抽象不具体,飘浮空中,不落实地,终不能有现实的力量。所以,一般使命和特殊使命是辩证统一体用合一的。一般使命是体,是开始、动力、原则和归宿,特殊使命是中介环节、证明材料、具体内容,是用。

一般使命是人的一般本质的表现,要认识人的一般使命,就必须认识人的一般本质。从全观法看,认识人的一般本质,不能只从人去了解人,必须跳出人的圈子,"深入无人之境"[1],既发扬传统人学的从人观人的长处,又学习西方人学的从物观人,从天观人的精华,将中西人学思想有机结合起来,使西方人学中国化、传统人学现代化,建立融贯中西的新人学。贺麟介绍西方人学尤其用力,论述也较多。他总结概括西方人学的长处说,"欲知人不可以不知物,欲知人不可以不知天"[2]。用中国传统人学天、人范畴来表述西方人学内容,而又增加了"物"一范畴。对"物""天"二范畴,贺麟都作了专门的阐释,曲折表现了自然人化和人自然化的自然和人相统一的深刻思想,和他对主体的自由、理想的追求。

所谓物,贺麟认为有三种意义:一指自然,为自然科学所研究。人是自然一部分,自然是全体,人受大自然一切律令的支配。了解作为全体的自然,自然可以附带了解作为部分的人。二指实用之物,如实业经济之物,是人类理智创造出来为自己所用的工具,为社会工程科学所研究。由工具的知识可进而了解支配此工具的主人翁。三指文化之物,如典章制度、文化产物等,乃是人类精神的表现与创造,为精神科学或文

---

[1] 贺麟:《文化与人生》,第115页。
[2] 贺麟:《文化与人生》,第82页。

化科学所研究。由人的精神产品，可以了解作为创造生产者的人的个性、民族性、人性等。自然科学、社会工程科学、精神科学，都是"知物"的科学，但也是人学的一部分，也为"知人"服务，是"知人"的中经环节。因此，贺麟所说的这几门科学，在方法上与一般所谓科学有不同。即除了一般科学所运用的逻辑方法外，还有理智直觉、理性直觉方法，或者说是本体论方法和现象学方法、本质批评法和同情了解法的统一的运用。贺的科学是"新心学"统率下的科学，或者说是"新心学"的自然哲学、社会哲学、文化哲学。它所研究的"物"正是经过逻辑心审查签字的精神性的物。

比如，单就自然而言，自然是人的一面镜子，观察了解自然，可以反映出自己，帮助了解自己。举凡一切水流花放、日移月运，都莫不可帮助我们了解人生。子在川上曰：逝者如斯夫，不舍昼夜。孔子即用此法以观人生、看历史。对现在的我们而言，如到野外去登临游览，欣赏自然美景，多和自然接触，便会骤然觉得神清气爽，生机益然，从而对于人生的意义，似多了一层了解。这是就生活中体验自然而言。就生产活动而言，了解自然，便可以利用自然，进而征服自然，扩展生活范围，丰富生活内容，提高生活水平，增加生活意义。

在贺麟看来，中国人历来对物本身的研究不大注意，"物者理也""物者道也"的说法，都遮蔽了物本身；"物者气也"的说法，又对气、物关系缺乏细密讨论。所以中国古代没有有体系的自然科学，已经缺了一面，同时又向来缺乏能深入心灵骨髓的真正的宗教，对于神也不大理会，又缺了一面。其实，真正的人学，欲知人必知物知天，人与天、物不能截然分开。

所谓天，贺认为也有三义。一指美化的自然；二指天道，即总天地万物之理，宇宙之所以为宇宙，人生之所以为人生的基本法则，主宰宇宙人生的大经大法。"知天"若指知"天道"，则是哲学的理智的知天。其方法与"知物"同；三指"有人格的神，亦即最圆满的理想的人格，亦是人人所欲企求的最高模范的人格，最高的价值。这是人类情意所寄托的无上圆满的神，这是道德生活与宗教信仰的天"[1]。三种含义中，贺

---

[1] 贺麟：《文化与人生》，第83—84页。

对美化的自然谈得较多。

他说，美化的自然，指"有精神意义的非科学研究的自然"，指具体的、有机的、神圣的外界，它可以"发人兴会、欣人耳目，启人心智，慰人灵魂，是与人类精神相通的。这是有生命有灵魂的自然"①。自然科学研究的自然只是物，它和人生正相反。美化的自然是精神的自然，自然科学不能研究之，它和人生是统一的。从主体的角度说，物的自然正是精神的自然的外在表现，是还没有实现自己真正价值和意义的与人相对立的自然，它在主体的努力下，最终要向精神的自然飞跃。而精神的自然正是人生力量的源泉，它供给人以生的力量，是人生的"净化教育"②。所以，有抽象理想的人，必须"回到自然"③去，将精神的自然注入干枯的理想中，这是理想现实化的要求和表现。

贺麟认为，人和自然的关系有三个阶段。一是主客混一：人生即自然，理想、人生均沉埋在现实、自然中而不自觉；二是主客分离："人要替自己创造出一个努力征服的对象（物的自然），以求自身的发展。由自己创造对立，自己征服对立的历程里，以求自性的实现，就是人之所以是一个精神的主体的特点。"④这是对主客混一的超越；三是主客合一：自然和人生合一，自然精神化、美化，人生也自然化了。自然建筑在人生上，人生包蕴在自然里。人成为最能了解自然的知己，成为最能发挥自然意蕴的代言人。

其中，第二阶段尤为关键，它可以概括为"回到自然"。贺认为，回到自然，是"近代精神"的主要内容之一。在西方近代历史上，回到自然的运动是"摆脱传统的宗教和礼法的拘束，促人性自然发展的运动，在人的精神上颇有解放革新的力量"⑤。在现实生活中，回到自然，可以治疗近代文明的病态，如自杀、疯狂、虚伪、狡诈、冷漠、残忍、纵欲、贪婪等。自然疗法，正成为医学治病的新方法。从正面说，回到自然，沐浴在自然的春光里，使人敞开胸怀，让内在的"机芽"获得阳光雨露

---

① 贺麟：《文化与人生》，第115—116页。
② 贺麟：《文化与人生》，第116页。
③ 贺麟：《文化与人生》，第115页。
④ 贺麟：《文化与人生》，第122页。
⑤ 贺麟：《文化与人生》，第116页。

的滋润，消除小我，陶冶情操，"发乎本心，出乎真情"，恢复元气，增强生机与活力。所以，从根本上说，近代精神所谓回到自然去，是要回到精神化、人文化、美化的自然中去。"不是埋没自我，消灭人生，沉没于盲目的外界"，而是"将自然内在化，使自然在灵魂内放光明"。① 陶渊明"悠然见南山"，以及一切诗画中描绘的自然，都是在灵魂里放光明的自然。物质的自然，是人类对于自然的物质的征服；美化的自然，则是人类对于自然的精神的征服，是"人类的精神将自然提高升华后所达到的境界"②。

贺麟的回到自然去，和中国传统思想文化比，不是道家的"到山林去"，离开人生而相忘于自然的人生路向，不是少数隐君子消极厌世，想脱离政治社会的行径，而是要在自然中，"发现人生的真理，增强生命的力量"，从精神上征服自然，借自然来充实人生。他自己明白说，他的主张"同儒家思想近，隔道家思想远"③。如《易》经所谓"天行健，君子以自强不息"，《论语》曰"天何言哉，四时行焉，百物生焉"，孔子又有"吾与点也"之叹，皆是表达超脱尘世的襟怀，回到自然的风度，此"正足以充实人生，提高人生，而为做学做人与从政所不可少的学养和精神境界"④。

知天，就是知道美化的自然，回到美化的自然中去，体验天人合一的本体境界。他说，"由花木山水而悟天道人生，乃艺术家直觉的知天"⑤。他的这个看法，似乎是对德国诗人赫尔德林的"自然是谐和的美"的命题，和谢林同一哲学主张物与我、自然与精神打成一片，"自然本身就是美的，具有精神性的"⑥ 的思想的辩证改造，并将它纳入中国传统儒学中"知天"的人生修养历程中，成为似乎是从中国学术土壤中自然生长出来的学问。不过，其直接渊源，也有可能是美国哲学家桑提耶纳的自然主义倾向。他认为桑提耶纳所讲的自然，就是"美化的有价值

---

① 贺麟：《文化与人生》，第122页。
② 贺麟：《文化与人生》，第123页。
③ 贺麟：《文化与人生》，第123页。
④ 贺麟：《文化与人生》，第123—124页。
⑤ 贺麟：《文化与人生》，第83页。
⑥ 钟离蒙、杨凤麟主编：《新心学批判》，第165页。

的自然",他的所谓物质,也是"美化了的",他认为物质是活动的,自化的,物质之间相互作用,一切物质,均自生、自长、自化,"不能用循因致果的方法把握它,只能描述过去,不能瞩瞻未来"[①]。

总之,天是人的根本,是无限、无对、永恒的,而人则属有限、有对、暂时。人与人的关系是横向关系,人与天的关系是纵向关系。要真正了解人、人的意义和价值、人的本质,仅从人自身,从人与人的关系中了解是不够的,还必须把握天人关系,知人必须知天。天,便如宇宙间的总司令。知天,实即是"直接向宇宙的总司令交涉、请示",到后来已经知悉总司令的意旨,为天地立心,代天立言,终则与天为一,与神为侣,也如庄子所谓与造物者游,与天地精神往来的工夫。由知天而希天,由希天而与天为一。"不仅是圣人才能希天,人人皆能希天,人人皆在希天。"

把知物、知天统一起来,构成了"知几"的具体内容,为"尽性"打下坚实基础,从而实现人的自由。贺麟用图式表示为:

$$\left.\begin{array}{l}知物\rightarrow 用物\rightarrow 征服自然,创造文物\\ 知天\rightarrow 希天\rightarrow 与天为一,与神为侣\end{array}\right\}尽性或实现自我$$

人的本质由此也清楚了。贺定义说,"人是以天为体,以物为用的存在"。而天,正是逻辑心的另一个称谓,就是真理、人民、大自然。所以,人的使命,就是知天知物,希天用物,征服创造,与天为一,实现自我。这一使命,基于人的本性的必然,不是外在的律令,所以获得的是主体内在的自由,即尽性,是理想的实现。若分别说,从知天知物,哲学上可得到世界观,科学的合理的世界观,就是知天知物的世界观,由此而知人,即得到人生观。因为"人生观必须建筑在世界观上面,对于人的知识,即是对于天和物的知识而来的"[②]。

至于特殊使命,贺麟说要根据不同人的"性情、才能、环境、家庭、朋友、社会国家的需要、时代的趋势",加以通盘考察、反省,才能确

---

① 贺麟:《现代西方哲学讲演集》,第143页。

② 贺麟:《文化与人生》,第84页。

定。但排除外在偶然，只考虑内在必然因素，就个人的使命言，可以说，就是"个人在全体人类社会中的使命、位分、生平工作和最大可能的贡献，即为此人所作、所应作、所不能不作、所鞠躬尽瘁，用全副精力以从事的工作"。具体地说，就是"个人的终身事业或终身工作"①。一方面，它是主体个人自由考察、自主选择、自己担负的工作；另一方面，它又是时代赋予的、师友提醒的使命。所以，完成个人的使命，一方面实现了自我价值，表现了自我的个性；另一方面也为社会国家人类做了贡献，实现了人的共性，合而观之，人的本质得以清楚表现出来。

特殊的个人使命，是普遍使命的实现，所以，它对个人有决定性，它决定个人的命运，是个人无所逃避的命令、责任或任务；它又有公共性，是公众的事业，国家、时代所赋予的任务，不是个人的私事，所以对于社会、国家、他人，都有益无损；它还有永久性，是个人唯一的终身使命，不是一曝十寒，随便可以变更或放弃的，它和人类相伴随，是和人一样古老久远、薪火相传的事业。贺麟说，"有了这种终身工作，必有所成就，也有所专长，必不愁没有自立的能够谋衣食的专门技术或学问"②。这个说法，也可说是对二程"义就是利"说的发挥。

贺关于人的使命的思想，是他的理想论的落实。这使他终于没有落入只讲空洞理想，而不顾现实实际的理想主义泥淖中。从这儿也可以看出，他自己所谓的理想主义，实际上还另有所指。从本体论说，他的理想主义就是唯心主义；从方法上说，他的理想主义指理想的辩证法——以理想为基础的理想和现实的辩证统一过程。仅就后者而言，他的理想主义和现实主义相比，在理想和现实的辩证统一过程中，恰恰是前后相续的主体运动阶段。显然不能只见一点，不及其余。而他对理想的意义的挖掘和强调，对于我们认识和实现主体的本质是有积极意义的。

四　理想解释法

主体追求现实的理想化，最终实现理想和现实合一，必须以理想解

---

① 贺麟：《文化与人生》，第84—85页。
② 贺麟：《文化与人生》，第85页。

释现实，以善意对待他人，这就是理想解释法。贺麟写道：

> 我们须要以理想去解释现实。对于现实的事物，尽量加以最好的解释，对于他人行为的动机，表示最大的同情。浅近一点说，这种看法，是以"君子之心度小人之腹"。小人之腹所有的，也许是利害卑鄙诡诈的东西，君子好像不知道他的动机之坏，反而加以理想的善意的解释，始终以君子的态度对待他，久而久之，小人也许不知不觉地受君子的感化，这就是以理想转化现实、改造现实的一种收获。[①]

"尽量加以最好的解释"，"加以理想的善意的解释"，就是要求我们在认识或对待一个人或物时，要抓住其内在本质。而其本质，或显露，或潜藏，有隐晦不同，但都是它运动的理想，发展的目标。在现实中，它必然通过积极因素——能克服并转化消极因素的积极因素，表现出来。我们以理想解释一人或一物，就是要着重抓住其积极的、好的、有发展前途的方面、内容，作为认识的根本批评的根据。积极的好的、有发展前途的方面、内容，正是本质的集中表现。一人或一物的本质，永恒地、先天地潜在于任何人与任何物之中，就人言，君子与小人并无不同，就物言，生物与无生物并无不同。因此，人或物的积极面终究是其根本的、主要的方面。积极面，虽潜藏着，但终将萌芽显露；虽弱小，但有生机活力，必能战胜强大却无前途的消极面；虽有挫折，但这只是对自己的磨炼、考验。即使消极面，也只是积极面实现自己的工具、材料。

譬如，对于人生、国家的灾难祸殃、困苦颠连，运用理想解释法，就要本着"多难兴邦"、否极泰来的原则，抱乐观态度，相信真正的主体，必能克服现实的困难，实现自己的使命。

理想解释法，是认识方法，作为乐观的态度，又是一种悲悯为怀、民胞物与的理想主义态度。这种态度，和古人的"乐道人之善""成人之美"的儒家人生态度是一脉相承的。把这种人生态度用来认识评价他人、自然，这被贺麟归结为理想解释法。由此可见，贺的理想解释法，和主

---

① 贺麟：《文化与人生》，第104页。

体有血脉相连的关系。

所以，在贺麟看来，理想解释法，或者说理想主义态度，首先要求主体有气魄、胆识、决心与毅力，也要求主体有对理想的执着追求，有坚定不移的信念，有追求信念、实现理想的能力。从信念上说，尤其应坚信人性本善，人皆有"最高尚、最纯洁、最普遍"的爱或仁爱，或者说是同情心、恻隐之心①，也可说就是"普爱"的心灵。普爱，是仁爱的最高阶段，其极至于"爱仇敌"、齐万物，"视此仁爱之心如温煦之阳光，以仁心善爱一切，犹如日光之普照，春风之普被，春雨之普润，打破基于世间地位的小己人我之别、亲疏之分"②，以至人物之辨、天人之隔。并在修养过程中，先"从等差之爱着手，推广扩充，有了老安少怀，己饥己溺，泯除小己恩怨的胸襟"③，从而达到普爱的博大胸怀。这种普爱，人与人间，并无区别，先天固有，亦即良知良能、真正性情。贺麟说："无论人类如何坏，民胞物与的仁心，多少总是有一些种子的。"④ 此方法还要求主体坚信宇宙万物之中，有绝对真理在，真、善、美皆在其中，它有现实的力量，终将实现自己在万事万物的面前。一个人用同情的了解、仁爱的心境、理想的解释，来观察人生、欣赏事物，自然可以发现"堂前春草，生意一般"，体验到"四时佳兴与人同"的真意，也才可能"见得天下都是好人，存一番熏陶玉成之心"⑤。

可见，理想解释法，是以新心学的心本体论为基础，是本质批评方法的具体应用，也可说就是同情的了解方法的具体内容。由于这个方法是为现实理想化服务的，所以它是"理想是现实的真理"原则的运用。对现实，以理想来解释；对历史，则用逻辑来统一。从唯物主义立场看，贺麟解释现实和历史的方法，是连贯一体的唯心主义方法。

不过，从理想和现实的辩证统一历程看，只讲现实的理想化，而不讲理想的现实化，是不全面的。即使从贺的理想主义观点看，理想现实化也是现实理想化的基础和第一阶段。所以，理想解释法，不仅仅是

---

① 贺麟：《文化与人生》，第110页。
② 贺麟：《哲学与哲学史论文集》，第366页。
③ 贺麟：《哲学与哲学史论文集》，第367页。
④ 贺麟：《文化与人生》，第68页。
⑤ 贺麟：《文化与人生》，第105页。

"理想是现实的真理"的运用,也包括了现实是理想的材料、内容的原则的运用。现实在其中的地位,并不是出发点、归宿点和基础,也不是等于零,而只是工具、桥梁、材料。理想是现实的灵魂,而现实则是理想的躯体。以理想解释现实,和从现实构筑理想,是不矛盾的,是可以统一的,理想解释法,和科学研究办法,也是可以相辅相成的。

另外,理想解释法,和科学研究方法比,又不只是认识方法,还是人生态度,是知行合一之法。贺麟所谓解释、批评、了解等,实际上都是主体扬弃客体、客体主体化的历程的表现。他所谓知,也包括了行在内。理想解释法,正是理想超出扬弃现实的历程的另一种说法。在这个历程中,科学的认识,是必不可少的一步。但它虽包含了科学方法在内,但毕竟不等于科学方法,而是"新心学"的人学思想方法,是知行合一的生活方法,特别是一种合情理、合时代,有理想、有信念,与人为善,与物同流的乐观向上的人生态度。正是从这个角度,我们也未尝不可以说,"新心学",从根本上来说是人学。

下面,我们以贺麟评价传统儒学的"三纲说"为例,看看他是如何运用理想解释法的。

他认为,三纲说,是五伦观念最基本、最核心的意义,是五伦观念最高最后的发展。诸子学中,儒学之能独尊,众教派里,儒教之成礼教,全赖三纲说的形成。"西汉既是有组织的伟大帝国,所以需要一个伟大的有组织的礼教,一个伟大的有组织的伦理系统以奠定基础,于是将五伦观念发挥为更严密、更有力量的三纲说,和以三纲说为核心的礼教、儒教,便应运而生。"[①] 三纲说既然是符合历史需要而产生,则必有其"产生之必然性及其真意义所在"。应当"用哲学的观点,站在客观的文化史思想史的立场",以理想解释法探明其"真意义";其次,要"取批评修正或重新解释的态度","一种勿囿于成见的虚怀态度,加以明白的承受,合理的解释"。[②] 而不应站在某一时势的立场去评判它,比如,不应站在自由解放的思想立场去攻击三纲,说它如何束缚个性,阻碍进步,不合时代、情理等,这样将流于粗疏,陷于偏窒,不能得中道。

[①] 贺麟:《哲学与哲学史论文集》,第368页。
[②] 贺麟:《文化与人生》,第215页。

用理想解释法看三纲说，归纳起来，第一，用历史科学方法探明其历史必然性；第二，用逻辑方法辨明其"真意义"。这种逻辑方法可以说就是"述而不作"的辩证法；第三，虚怀理解其真意义，明白承受其真精神。可见，这种方法包含了科学方法在内，也体现了科学的实事求是的精神。

贺麟用理想解释法研究三纲说，发现，三纲说强调"绝对之爱、片面之爱"，"要求关系者一方绝对遵守其位分，实行片面的爱，履行片面的义务。……要求君不君，臣不可以不臣，父不父，子不可以不子，夫不夫，妇不可以不妇。换言之，三纲说要求臣、子、妇尽片面的忠、孝、贞的绝对义务，以免于相对的、循环报复、给价还价的不稳定的关系之中"。这时，"位分"、忠、孝、贞等，就成为"理想上的长久关系的规范"，即常德。既是常德，则有永恒性，绝对性，"不论对方生死离合，不管对方的智愚贤不肖，我总是应绝对守我自己的位分，履行我自己的常德，尽我自己片面应尽的义务。不随环境而变节，不随对方为转移，以奠定维系人伦的基础，稳定社会的纲常。这就是三纲说所提出来的绝对要求"①。常德，就是"行为所止的极限"，便是柏拉图的理念、范型，是康德的道德律、无上命令，不管一切经验中的偶然情形，而加以绝对的遵守奉行，尽绝对片面的纯义务。

所以，在贺看来，三纲说，将五伦关系的人对人的关系，转化提升为"人对理，人对位分，人对常德的片面的绝对的关系。故三纲说当然比五伦说来得深刻而有力量"，成为"神圣不可以侵犯的有宗教意味的礼教"，"规范全国家全民族的共同信条"。

贺认为，旧的三纲说实有两部分。一是其"真意义"，其"纯理论基础"，在历史上也"只有极少数的儒家的思想政治家才有所发挥表现"；二是其外在躯壳，即礼教，"曾桎梏人心，束缚个性，妨碍进步，有数千年之久"。我们今天评价旧的三纲说，应当把这二者分别对待，由表及里、由浅入深地认识它。对前者要承受弘扬发挥，对后者则要批判抛弃。他说，"现在已不是消极的破坏攻击三纲说的死躯壳的时候，而是积极地把握住三纲说的真义，加以新的解释去发挥，以建设新的行为规范和准

---

① 贺麟：《哲学与哲学史论文集》，第369页。

则的时期了"①。更形象地说,"现在的问题是如何从旧礼教的破瓦颓垣里,去寻找不可毁坏的永恒的基石。在这基石上,重新建立起新人生、新社会的行为的规范和准则"②。可见,他强调用理想解释法研究问题,特别是以此方法来看待传统文化问题,具有强烈的现实的建设性追求,这就是要为现代中国提供一种如同西汉时期产生的礼教一样的社会"规范和准则",以为现代化建设提供和平稳定的社会环境。他的这一追求,从我们的现代化建设的角度看,我认为是可以理解,并有一定的现实意义的。

在贺那里,常德,就是理念、位分、名分、社会公共秩序等,正是天理良心、逻辑心的表现。"心即理",这些外在的规范,正是人的本质的对象化,是人的自我、理想的外在表现。人要成为人,要参加实践活动,实现自己的自我价值,必须遵循这些秩序、规范,以这些秩序、规范为必要前提条件。为君为臣,也是如此。臣之忠君,必知以下两者:一是臣要为臣,接近实现臣的理念、本质;二是也必知忠君本是为臣的内容,是臣的理念、本质所固有的内容。可见,臣要为臣,必须两者合并修养,不能偏废。为君也是如此。君对臣以礼,也要知君要努力成为一个名副其实的君,接近君的理念;更要知礼臣本为君的内容,为君的理念所包括。两者合而言之,君君而已。所以,臣之为臣,不以君不君为条件,有理念的君臣存在,可矣;君之为君,也不以臣不臣为前提,有理念的君臣存在,可矣。为人尽职尽责,努力实现自己的使命,并不以他人如何、环境怎样而变易,只要自己努力,执着追求理想,可矣。孟子谓"非不能也,是不为也",正是此意。贺在这里要高扬人的主体性,强调能动性的根本的意义,是很显然的;他把主体性内容的深微曲折处发掘出来,也是有积极意义的。

譬如,我欲为人,不论他人待我如何,也不论他人是否追求成为一个真正的人,我均绝对地、片面地努力做一个人,而且绝对地、片面地如人一样地对待他人;不论外在环境之利害如何,我均绝对地、片面地把持自己,努力修养,自作主宰,如人一样地待物。此正是孔子"知其

---

① 贺麟:《哲学与哲学史论文集》,第370页。
② 贺麟:《哲学与哲学史论文集》,第372页。

不可而为之"之意，也是西哲所谓"走自己的路，让别人去说吧"之旨。推而论君臣，则即使臣不臣，君也不可不努力去做君，如君一样礼臣，以绝对地、片面地尽君之理念；即使君不君，臣也不可不努力去做臣，如臣一样地忠君，以绝对地、片面地尽臣之理念。师生关系亦然，其他社会关系亦然。

朱熹曾经说道，"万一山河大地都陷了，毕竟天理仍在这里"，此言甚有深意。推而论人，则即使世风都坏了，人理仍在这里，不加多，不减少，不为尧舜存，不为桀纣亡。人理天理，只是一理，自在人心，要在人当自立自强，自为自觉，自作主宰，奔自由而去，何物阻碍我？何人阻碍我？陆九渊也曾将这个道理说到人心坎里去，谓："此理在宇宙间，何尝有所碍？"又谓，应当"激励奋迅，冲破罗网，焚烧荆棘，荡夷污泽"，无如此勇猛精进精神，人怎能做得成人？若"自沉埋，自蒙蔽，阴阴地在个陷阱中"，陷溺于功利之中，不觉醒，不自拔，整日算计得失，筹谋利害，"更不知所谓高远底"，君不君，则臣不臣，父不父，则子不子，斤斤计较，局于"小我之私"，社会何来稳定进步，人又何以能做得成人？由此看来，贺麟言三纲，陈义甚高，理想甚远，直承理学家血脉而来。他发明理想唯心论，"理想"二字，于斯亦明。

贺麟谈三纲，是站在他自己新心学的人学角度，而不是站在政治科学角度，故有不甚具体之处。譬如，君不君，则臣不可不臣，不可不如臣一样地忠君。最后一句，便有待具体的分析。

君、臣各自的理念并不是空洞抽象、彼此孤立的事物，而是将相互之间的关系如忠如礼等包括在其中的。君不礼臣，则君不能为君；臣不忠君，则臣不能为臣。这时，君臣的理念对不君之君、不臣之臣来说，只是空洞的虚幻的东西。他们沉迷如斯，似乎不可救药。但理念毕竟在那里，总有圣贤豪杰挺身站起，为之奔走呼喊。

君既不君，则在君那里，只剩个空洞抽象的概念和非君的人体事实。按理想和现实相统一的原则，则臣之为臣忠君，有两条途径。

第一，按臣之理念，循忠之规范，使不君之君为君，如教化、劝谏等，这是宋儒常常实行的办法。不足在于，在君主专制下，缺乏有效的制约规范和力量，天理的威力因之难以尽显，宋儒对此亦莫可奈何。为此，贺强调个性解放、社会公利、民主制度的重要性，并引入力量概念，认为天理是有力量的,天理必须和现实的力量结合,才有威力。① 可见,不能简单地把他的三纲说归为封建制度的辩护语。因为,总的看来,在贺那里,这只是第一步。

第二,就是以符合君的理念的人为君,这就是革命。如汤、武革命,孟子即颇赞赏。后来改朝换代,君主常换,君命常革,几千年间,不知凡几。合理的就是现实的。天理的威力,总要实现,迫不得已,将假手于自私自利,以致大奸大恶之人来实现,这便是他常讲的"理性的狡狯"之意。君主走马灯似的变换,君君的理想,由此而实现着。它的理论根据,在于"本性的交换"说。美国哲学家桑提耶纳认为,事物在现实世界中随时随地都在变迁发展,维持着生存。在其变迁发展中,"抛弃掉某些本性,而换上另一些本性"②,不可避免。即是说,本性不变化,但可交换。本性如衣服,可穿上,也可脱掉,衣服却并不变化。革命、君主替换,只是君主理念交换的形式。君主理念,固然为君主所固有,但并不为某一君主所专有。臣的理念也是这样,在最高理念那儿,君、臣的理念是共同的,是一个概念。在现实中,君、臣则会通过地位的交换而实现其各自理念,走向统一。而革命,正是君变为臣、臣变为君的主要形式。因此,贺并不反对革命,不反对辛亥革命、北伐战争等。他甚至将"革命先行者"孙中山高举为"新心学"的理想人格。

不过,以上的两种途径,虽都是臣忠君的表现,但毕竟有很大不同,即近代的改良和革命的区别。但贺没有从政治学角度,对二者考虑那么细密,这是"新心学"对近代革命不能产生影响的理论原因之一。

---

① 贺麟:《文化与人生》,第190页。
② 贺麟:《现代西方哲学讲演集》,第136页。

第 九 章

新儒学思想

贺麟的新儒学思想，新在于"内圣外王"结构装的是全新的内容，凝聚了近代精神在内。具体地说，他主张人类社会的繁荣昌盛，中华民族的现代化，民主、自由、平等的理想等，这些外王的内容的实现根本依赖于其精神基础，即社会每一个成员，通过文化学术修养，具有理性、情性、时代性，有高水平的科学文化素质。所以，如何提高个人文化素质，使其精神现代化，并阐明个人文化素质和社会整体进步的必然关系，是新心学的重点。

概括地说，新心学的"新"，集中表现在三个方面。第一，突破了道德的疆界，扩展到文化的广阔范围，上升到人类历史的高度。这一突破，从反面说，避免了泛道德主义的局限；从正面说，则把传统儒学道德方面的内圣，扩展成为现代儒学的文化方面的内圣，将古代中国人的道德问题，提升为现代全人类的精神文化问题，使"内圣"的内容，更深刻广泛；使中国传统儒学，找到了和近代西方哲学交融贯通的接合部，传统的道德本体，变成为逻辑主体、心本体，道德修养，则变成了文化学术修养，简称"学养"。"新心学"的文化哲学、人学就着重讲"内圣"问题，而它的本体论和方法论，则为其文化哲学和人学奠定了哲学理论基础。

第二，在修养方法上，把道德修养方法扩充改造成为学养方法，也称为"文化"方法，即文明化、精神化、美化、道德化等。文化是名词，"文化"是动词。学养方法，就个人说，主要内容是文化修养方法；就整个社会说，是文化教化方法。

第三，在内圣与外王关系上，贺花了较大力气来研究和论述。中国传统儒学，到宋明时，对这个问题才渐渐重视起来。今天，对现代新儒学提出了一个诘难——就是内圣如何开掘外王的问题。贺麟以知行合一说，对此作了回答。"内圣"主要指内心精神修养，可谓"知"。"外王"主要指内在精神修养外现于政治、经济等社会实践活动中，可谓"行"。他在吸收近代心理学成果的基础上，以辩证体用说知行，谓知行本来合一，提出了"自然的知行合一"说；又分析朱子、王阳明的"知行合一"说，认为那是理想的"价值的知行合一"说。事实上，知行本来合一。但人有理想，有价值追求，总是希冀有价值的、合乎理想的知行合一。无知则盲动、妄行，真知则笃行力践。后一种知行合一，才是人类努力的方向。其中，知体行用，知本行末的论证，正是对"内圣"能开掘出"外王"世界的直接回答。不能笃行，只是没有真知；没能开掘出"外王"世界，只因没到达"内圣"境界。其说逻辑严密，论据充分，结论有说服力。

一　学养方法

贺麟认为，真理是有力量的。它的力量要在主体的知行活动中显示出来。真理显示于主体的知行活动的过程，可以说是蕴含了真善美在内的文化的社会化的过程。根据他的文化观，所谓文化有三个方面，即哲学和科学把握真，宗教和道德把握善，艺术和技术把握美。故文化社会化，可谓哲学科学社会化，即学术社会化；宗教道德社会化，即善社会化；艺术技术社会化即美社会化。三个方面齐头并进，真理才得以在社会政治、经济、军事等各领域，显示自己的力量。另外，真理显示于主体的知行活动的过程，也可说是以追求真理为职志的主体的知行活动的"文化"化过程，可称为社会"文化"化或社会精神化过程。社会精神化，可说是社会政治、经济、军事各领域，向科学化、哲学化、道德化、宗教化、技术化、艺术化迈进的过程。文化是体，社会是用。所以，文化社会化，是由体到用；社会"文化"化，则是由用到体。两个过程的结合，就构成了贺麟所谓的学养方法。

学养，即学术修养，旨在把握真理，求得真实学问。贺麟认为，必须有一个基本的确切认识，要认识到，"真知必可见诸实行，真理必可发为应用","知识必然足以指导我们的行为,学术足以培养我们的品格",有了真知灼见,认识透彻,必然不期行而自行。一件事,知道了,见到了,真是会欲罢不能。因此,人们知行活动的动力,"要从理论的贯通透彻里去求";社会的发展,人生的成绩,"要从学术的研讨、科学的研究里去求"。"我们要见得伟大的事业出于伟大的学术,善良的行为出于正确的知识。简言之……要能认识知先行后,知主行从的道理,和孙中山先生所发挥的知难行易的学说,必定须有这种信念,我们才不会因为注重力行,而反对知识,因注重实用,而反对纯粹学识,更不会因为要提倡道德而反对知识,反对科学。反之,我们愈要力行,愈要实用,愈要提高道德,我们愈其要追求学问,增加知识,发展科学。"① 可见,学养方法的理论基础就是知行关系论。从知行关系的根本上说,知体行用,则所谓学养方法中,哲学、科学特别占有基础性地位。它不仅是知行活动的基础。也是道德、宗教、艺术的基础。

贺麟说,"在中国凡是一个能负荷民族文化的学者必须具有三方面的学养。一为诗教,二为礼教,三为理学。若缺其一,他的学养便欠充分。而在西洋,有恰与此三者相当的学养,就是艺术、宗教和哲学"。所以,一般而言,现代社会的文化人,虽各有所长,但"在文化陶养方面,必须三面都有基础","任何一种伟大充实的学问,都是许多学问修养的结晶,都是一种集大成"。哲学虽以求真为主,却也兼求美善。哲学而无文学、科学、宗教、道德以充实其内容,往往陷于空洞抽象、枯燥无味。哲学、艺术、宗教,实乃"兼摄互通"②。

所以,学养,实即"文化"。这里所谓文化,是动词,即人文化、理性化过程。贺麟说:"化字含有改变的意义。文要化,要影响其他的一种东西,要感化或支配别的一种东西。譬如教育,譬如诗歌,可以使人向善,可以使人有优美的情操,这就是文化之一。"③ 从根本上说,文化就是"以理性来处理任何事,从理性中产生的即谓之文化"④。这样,文化

---

① 贺麟:《文化与人生》,第174页。
② 钟离蒙、杨凤麟主编:《新心学批判》,第163页。
③ 贺麟:《文化与人生》,第278页。
④ 贺麟:《文化与人生》,第280页。

实有内外两个含义。他说："从价值的观点来看，真善美之表现于外，如学术（包括科学与哲学，即相当于中国所谓理学）、艺术（包括诗歌、戏剧、小说、雕刻、建筑、绘画、音乐等，即相当于中国所谓诗教、乐教）、宗教（包括道德在内，在西洋道德是宗教的附庸，即相当于中国所谓的礼教）即是文化，而真善美之活动于内，如真理的探讨，艺术的创造与欣赏，宗教道德的体验等，亦是文化，或称学养"①，这样，哲学（包括逻辑在内）、科学、宗教、道德、艺术、技术等，作为理性的外化，是一种文化；但作为一种"培养品格，以真理指导行为的努力"②，作为一种精神活动、文化创造、文化体验、文化欣赏、文化陶养，又是学养。

学养或文化，实有三个方面。它要以真理来感化、来影响。所以，它是真理化。但真理又是从哲学、科学等学术研究而得，所以，真理化，实则近于学术化；其次，文化或学养，又要使欣赏的人受熏陶，受陶冶，达到"美"的境界，此即艺术化；再者，学养，或文化重在培养品格，砥砺名节，促人自觉猛醒，把持良知良心，此即道德化。总之，贺麟说："真美善即是真理化、艺术化、道德化，而由于系高尚的情感，坚强的意志和正确的理智所产生，可以说即是精神化——精神文明。而文化的特征乃是征服人类的精神，使人精神心悦诚服。"③ 可见，文化实相当于中国传统儒学的教化，也包括了传统儒学的道德修养在内，是外在教化和内在修养的统一。

在贺麟那里，真理之被发现并整理成系统，中经宣传教育，而形成风俗规范，再影响及于人的信仰，最后落实到人的知行活动中。不用说，真理正是逻辑心的表现。这样，学养方法，从文化社会化历程说，所经环节图示如下："逻辑心→真理→学术→宣传教育→风俗制度→信仰→知行活动。"宣传教育、风俗制度，信仰，尤为其中三个重要环节。

所谓宣传，依贺麟看，在西方并没有什么坏的意思。最初发源于宗教家说教宣教，传播福音，实多少包含有宗教家感化人、救助人的精神。迄于近代，由于印刷术的发明，教育也易于普及，宣传遂"成为任何大

---

① 贺麟：《哲学与哲学史论文集》，第122页。
② 贺麟：《哲学与哲学史论文集》，第120页。
③ 贺麟：《文化与人生》，第280页。

众化或社会化的运动所不可少的凭借"。每种新思想、新知识,不再是少数人的"赏玩品或专利品",都通过宣传,"使之普遍化、社会化,使人人都能共同领受,被其影响"。所以,近代的社会化运动,可说是扩大宣传的运动。他针对当时中国的形势说,"现在中国要想成为一个真正统一的国家,则一切新思想新学术最需普及于群众,一切新事业也需要社会化、大规模化、庶可由共知共信而产生共同的行为"①。可见,宣传乃是"在近代国家社会里求知识的普及与行为的一致而形成道一同风的社会生活的必要条件"。所以,宣传是由少数人之知行,过渡到多数人之知行的过程,是"以先知觉后知,以先觉觉后觉,引起社会广大的运动"的过程。②

贺麟说,真正的宣传,要假定人同此心,心同此理,假定求大众的共同理解、共同行为是应该的、可能的;假定知识与信仰,在人与人之间,可以分有共享;假定人我本属一体,社会是个休戚相关的有机体。一个道理,倘有他人不知,则于他有损,于社会有损,于我也有损。所以,"宣传者实多少具有救人即所以救己的苦心,先知觉后知,先觉觉后觉的重任"。但根本上说,宣传者"只能是以正大有理之道理,唤醒众人的潜伏意识",引起众人的交感与共鸣。接受者并不是埋没性灵,纯处被动,也有"批评的反应和自由去取的权利"。③ 可见,宣传的理论基础,正是新心学;所宣传的,正是心即理也的逻辑心,此外,并无其他可以宣传的东西。

贺麟认为,研究和宣传是教育活动的两个方面,不可离开教育而从事宣传,当然也不可仅仅热心教育而忽略宣传。所谓教,是"发抒心得于人的意思"。前辈把他自己所思所学所经验的心得讲授给后辈学生,向他们宣传便是教。可见,教的前提是教者必先有心得,"内充实自然表现于外,有心得自然愿意发抒给人"。学有心得,如商之赢余,农之收获,精神上感到充实、愉快、活泼、自由、发展,发抒心得则自然舒畅,"如

---

① 贺麟:《文化与人生》,第 216 页。
② 贺麟:《文化与人生》,第 217 页。
③ 贺麟:《文化与人生》,第 218—219 页。

日之发光,如春雨之润物,如清渠之溉稻"①。

宣传教育工作,其重在"从养成良好风俗下手","有了良好的风俗,庶几对于民众和青年学生,才能熏陶感化于无形,施之以无言之教,如春风之普被,如细雨之滋润,不知不觉中,可以陶冶出许多人才"②。曾国藩著《原才》中有"风俗之厚薄自乎一二人之心之所向"。贺十分赞成,"解释,发挥并补充"之。

他将"心之所向"解释成两种意思:一是人格;二是"心向"。就人格说,曾氏之意,似乎是说一时一地之风俗,起源于一二领袖人物的人格,此种人格,当然是"自由、自主、自动的人格"③;就心向说,心向构成一个人的人格,人格建筑在心向之上,"心向乃是精神的集中,意志的趋向,代表一个人整个人格所企求的方向"。偶然的意见感想,憧憧往来,时起时灭的念虑,非心向。真正的心向,足以影响人心风俗者,乃是"知情意的谐和动向,亦可说是知行合一的动向,这种心向应是基于理性的思考抉择,由学养体验、阅历所得的教训因而形成的方向"。此心向能影响风俗,原因有以下三个方面:第一,一二英雄人物所存者神,故所过者化,因而化民成俗;第二,一二英雄人物所志者诚,至诚感人,人受感动而与之同一趋向,是为感化;第三,由于预见先几,先见众心之同然,时势之趋向,登高一呼,响应者众,遂蔚为风俗。故风俗之产生变化,固"与社会历史精神,和工业、农业、商业、交通等经济条件有密切联系,但正由于它能利用厚生,培育滋养,仍能保持其心向的主动性"④。

而一二领袖人物之心向,扩展成为风俗,却有一个过程。第一,由心向变而为"空气"。空气,指当时当地之人的共同意识和心态。一二人在其左右前后,随时接触的少数人之间,通过言论鼓吹、声音笑貌、态度暗示、生活行为,示范感染,形成空气。第二,由空气蔚而成"风气"。风气,较空气范围为广,它普遍弥漫于整个团体或社会,成为整个

---

① 贺麟:《文化与人生》,第 226 页。
② 贺麟:《文化与人生》,第 234 页。
③ 贺麟:《文化与人生》,第 235 页。
④ 贺麟:《文化与人生》,第 234—235 页。

社会或团体的共同意识和心态；空气起于一二人的示范感染，风气则多起于义务广告者宣传者的宣扬。第三，风气的扩大和加强，便成潮流。风气之形成，力量强大，成为时势，汹涌澎湃，沛然莫之能御，是为潮流。是时，四方响应者，随声附和者，中途加入者，借名利用者，所在皆有。故潮流之中，清浊不分、纯杂不一、良莠兼半。与潮流相伴为潜流，潜流实潮流之基础、准备；潮流乃潜流之发展至极处。第四，风气影响及于实际生活，具体化为典章制度，深入人心，积久不易，是为风俗。

由风俗，又能形成信仰。所谓信仰，贺麟定义说，"信仰是知识的一个形态"，是足以推动行为的知识形态。信仰不等于迷信，两者有本质区别。迷信起于愚昧，代表未开化的原始民族和没有受过科学教育的人民的心理；但信仰乃基于科学知识。只有"受过科学教育的洗礼和启蒙运动的开导的文明人"，才能够言信仰。可见，贺麟在这里说的信仰，主要指的是西方近代史上有资产阶级性质的信仰，是"文明人"的事情，而不是什么原始人、奴隶主或封建地主的意识形态。近代资产阶级意识形态，最强调的是人的理性精神。所以，贺麟认为，科学知识可以推翻迷信，但不能推翻信仰，反而只能加强"我们的信仰"。只有能思想有理智的人才有信仰，科学知识越丰富，则人便越有理智能思想，则其信仰也越笃实坚定。在根本上，信仰是知识的一种形态，和科学是统一的。

更进一步，贺麟还论述了信仰作为知识的一种形态的特殊性质。他认为，信仰和感情、意志等一样，表面上似乎与理智相反，其实，它们都弥漫着思想的活动，蕴藏着理智的成分，都是知识的一种形态。不过，信仰这种知识形态，其心理来源和构成有自己的特点。这些特点有：

第一，信仰这种知识，每每是无形间受熏陶感化暗示而无意间不知不觉地得来的。信仰起源于理智的归纳演绎分析者少，而由于感情的激动者多。所以，信仰往往植根于儿童心灵之中，有时甚至被误以为天赋观念。

第二，信仰的养成，主要基于具体的生活、行为、经验和阅历，而很少出于抽象的理智推论。和抽象知识相比，人生中具体的知识更足以增进、加强或改变信仰。所以，我们常常见到有这样一些人，他们在生活中得教训，行为中得智慧，人事方面阅历多、经验富，则他们常有坚定不移的信仰，这些信仰，乃是他们一生事业的基础。

第三，信仰这种知识，不仅来源于自己的生活体验和外在环境的熏陶感化，也或出于天才的直观和对于宇宙人生的识度。大宗教家、大政治家等所有先知先觉者的信仰，大都以此为主要的来源。他们坚定的信仰，建筑在对真理的超卓的直观基础上，而不全是由周围风俗习惯陶铸而成。他们的信仰所依据的知识，往往见微知著，由小知大，由过去的教训而观察将来的知识，来得那样直接明快、生动具体，好像不假思索，所以影响他人、感动他人的能力特别伟大。一个民族或一个时代的中心信仰，大都如此形成。

第四，信仰这种知识中包含有理想和想象的成分在内。信仰的对象不是现实事物，而是理想的事物。有信仰者必有理想。但有理想却未必有信仰，因为许多理想家未必有坚定的信仰、实行的勇气。另外，信仰的理想对象也只有借助想象，才能使自己具体化而有力量，使自己足以激动人的感情，引起人的牺牲精神，令人亲切感觉到这理想的对象并非遥远不可期，乃俨然即在目前。想象不一定即成信仰，但信仰中必包含想象。单只是理想和想象，并无多大实行的力量，只有构成信仰的有机成分的理想与想象，才可能成为主宰行为、推动行为的决定力量。

根据上述分析，贺麟得出了以下几条结论。其一，人人皆有其信仰，有些人不自觉其信仰而已。对此，应要求人们如何使自己的信仰自觉化、理性化，将自己的信仰建筑在自觉基础上，接受理智的批评和考验，并随着学问的进步而获得增进、加强。其二，信仰是行为的动力，是足以推动行为的知识形态，是使个性坚强、行为持久、态度真诚、意志集中的一种知识形态。其三，信仰与狭义的科学知识之间，是矛盾进展相反相成的关系。历史上，信仰可以阻碍科学进步，也可以促进、利用科学知识，而科学或可以打破信仰的凝固性，也能够增进加强信仰的力量；其四，信仰与一般知识之间，是并行不悖、相依相随的关系。知识愚昧，则信仰盲目；知识空洞，则信仰渺茫；知识混乱矛盾，则信仰杂乱反复；知识系统，则信仰集中；知识高尚，则信仰也高尚。如果一个人毫无所知，则他必然毫无所信。总之，信仰与知识，是相互依存、相互统一的。一方面，信仰要自觉化、理性化，向知识靠拢，让知识为自己奠定牢固基础；另一方面，知识又必须依靠信仰、转化成信仰，才能成为影响推动行为、决定主宰行为的力量。知识若离开了信仰，则知识必将陷于空疏枯燥，永不会成为现实的力量；信仰若离开了知识，则只是盲目迷信，没有多少积极价值。贺麟讲信仰，强调信仰和知识的依随关系，目的乃在于为他的"知行合一"说建立逻辑的桥梁，为他的"学养方法"提供一关键环节。有了信仰作支点，知识、真理、思想等，便可借此向行为世界长驱直入了。

这样，信仰的产生就有两个途径：一是外在风俗的铸造，一般人均这样树立起自己的信仰；二是内在本质的直观，少数英雄豪杰取此捷径。但后一种又是前一种途径的基础，内外两个途径是统一的。

影响、决定行为的信仰，按信仰对象不同分为以下几种。首先是对于社会的权威礼教、民族文化的信仰，可称为"传统的信仰"。传统的信仰，是一个社会风俗习惯的结晶，它维系于风俗习惯、制度文化中，构成礼教的核心。"它或出于权威的规定，或出于风俗习惯的耳濡目染，每于不知不觉中深印于儿童的脑筋，成为儿童的原始经验或天赋观念"[①]，先入为主，根深蒂固，难以破除；此外，除传统的信仰外，又有宗教的或道德的信仰。道德信仰，指相信人性善、人有良知、人生有意义，相信道德律的效准、权威和尊严。"道德是宗教的核心"，故道德信仰，也可说是宗教信仰。宗教信仰，指对天、天理、天道、天意、天命的信仰言。宗教或道德信仰，大多出于大智慧、大悲悯，出于真知灼见和理性的直观。建筑在深厚的爱人类与爱智慧的两大基石上。根本上，宗教信仰是传统信仰的根源。理性的直观，经过宣传教育，而形成风俗习惯，然后才产生传统的信仰。理性的直观，是从方法上说。宗教信仰则是从信仰上说。其实则一；此外，还有实用信仰，它以传统信仰和宗教道德信仰作基础。离开传统信仰，则无所谓实用信仰，而所谓宗教信仰，也不能普及于大众。故站在文化社会化角度，说风俗产生信仰，是可以的。

而信仰又直接影响人的活动。贺麟认为，宗教信仰，对于个人生活方面的效能或功用居多，传统的信仰，则在社会生活上或民族前途上的力量与功用为大，而实用的信仰则在知行方面均有很大影响。[②]

[①] 贺麟：《文化与人生》，第 87—96 页。
[②] 贺麟：《文化与人生》，第 90—91 页。

另外，从社会"文化"化角度说，社会各领域要学术化、道德化、艺术化。社会以精神文化为基础，精神文化又以形而上学为基础。故社会"文化"化，也可称社会精神化，正是社会发展的必然趋势。如果说文化社会化是文化的外化，那么社会"文化"化则是文化的回归。

文化社会化的各个环节，都和理性分不开，都要理性化。信仰的注重，不是反民主、反自由、反理性或非理性的抬头。相反，贺所谓的信仰是"浸透了理智的活动和理性的指导的信仰，与知识进展相依相随的信仰"①。所谓风俗，它能起于一二领袖人物的心向，也是"以其必基于一自觉的理性的动力之故"②，离开理性的风俗习惯，也是不存在的，而宣传教育的内容，正是理性。除却理性，并无值得宣传教育、能起到宣传教育作用的东西。

从另一个侧面看，社会各领域，如军事、商业、工业、政治等，都必须学术化、艺术化、道德化。"三化"之间，互相帮助、互相充实、互相联系。这三化"在西洋已成事实"③，但在中国却尚未进行。所谓学术，包括科学、哲学，指知识的创造，理智的活动，精神的努力，文化的陶养。而学术化，则包括逻辑的条理化，数学的严密化，实验科学工程学的操作化，以"使全国各界男女生活……都带有几分书生气味，亦即崇尚真理、尊重学术的爱智气味"④。

关于道德化，贺着重讲了道德和经济的关系，是体与用的关系。他认为真正的道德"非经济所能转移，所能决定"，"不随经济状况的改进而改进，亦不随经济问题的解决而解决"。经济是道德的表现，是道德的收获，是道德的工具。道德才是经济之体，是经济的基础，他说："决定一个国家的存亡，不在于那些林林总总随经济状况的变迁而转移的人，而在于那些不随经济状况而转移，即能支配经济，利用经济，创造经济的有真正道德或真正不道德的人。一个国家的强弱盛衰，即以此两种人斗争的胜败消长为准。"⑤ 贺所关注的是站在主体人的立场上，以怎样的

---

① 贺麟：《文化与人生》，第92页。
② 贺麟：《文化与人生》，第237页。
③ 贺麟：《文化与人生》，第283页。
④ 贺麟：《文化与人生》，第23页。
⑤ 贺麟：《文化与人生》，第28页。

伦理，才能维护社会的稳定和发展，以此来思考经济和道德的关系，得出了上述结论。

要注意的是，他所谓"经济"，不是经济学中研究的经济。不是经济建设中的经济，而是日常生活中主体人的经济状况；是经过主体追究、考察以后，为主体所主导、主宰的经济；是主体的经济行为。纯粹客观的"经济"，"新心学"哲学只把它当作材料、事实；在这些材料、事实背后的经济的"所以然与所当然"，即经济的规律性和目的性的统一，贺麟称为"道德"。这样看，道德当然是经济的决定者。

需要指出的是，在贺的文化哲学中，道德的地位不是最高的。这和传统儒学显著不同，道德本身还要宗教化、艺术化、学术化。所以，社会道德化，只是社会进步中的一个阶段。

关于社会艺术化，除了主张道德艺术化、宗教艺术化，而又谈得不具体外，值得关注的是他所谓的艺术人生，就是人生艺术化过程完成后达到的境界，是逻辑主体比较集中的表现。而艺术人生的特点，正如贺所说的，是富于诗意、富于山林隐逸和潇洒超脱、超然物外、敝屣荣利的艺术家的风味，归真返璞，"保持人的真性情"[1]。

总的看来，三化之中贺对学术化讲得最多。他认为社会的学术化，乃是社会现代化的基础。譬如，道德必学术化[2]，教育必专门化，一切职业要学术化，学术本身也要自然化、实践化。[3] 譬如，就政治学术化说，贺认为学术和政治的关系，是体用关系。学术是体，政治是用，"学术是政治的根本，政治的源泉"。他要求"学术的空气，学术的陶养，必须弥漫贯穿于所有政治工作人员的生活之中，就是说每一个政治工作人员都曾经多少受过学术的洗礼，并且继续不断地以求学的态度或精神从事政治，以求学养的增加，人格的扩大"[4]。而政治学术化过程的完成，则有赖于文化学术的提高，政治教育的普及，自由思想的发达，人民个性的伸展。政治学术化过程完成时的特征，可以概括为"自上而下，以人民

---

[1] 贺麟：《文化与人生》，第169页。
[2] 贺麟：《哲学与哲学史论文集》，第359页。
[3] 贺麟：《文化与人生》，第240—241页。
[4] 贺麟：《文化与人生》，第248页。

自己立法，自己遵守为原则。政府非教育人民的导师，而是执行人民意志的公仆。人民既是政府训练出来的健全公民，故政府亦自愿限制其权限，归还政权给人民。政府既是人民公共选出来的代理者，人民相信政府，亦自愿赋予政府充分权力，俾内政外交许多兴革的事业，可以有效率的进行无阻"。在此情况下，一项国策的制定，一款法律的建立，都要"审慎的经过学术的研讨，道德的奋斗"①。可见，所谓社会"文化"化，正是要为近代社会的到来奠定精神基础，准备思想条件。

贺麟的学养方法，或"文化"方法，是中国传统儒学教化方法的继承、改造和发展。教化，是要使人知仁义道德、知人性；文化，则是要使人知真善美用，有理想，以做人。故教化、文化，均是转移风俗，陶铸人才，塑造人格的过程。而且均认为，一二圣贤豪杰，有领袖群伦、移星转斗、左右时势之能力和责任。不过"文化"和教化，毕竟有许多不同，表现出现代特色。

第一，性质不同。教化乃政府宣传统治人民的政治工具，与刑罚并列；文化乃是在科学发展、知识分子阶层壮大，社会各阶层相对独立性增强的基础上，潜移默化、感染熏陶、教育启蒙，提高广大群众科学文化素质的过程。所以，文化的内容比教化的内容要广泛得多，不仅要道德化，更要科学化、哲学化，艺术化，还要武化、工商化，物质文明和精神文明各方面都发生大的变化。总之，文化的宗旨，不是养顺民、致小康，而是培养独立自由的公民，为近代社会的未来打基础。

第二，标准不同。文化的标准是"近代精神"，具体内容是合理性，合人情、合时代，比教化的标准具体、全面。

第三，文化是自化，强调主体学习的能动性，心即理的先天性。而教化中，自化意不明显，多是他化，或化他，致使教化中人——无论主客，均易失去自我。

贺麟的学养方法，也是中国传统儒学中的道德修养方法的继承、改造和发展。和传统道德修养方法比，学养方法也指人类文化的全面素养的提高，而不限于道德修养；在方式上，学养方法强调思想和行为认识和实践的统一，静和动的统一，而不只是在书斋里静坐玄思；学养方法

---

① 贺麟：《文化与人生》，第48页。

宗旨在于提高一般社会成员的科学文化、思想品德素质，培养现代社会所需要的独立自主的人才，而不是封建官僚。

所以，贺麟的学养方法，是现代新儒学中的教化方法和修养方法，是两者的辩证统一和有机结合。也唯有在内外交养，两者统一的基础上，才能充分地总结、传承实践活动成果，将其转化为社会每个成员的内在心灵，实现人的现代化。从这一点上说，他为我们提供的学养方法在教育（化）领域具有普遍性。这一点，在现代新儒学中，也是突出的。

二　知行合一论

知行关系问题，在贺麟的学术思想体系中占有十分重要的地位。盖现实主体和逻辑主体，必须在知行活动中求得统一，离开知行活动，离开知与行的关系，离开对其活动、关系的研究和认识，逻辑主体和现实主体就不能在理论上获得统一，逻辑主体在逻辑上也将不会安稳，新心学也未为圆满。故知行关系问题，实乃心学所不能回避的重要问题。十分突出知行关系的地位，并对之有新的阐发，正是贺麟"新心学"在现代新儒家中有鲜明特色的地方。

因此，贺麟有意识地表彰知行关系问题在现代中国哲学史上的重要地位。他认为，现代中国哲学取得的最显著成绩，是"陆王学派独得盛大发扬"①，由粗疏狂放进而为精密系统，从反程朱进而为程朱陆王寻得一贯通调解的理学或心学，孙中山先生就是陆王学术"发为事功的伟大代表"②。与此同时，"知行问题的讨论与发挥，足以代表中国现代哲学中讨论得最多，对于革命和抗战建国实际影响最大的一个问题"③，也是在中国哲学史上，现代学者作出的"贡献最大的问题之一"④。朱熹、王阳明、王船山等，对知行问题均有论述。到现代，孙中山则提出知难行易学说。孙中山先生的学说，是"始于革命实践，经过革命实践的考核，

---

① 贺麟:《五十年来的中国哲学》，第18页。
② 贺麟:《五十年来的中国哲学》，第19页。
③ 贺麟:《五十年来的中国哲学》，"《当代中国哲学》原序"。
④ 贺麟:《五十年来的中国哲学》，"《五十年来的中国哲学》新版序"。

有了他自己丰富的革命知识和经历,特别是他对医学专业锻炼而写成的有普遍性、必然性的哲学学说"①,贺认为不可等闲视之。

围绕知行问题,理解和阐发孙中山先生的知难行易说的意义,是贺麟论述知行关系的主要目的、途径和内容。他自己认为,他提出知行合一新说,和孙中山先生的知难行易说密不可分。这可以从以下几个方面理解:

第一,指出孙中山先生知难行易说与王阳明的知行合一说,不但不冲突,而且互相发明。

第二,从知难行易说推绎出"能知必能行""不知亦能行"两个原则,这两个原则比知难行易说本身"尤为重要,尤为根本且较深于学理基础,较便于指导生活,较能表现近代精神"。

第三,知行合一说,是知难行易说的逻辑发展,是知难行易说的前提基础和理想归宿,唯有到知行合一这里,知难行易说,才能说理论"坚实"而又"透彻"②。

由上也可以看出,贺麟谈知行合一,目的在阐释、发挥孙中山先生的知难行易学说,为孙文学说——发挥三民主义信仰的学说,奠定坚实而又透彻的理论基础,以避免将哲学与革命打成两橛,互相分离。也可以认为是他借阐释知难行易学说的机会,发挥自己知行合一的新见,"述而不作",而述中有作。总之,知行合一说,是他知行关系论的核心。

贺麟的知行合一说,首先对"知""行""合一"三个概念予以了明确的界说。③他说,知,指一切意识的心理的活动,如记忆、感觉、推理、意志、情感等都属知的范围。行,则指一切物理的生理的活动,五官四肢的运动、神经系统的运动、脑髓的生理运动、科学上原子的运动,皆属之。由以上界说可知,知行皆是活动,但又有显、隐的不同等级。最隐之知如本能的意识、下意识的运动,差不多等于无知,但不能说它是绝对无知;最隐之行,如隐晦的生理动作,如静思沉坐,差不多等于无行,但也不能说它是绝对无行。

---

① 贺麟:《五十年来的中国哲学》,"《五十年来的中国哲学》新版序"。
② 贺麟:《五十年来的中国哲学》,"《当代中国哲学》原序"。
③ 以下所述,皆引自贺麟《知行合一新论》一文。

而"合一",则不是混淆不清、漆黑一团的混一,而是分中有合,合中有分,开始本来合一,继之分而为二,终于复归统一。知行合一,正是说知行是辩证的统一。在这里的合一,是体用的合一,是本质与现象、理想与现实的合一。另外,"合一"又是平行的意思。单从主体人的任一活动看,都是心理活动,又是生理活动,既是知,又是行。知与行,乃是同一活动的两个方面,永在一处,永相伴随不分离,如手背之与手掌。知行平行,也指知行双方在时间上的进展,合一并进,同时发动,同时静止。

单从知行平行合一看,知识的主动或被动、变迁进退的次序或程度,和行为的主动或被动、变迁进退的次序或程度相同。知和行之间,不能交互影响,知为知因,行为行因,知不能使身体动作,不能决定行,行不能使知识增进,不能决定知。因此,在研究方法上,根据知行平行说,只可以用知释知,以行释行,各成系统,不越范围,是为纯粹科学方法。如以知释知,以思想释思想,纯用逻辑思考,产生纯哲学、纯精神科学;又如以行释行,纯用机械方法,产生生理学、物理学及行为主义心理学。根据斯宾诺莎的看法,若知识方面陷于愚昧,则行为方面沦为奴隶;若知的只是糊涂混淆的经验,则行的便处于被动,而且徇于情欲;若知的方面能进而知人知物知天,则行的方面便有征服自然,自主自由,利己利人,爱人爱天。

再从知行的体用合一看,则知行有主有从。首先知是行的本质。行是知的表现。行不以知为本质,为主宰,为指导,不能表示知的意义,则行为不成其为人的行为,只是纯粹物理的运动。行为,乃是表现或传达知识的工具;知识,则是指导行为的主宰。所以,我们一方面可以向内反省,知道自己的知识或思想;另一方面又可以借他人的行为,以了解他人的知识,理解他人的思想。

其次,知行体用合一,又可以理解成知永远决定行,故为主;行永远被知决定,故为从。一人之行或不行,能行或不能行,怎么行,行之主动或被动、正确或错误,行的效率的高或低,所有这一切,都被知决定。知识颖敏、深彻、精到,则行为迅捷、坚定、笃实。

最后,知行体用合一,指知为行的目的、理想,行是知的工具,是附从于求知的过程。任何人的活动,都是求知的活动。科学家求知"是什么"（What），哲学家求知"为什么"（Why），道德家求知"应做什么"（What ought to do），军事家、政治家、工程师等，最后目的仍在求知"如何做"（How to do）。总之，行为，乃是知识的功能；知识，则是行为的理想。

知行平行合一和知行体用合一这两种合一的形式，是辩证统一的。知行平行是现象，知行体用是本质。知行体用是出发点、归宿点，是知行平行的原则、标准、真理，而知行平行只是知行体用的过渡环节，是知行体用实现的利用工具。从知行平行向知行体用的进展，包括了两个过程：一是知行体用外化为知行平行；二是从知行平行回归到知行体用。这两个过程的统一，正是心物关系在现实主体实践活动中的具体实现。由此也可看出，贺麟的知行合一论，正是和他的心物合一论、心理合一论连贯一体的，正是他的逻辑主体论的现实化、具体化。

在对知行合一的概念界说基础上，贺麟又将知行合一分为两类：一是根据知行平行，有自然的事实的知行合一说；二是根据知行体用，有价值的知行合一说。两种知行合一，既实现了上述的知体行用本质，又将现实主体的现实和理想、事实和价值有机统一了起来，为人类在现实知行活动中追求自由、实现自由提供了理论桥梁。

根据知行平行论，知行永远平行，永远同时发动，永远是同一活动的两个方面。最低之知则有最低之行，伪则妄为，冥行必盲目，有真切笃实之知，则必有明觉精察之行。如实行家，是知行合一，不能说是行而不知；理论家也是知行合一，不能说是知而不行。只能说伟大的实行家有伟大的知与伟大的行合一，鲁莽的实行家则必有糊涂的知与之合一。同时也只能说伟大的理论家，有伟大的事业、积极的影响与之合一，空洞的歪曲的理论家，有荒唐错误的行为和恶劣的影响与之合一。上起圣贤豪杰，下至愚夫愚妇，以至于汉奸贪官、禽兽昆虫莫不知行合一。

不仅人人知行合一，而且事事知行合一。譬如作战一事，不能说只是行，也是知行合一之事。作战冲锋，既是行动，也须有知识和思想，知敌友我，知战略战术，方能作战。不过这只是知隐行显罢了。又如读书，固为知之事，但也必须运动口耳眼目，运动神经，也未尝不包括行。所以，读书也是知行合一的活动，不过只是知显行隐罢了。

有意识活动之知，就有生理活动之行，自然而然，不假人为，这是事实。所以,这种知行合一,贺麟称之为自然的、事实的知行合一。知行合一,乃"是如此"的事实,不用人们去努力追求,也无价值可言。他说,自然的知行合一说,是为了"补充或发挥价值的知行合一论"而新提出来的看法,它"完全从客观事实、心理现象去考察知行必然的逻辑的联系"①。

具体到每个社会成员身上,则自然的知行合一说,又包括两种形式。一是个人的知行合一说,认为任何个人的知与行都是合一的;二是社会的知行合一说,认为任何时代、任何社会、任何事业,其知行都是合一的。

贺麟说:"我尚发现中山先生曾新提出了社会的知行合一说,惟他只提及端绪。"② 不过,如能"善加理解与发挥,实于观察历史、改革社会、建树事业各方面,均有可以提供参考指针的地方",意义十分重大。

他发挥道,在社会的知行合一看来,知属领导方面,行属服从执行工作方面。知优良,则行也随之优良,知简陋,则行也随之不竞。"知的方面为主,行的方面为从,知难行易乃显而易见。"又从历史上看,每一时代、每一社会的知识水准和行为水准,也永远和谐一致。原始时代,初民社会,知则混沌未开,行则朴野不义。中古时代,宗教思想盛行,则社会人士,出世行为亦多。近代社会"近代化的行为,与近代化的知见思想合一"。而在社会转折过渡时代,大多数人思想认识上青黄不接,新与旧扞格脱节,则其行为亦矛盾反复,迟疑徘徊无主。所以,孙中山先生的社会的知行合一说,实是对知行合一的"新解释、新理论、新贡献,道前人所未道,殊值得我们特别加以表扬发挥"③。

又据知行体用说,则知行合一,应是以知为体、以行为用的合一,是有价值、有理想的合一,是知行平行说的发展和实现,知行平行,同时发动,本不能互相决定。但也可以说,也必须说,在知行平行时,知行之间,也有内在的决定或逻辑的决定关系,知为行的内在的推动原因,知较行有逻辑的先在性。也就是说,知行之间,必先有个知,然后才有

---

① 贺麟:《五十年来的中国哲学》,第 196 页。
② 贺麟:《五十年来的中国哲学》,第 195 页。
③ 贺麟:《五十年来的中国哲学》,第 199 页。

知行平行。可见，知行平行不是如两条平行的直线，机械外在地凑合平行，永远互不相干。所以，知行平行是表象，知行体用，知内在决定行是本质。知行的内在关系的实现过程，就是知行平行发展到知行体用的过程，也是自然的知行合一自我扬弃，进展到价值的知行合一的过程。

价值的知行合一说，认为知行合一是理想的知和理想的行的理想的合一。据界说，理想的知，即是作主宰，为指导，乃行为的本质之知；理想的行，乃是知识的表现、工具、过程的行；理想的合一，乃是体用的辩证的统一。所以，价值的知行合一说，认知行合一是"应如此"的价值或理想，为必须主体努力修养才能达成实现的职责，是只有少数人的劳动收获、奋斗成绩。

不过，在历史上，对知、行、合一的界说，却有曲折表现。据知行永远平行合一，则理想之知，也与理想的行合一，并不存在脱离行的理想之知。所以，历史上的理想的或价值的知行合一说，是认显行隐知为行，显知隐行为知。只抽象地，为方便计，指显知为纯知，显行为纯行。对知行的界说，和今天相比颇有不同，对合一的界说，也不同。所以，古人所谓知行合一，与今人所谓知行合一，差距甚大。

自然的知行合一说，是说知行双方，自行合一，同时合一。价值的知行合一说，则要求在不同时间内，去求显知隐行与显行隐知的合一。由于知行间有了时间距离，故知行的合一成为理想的，而非自然的；由于要征服时间距离的阻隔，所以需要主体的努力追求才可达到实现，故知行合一又是一个理想实现的过程。比如，研究政治学，属知；将研究所得，实行起来，实际改革政治，属行。实施或实现对于政治学之知识、理想，即知行合一。

可见，这种知行合一，实际上包括了知行平行和知行体用在内，包含了知行平行向知行体用的进展过程。所以，它是主体的辩证运动过程的总结概括。

在贺麟看来，价值的或理想的知行合一过程，有两个途径，是两个途径的统一，此即上节所述学养方法。这两个途径，分别说来，一是向上的途径，由显行隐知的行和显知隐行的知合一，以超越不学无术的冥行，寻求知识学问的基础。这也可称为学术化的途径。二是向下的途径，由显知隐行之知以求和显行隐知的行合一，以救治空疏虚玄之知，力求学术知识的应用，使对社会国家人类有实际的影响和裨益。这也可称为社会化、普及化、效用化的途径。学术化途径，由用到体，正是现象学方法的运用；社会化、普及化、效用化途径，则是由体到用，正是本体论方法的运用。合而观之，两个途径的统一，构成知行合一过程，正是现象学的本体论方法的具体化。

在历史上，价值的知行合一说有两派。一派是理想的知行合一，以朱子为代表。先将知行分为二事，然后再求其合一或兼备。"知行常相须"，应当且必须合一。至于求知行合一的可行途径有三：（一）知行交养并进：即一面致知，一面涵养；（二）先知后行：先博学审问，慎思明辨，然后笃行；（三）若自觉欠缺笃行工夫，则不妨先从力行着手，以求与知合一；若自觉欠缺知的工夫，便先去格物穷理，以求与行合一。朱熹以知行合一为最高理想，故可称为理想派。

第二派是直觉的知行合一说，以王阳明为代表。主张即知即行，如好好色、恶恶臭，即是直觉的当下的知行合一。见好色，即知，同时即好之，乃行。恶恶臭亦然。此乃基于人心之同然的本然的直觉，不假造作的。不过，王阳明似未明言处在于：知行合一，是同时抑或异时？若同时，则纯为自然的知行合一，即禽兽亦然。若不同时，则又等同于朱子。贺麟说，仔细理会王阳明的意思，他持的是率真的或自动的知行合一观。就工夫言，目的即手段，理想即行为；就时间言，知行紧接发动，即知即行，几乎不能分别先后，但又并非完全同时，只有极短而难于区别的距离，如见父自孝，见兄自悌之类。所以，说率真，乃良知的表现；说自动，乃自行、自动、自然、自会如此地知行合一。

贺认为，他自己提出的自然的知行合一观，和朱熹、王阳明的价值的知行合一观并不冲突。在学理上持自然观，于修养上，则持价值观，二者可以统一。持自然的知行合一说，可以解释朱、王知行合一说，为其知行合一观奠立学理基础。其实，朱熹讲涵养用敬，讲中和寂感时，已为王阳明的直觉的知行合一观做了预备。当王阳明讲知行的本来体段时，又具有浓厚的自然的知行合一观的意味。所以，自然的知行合一论，乃是从程朱到阳明讨论知行问题的历史发展所必有的产物。历史的进程既揭示了从价值的知行合一观向自然的知行合一观的进展，揭示了从学理上揭示修养的道理的历史必然性，也未尝不可以说，历史的进程，已经部分地显示了价值的知行合一说，实也诞生于自然的知行合一的土壤中——因为没有价值的知行合一，只有自然的知行合一，则显知与显行之间，常处于分裂甚至对立的状态，人类的实践活动将缺乏稳定性、有序性。因此，也可以大胆地说，随着历史的进一步发展，实践活动的内容更加丰富，必将有更多的史实揭示出自然的知行合一说向价值的知行合一说的发展，揭示出学理上的认识向修养上的实践进步的历史必然性来。

知行问题，是主体人的问题。在中国历史上，从伦理学角度、从认识论角度对知行关系均有论述。但站在人学层次，超越伦理学、认识论以至美学的较低层次，从知情意的统一中考察纯粹的知行关系——作为主体人的实践活动，不仅对于认识知行关系本身，而且对于人学的发展也具有十分重要的意义。不能说在贺麟以前，没有学者们从人学角度谈知行问题。比如王阳明的知行合一说，如果仅仅从认识论理解，就容易导致误会，如果再从伦理学角度理解，而不从认识论角度解释，那也是狭隘的。还是要从人学角度解释，恐怕才全面些、准确些。尽管如此，自觉地将知行问题作为重要问题，自觉地从主体角度宏观论述知行合一命题的意义，并结合近代历史实际，吸收近代西方学术成果，发挥传统知行合一命题，创造性地建立现代新儒学的知行哲学，贺麟的贡献是不可忽略的。

到晚年，贺麟提出实践概念，讲出实践主体。但是，他所谓实践，其实只是他"知行合一"论的另一个称呼；他的实践主体和逻辑主体并不截然对立，恰恰是内在地统一。逻辑主体是实践主体的内核，而实践主体则是逻辑主体比较具体的表现。所以，在贺看来，他的"知行合一"说，本来就是讲主体内在的体用、主客统一这样一些问题的，而这些问题——主客体、体用、感性和理性、物质和精神、心和物、心和理等的对立和统一，正是"实践"的本来内涵。虽然他讲"知行合一"时，并没有提出"实践"这一概念，但实际上从唯心主体辩证法角度，已揭示和包含了"实践"的根本内容。因此，将"知行合一"论冠以"实践"称谓，揭掉"知行合一"的面纱，使其从抽象到具体，从隐晦虚玄到鲜明生动，是有内在必然性的。这样，"新心学"也由此改变了自己旧的面貌，树立起站在现实世界，和人民大众、民族国家的需要息息相关的新形象，从而主体哲学思想达到了成熟。

三　发展新儒学的主张

贺麟对现代新儒学的贡献，大致说来，他提供了一个融贯中西古典哲学的逻辑主体论、方法论，以此为基础，他又为现代儒者提供了有现代特色的教化方法和修养方法。此外，他还为中国现代新儒学的发展，在宏观上提供了发展的战略蓝图——确立了学统、标准和途径。最后一点，在现代新儒家中也是很有特色的。

（一）"正宗哲学"说

"正宗哲学"说，是儒学近代化以及新儒学开展的学统根据。事实上，每一种思想都有它的历史渊源或学统根据。贺麟的新心学的萌芽、形成、发展、成熟，也离不开学术史的滋润、支持，有它的学术史渊源。而且他自觉意识到这一问题，在他的新心学思想形成时，他的学术史观也形成了。

他认为，在中西学术史上，均各有其学统。中国是孔孟老庄、程朱陆王，即儒学。这儒学，当然是吸收了老庄思想精华的，所以是宋明新儒学，也是现代新儒学的祖先。西方学术史上，则有苏格拉底、柏拉图、亚里士多德、康德、黑格尔等这一正宗脉络。中国、西方这两个学统所研究的问题，均有逻辑的进展。从提出"物者理也""天者理也"，发展到"性者理也""心者理也"而达到高潮。从对自然、宇宙的关注进而到对社会、人的关怀，从物质的层次进展到精神的境界，从客体进而至主体的觉醒，学术历史对自然、物、人的把握愈益深入，逼近到"理"——世界的本质的天地。这个过程，正是从形而下的物到形而上的理的进展，也是从变到常，由用到体的逻辑的也是历史的发展。

另外，由于体、用不可分离，体是本质，用是表现，那么，也未尝不可以说，学术史的这一进程，又是由体到用的展开。当局限在物、自然、变时，还是低级阶级。当从物、自然、变中，增加了理、常、心等时，宇宙的内容更丰富，人生更充实，生命更有活力。

将这一过程逻辑地概括出来，是一切学问的根本使命。唯有完成了这一使命的学问,才可以说反映了历史实际或逻辑真理。这些学问在时间上从前到后,形成连续不断的长河,这就是正宗哲学,也叫纯正哲学、古典哲学或"唯心论"。对此,贺麟写道:

> 古典哲学,至今尚未成为时代的潮流,但社会上的要求已很迫切,因为青年在理论方面要求贯彻,在精神方面要求满足。能达到此目的的,也只有纯正的古典哲学。这种纯正的哲学比以上两种(指实验主义和辩证唯物论——引者)更旧。因为在西洋,这代表希腊哲学的主潮,而近代,也远在19世纪以前。也可以说比上面两种哲学更新,因为古典哲学的内容,势必是扬弃前两者而加以新发挥的哲学。这种哲学,也可以称为唯心论,因为其理论建筑在精神科学的基础上面。①

迄于近代,正宗哲学在中国也传承下来,并有新的发挥。贺麟用同情的了解方法,在中西文化交流基础上,以"唯心论"的名义,将他认为属于"正宗"的哲学家及其基本思想列举出来,予以表彰。在他看来,近代中国学人中,下列诸先生或属于正宗哲学,或和正宗哲学相关联。他们是:康有为、梁启超、章太炎、孙中山,后来有王国维、蔡元培、梁漱溟、熊十力、马一浮,以及朱光潜、唐君毅、郑昕、张颐等。

与此相对的是,面对以胡适为代表的实用主义,金岳霖、冯友兰背后的新实在论,以及辩证唯物论、全盘西化派、中国本位文化派等,他都本着"正宗哲学"的立场、观点、方法,对它们进行了内容不同、程度各异的批评。

"正宗""纯正"的说法,渊源于中国学术史上的"学统"说。这不是科学的说法,但其中又包含了合理性。只要有真学术,则它必有渊源,有传承,渊源远而传承久,自然成立统系。在学术史上,有学统存在,这是学术历史发展规律的表现。而且真理颇不易认识、掌握,仁者见仁,智者见智。举凡言之成理,持之有故,可成一家之言,便称有学。故学者常不止一人,学派多不止一家,学统也不唯一脉。为学而不入统系,

---

① 贺麟:《五十年来的中国哲学》,第74页。

固难称为有学。然若进一步，把自己所揭橥的一脉封为"正宗""正统"，就不易客观地估价自己，对待他统，易封闭自己，不利发展，也不符合体一用多的逻辑要求。

不过，贺麟提出"正宗"说，无疑表现出他对于自己所认识把握到的学术真理的坚定的信心和情志的追求。在他内心深处。所谓正宗正统，正是理性展示自己的历程，是真理流衍的长河，是绝对真理粒子结晶的路。而且，在这些真理中，民族精神占有极大的比重。他提出"正宗"说，也是想通过揭示文化传统的血脉，鼓舞民族文化精神，发挥传统文化应有的作用。

他认为，学术是政治的命脉。所以中国学者有学统、道统、政统之说。在社会各领域，"各人贡献其孤忠以维系他自己所隶属的统纪。有时二者不可兼得，深思忧时之士，宁肯舍弃政统的延续，以求学统、道统的不坠"。"在一切政治改革，甚至于在种族复兴没有希望的时候，真正的学者，还要苦心孤诣，担负起延续学统、道统的责任"，"以民族的命脉，学统的维系自命。"① 当然，抱孤忠、存学统，必以内心认学统之正宗与否为前提。

不过，贺麟认孔孟老庄等为正宗，并不是定于一尊，排挤他家的门户之见。他说，一个社会或国家，认某一哲学家的体系为定论，定于一尊，而认违反此定论的学说为异端邪说，则那个社会或国家就会陷于政治不民主、学术不进步和思想不自由的厄运。汉武帝认孔子的学说为定论，尊崇儒术，罢黜百家，其妨害思想自由、学术进步和政治民主的恶影响，真是难于计量。② 由此可见，贺所说的"正宗"，不是排斥非"正宗"学者，和他们对立不相干涉。就他本意看来，一学统外，若真有与之对立或不相干涉者在，则此学统实不足以称为正宗。

真正的正宗，乃是既提出问题，喜欢批评、怀疑，反对旧传统，提出新方法、新难点、新方向，又解决问题，"善于综合融汇，折中各派而求其至当，集各派的大成而创立博大的体系，使人有百川归海，叹观止到顶点之感"。但解决问题，不是执着一偏之成说以为尊贵，以为绝对，

---

① 贺麟：《文化与人生》，第249页。
② 贺麟：《文化与人生》，第275页。

大都只承认自己是"折衷众说,集其大成,而不敢以独创独断自居"。所以,哲学史上,学统派别甚多,但"脉络分别,源流清楚,如众山之有主峰,如众流之归于海"①,仍是向"道一而已","真理只有一个"的大方向行去。可见,所谓正宗,正如"主峰""大海"而已,是从终极的根本的意义说。

终极的根本的意义上的正宗,必然表现为一定的历史进程,这就是"学统""政统""道统"。但我们在确定历史上各派学问是不是符合"正宗"时,却须三思而行,慎之又慎。在划定哪些认识成果不属于正宗或者和正宗相反时,尤其要三思而行,慎之又慎。是否符合正宗的确定或划定,本身是伴随着对真理的认识的深入而发展的。这也是一个历史过程。这也就是说,这些确定或划定是会变化的,而不是永恒不易的。

尽管如此,我们还是要不断地作出努力,确定或划定哪些符合正宗,哪些不属于正宗,哪些正和正宗相反。这有助于人类的认识一步步逼近真理。从新儒学角度说,也必须划分出正宗哲学,才能为后继者提供新的起点、既成准则和远大的理想,庶几新儒学才发展得起来。由此可以看出,贺麟提出"正宗哲学",对于中国近代以至于现代民族哲学的建立,具有十分重要的意义。在中西文化交融冲突的复杂形势下,在学术自由口号震天响的时代,能够冷静地在中西学术历史上寻觅出"主峰""大海"式的正宗哲学,即使是点点滴滴,也是很有价值的;而贺竟然提出"正宗"口号,更足以见其胆识和魄力。这一点,在现代新儒家中,是不多见的。

"正宗哲学"主张,就贺麟本人来说,是见之于行动的。他平生努力融会中西哲学,创立"新心学",就是对"正宗哲学"的直接继承和发展,或者说是中西"正宗哲学"的结合。贺本人有泛览诸家而集其成的气概魄力,又掌握了集大成的方法——辩证法。这就为他成功地追求和发展"正宗哲学"提供了必不可少的支持。而且他对各派学说的批评,都能本着他所谓"正宗哲学",一以贯之,确然建立起他自己的学术思想体系,在逻辑的严密性方面也是成功的。他批评实用主义,着重批评它没有远大理想;他批评新实在论,着重批评其离心言理,离心言物;批

---

① 贺麟:《文化与人生》,第276页。

评辩证唯物论也认为它离心言实在；而他批评本位文化派、全盘西化派等则着重批评他们缺乏辩证思维。通过这些批评，正可以反面凸显出他的唯心辩证法宗旨。在他看来，唯心辩证法，或辩证唯心论，正是"正宗哲学"的本质。这已足以说明贺对"正宗哲学"划界的局限。

（二）"三化"说

"三化"，指传统儒学现代化的三个途径，这也是现代新儒学发展成长的三个途径。

贺麟的学养方法，主张文化社会化，社会"文化"化，这是从本体论方法的宏观层次揭示文化转化的逻辑历程。将他的学养方法运用到文化关系中，则只能主张中国文化要西化，西方文化也要中国化，同时传统文化要现代化，现代文化也要传统化。当此之时，文化转化的主体性还不自觉，不突出，不具体。必须更进一步，使学养方法从抽象到具体，从干枯到丰富。"三化"说，就是专谈儒学在现代化过程中，在中西文化互相转化的过程中如何保存发扬自己的基本精神，开辟出现代世界新天地的问题。所以，"三化"说，正是他的学养方法的进一步具体化，是他的文化转化论的具体落实。

贺麟说，传统儒家思想，本就有三个方面。一是以理学格物穷理，寻求智慧；二是以礼教磨炼意志，规范行为；三是以诗教陶养性灵，美化生活。这三个方面，实分别代表了人类追求真、善、美永恒价值的三条路径。在西方，恰恰有和这三个方面相对应的文化部门，即哲学、宗教、艺术。有鉴于此，儒家思想的现代化，也正可以从这三个方面入手。

对认识对象进行分门别类的专门认识，正是近代西方科学的特征。但贺麟认为，在儒学现代化的问题上，不必要专门提出儒学科学化的问题。因为在他看来，科学认识的特征就是分科认识，越分越细，由此看来，科学至多只能说是求部分真理的学问。和科学不同，儒学是对自然、社会、人生的全面把握，是对全体真理的认识。在这方面，儒学更接近哲学。从价值上看，科学以追求实用的价值为宗旨，而儒学则以追求真、善、美的精神价值为依归，二者层次不同。所以，他说，"我们不必采取时髦的办法去科学化儒家思想"①。又说：

> （我们）既不必求儒化的科学，也无须科学化儒家思想。因科学以研究自然界的法则为目的，有其独立的领域。没有基督教的科学，更不会有佛化或儒化的科学。一个科学家在精神生活方面，也许信仰基督教，也许皈依佛法，也许尊崇孔孟，但他所发明的科学，乃属于独立的公共的科学范围，无所谓基督教化的科学，或儒化、佛化的科学。反之，儒家思想也有其指导人生，提高精神生活，发扬道德价值的特殊效准和独立领域，亦无须求其科学化。换言之，即无须附会科学原则以发挥儒家思想。一个崇奉孔孟的人，尽可精通自然科学，他所了解的孔孟精神与科学精神，尽可毫不冲突。但他用不着附会科学原则以曲解孔孟的学说，把孔孟解释成一个自然科学家。②

不必儒化科学，也不必科学化儒学。儒学和科学，两者各自独立，各有对象范围功用，各处于不同的层次阶段。儒学的对象是人，它也关心自然，但那是人化的、精神化的自然。科学的对象是自然，但它也研究人，不过那是自然的、物质的人。科学通过自然这一中介来认识人，也就是说，它关心自然的——没有作为主体的人的影响的因果必然性，所以，在科学那里，人的主体性不高，人还只是客观规律的奴仆。和科学不同，儒学则直接关心人的本质，人的理想，人的自由，在这里，人的主体性高昂，因果必然性也成为内在于主体的性质，是主体性的表现。可见，从主体发展角度看，儒学的层次较高，科学的层次较低；科学只是儒学的阶梯、工具、过渡的桥梁，儒学则是总的原则、出发点、理想。这时，如果还有谁提儒学科学化，当然是不必要的。不仅是不必要的，甚至也可以说是倒退。科学普遍却抽象，儒学特殊但具体，只有具体的真理，才有现实的生命力。

将儒学和科学协调起来，使两者不互相冲突，各自区分清楚，划清

---

① 贺麟：《文化与人生》，第81页。
② 贺麟：《文化与人生》，第7页。

界限，使不混淆，正是哲学的任务。所以科学虽然不必儒学化，但科学必须经受考验、追问、证明，必须以一定的哲学为基础，必须哲学化，将哲学作为思想、准则。儒学不必科学化，但儒学也必须经受检验考核，以哲学为出发点、归宿点、标准，向哲学的方向迈进。唯有这样，儒学和科学才能友好相处，并行俱进，而又有体有用，互不相害。站在哲学的立场或层次来诠释传统儒学，这是近代学人也是贺麟先生对待儒学的共同态度。不同在于，贺心目中的哲学是源于"正宗哲学"的新心学而已。所以虽都讲哲学化，但具体内容是颇为不同的。

在贺那里，哲学化是儒学三化中的第一任务。所谓"三化"，他说，第一，必须以西洋的哲学发挥儒家的理学，即理学哲学化。

理学，是中国的"正宗哲学"。西洋的哲学，也是西方的正宗哲学，即苏格拉底、柏拉图、亚里士多德、康德、黑格尔的哲学。由于东圣西圣，心同理同，故出于东圣西圣的中学西学相互之间也能"会合融贯"，并产生出可以发扬民族精神的新哲学。这种新哲学，既来源于传统的理学，也渊源于西方正宗哲学。但在这两个渊源中，具有民族性的理学是出发点和归宿，也是新哲学的基本表达形式，而西方正宗哲学的某些内容，则被理学——不是历史上的理学，而是理学中所蕴含的基本精神、根本性质——所吸收、所"利用"。从这里可以看出，民族哲学是主体，外来哲学只是民族哲学充实丰富自己、发展完善自己的工具。

问题在于，能够发扬民族精神的新哲学，为什么能够从具有比较普遍的意义、"会合融贯"而把握的心同理同的文化精神中诞生出来呢？换一句话说，本体性的文化精神在什么条件下能够变化成为现象性的"新哲学"？根据我们在前面的考察，可以认为文化精神作为本体，它自身就圆满自足，有动力有特征有能力向着现象界转化，这是根本的解释，但也是比较抽象的解释。要是比较具体的解释，则只能从传统理学自身的发展演变中来寻找它发展成为能够发扬民族精神的新哲学的历史原因。这可以说是一种历史学的方法。贺麟的特点在于，他心中的历史学方法，是不能离开人的，根本上只是主体自身的进展在历史进程上的表现。具体到传统理学的发展来说，一个根本的前提条件是，传统理学的发展必须依靠后来学者的诠释——理想解释，也可以说就是同情的了解、同情的理解。相对于过去的解释，理想解释是新诠释。新就新在这种诠释吸收了西方正宗哲学的成果，面对的是近代中国的现代化的问题和民族救亡振兴问题，曲折地反映了中国历史从古代向近代转化的某些必然性因素。

通过新的诠释，使传统理学向新哲学前进，这是贺麟新心学所揭示出来的理学发展路径。这个路径，充分强调了后人的历史使命感、历史责任感等历史主体因素在理学发展中的突出地位，另外，又比较明显地没有将历史客体内部的大量复杂的因果联系明白揭示出来，使主体和客体、理想和现实的辩证统一关系在历史进程中有被割裂地理解成片面对立的可能。从这个路径走下去，所形成的新哲学，具有高昂的主体性和理想性，这是它的优点，可惜的是，它的辩证法在处理理学的发展问题时，也没有实现为科学历史方法，致使历史领域内丰富的客体内容和现实材料、现实联系没有机地统一于主体理想之中，让人看来好像是主体掩盖了客体，理想代替了现实。贺麟的新哲学在处理历史文化问题时，无可掩饰地暴露了它的不足。这一点，值得我们今天好好地思索。

贺麟认为，新哲学的形成，有赖于理学哲学化。"理学哲学化"这一命题本身也应该进行具体分析。他在这里所说的理学，不是历史意义上的理学，而是指传统儒学中比较具有思辨性、哲学性的部分，尤其是本体论部分。这一部分内容，在理学中获得了较大的发展。从历史上看，理学中的本体论部分，是吸收了老庄、佛学思想中的气论、道论、心论、性论等本体论内容的成果。因此，理学哲学化，理所当然，吸收道家、佛学思想进入儒家，援道入儒，援佛入儒，或者说在佛道与儒融会贯通的基础上来发展儒学，恐怕是理学哲学化的应有之义。因此，在贺麟那里，儒家与佛道二家的关系，不再是羞羞答答、偷偷学习然后拒不承认反而狠狠批判，而是光明磊落地主张着"三教合一"，承认了"三教合一"的历史事实。无疑，新哲学毫不悯惜地将传统理学中大量存在的宗派主义倾向抛开不管了，而代之以明白的具有现代特征——如科学性、民主性等的学派分歧。

从这一点上来说，理学哲学化，又不只是简单的道家化或佛学化，更是指对理学中有思辨性的概念，首先命题的解释——即使是理想解释，同情理解，也应遵循逻辑的基本规则，以逻辑为方法；其次也指以逻辑方法为工具，去发展传统儒学中比较薄弱的本体论、方法论和知识论部分，为儒学近代化提供近代哲学的理论基础。不用说,这里所谓逻辑,是贺麟自己的逻辑方法。

将这种逻辑方法运用来解释理学中的范畴,就成为理想解释或同情理解,这种诠释方法,乃是他的文化哲学本质批评法、精神发现法的运用,当然也是他"新心学"的本体论方法的运用。所以,仔细看看他怎样解释理学诸范畴,是很有必要的。

他拈出理学中"仁"和"诚"两个概念,进行解释发挥,具体展示了如何使理学哲学化。他说,从哲学看,仁乃是仁体,仁为天地万物之心,是天地生生不已的生机,是自然万物的本性。另外,仁又是万物一体、生意一般的有机关系和神契境界。简单说来,哲学上可以说有仁的宇宙观、仁的本体论。离开了仁来看本体,说宇宙,那么,若不陷于死气沉沉的机械论,就必然流于漆黑一团的虚无主义。他又说,"诚",指实理、实体、实在或本体包含有真实无妄、行健不息的意义。如孔子说,"逝者如斯夫,不舍昼夜",就是孔子借川流不息来揭示宇宙运动行健不息的"诚"——道体的流行。① 这样,在先秦时候主要作为道德和道德修养方法的"仁""诚",在宋明时期主要作为道德本体和本体界与现象界统一的桥梁的"仁""诚",经过贺麟的解释发挥,就成为哲学上的最高本体,二者分别从本体和本体的内涵特征方面揭明了绝对精神、绝对真理的内容。这时,"仁"和"诚",都成为他"新心学"中"心"或"理"的代名词,也是"心即理"命题的缩略词。

不过,将"仁"和"诚"解释成哲学本体和本体性,早在周敦颐和程朱陆王那里就彰明较著地表现出来。沿着这条路往前走,贺只是追随者之一。他和前人不同在于,他将"仁"和"诚"的本体性揭示得更明白些,"仁"和"诚"的主体性、有机发展性指点得更清晰一些罢了。这一成绩,当然是他沉潜于西方古典哲学多年以后的心得结晶。所以,他所谓的"仁",更有理性、实体性、实在性,他所谓的"诚",更有真理和辩证的意味,在"仁""诚"身上,柏格森的绵延、怀特海的内在关系,都隐约投下了自己的影子,至于斯宾诺莎的实体、黑格尔的辩证法,更是它的骨架和血脉。他对传统儒家辛苦创造遗留下来的产业,精心护

---

① 贺麟:《文化与人生》,第10页。

持着、养育着,在现代历史空气里,输入了西方古典哲学以至现代哲学中的新鲜血液,希望让祖宗的家业、民族的传统重新焕发出真理的光辉,这大概是他主张而且实践着"理学哲学化"的宗旨吧。既然如此,那么,一定要弄清楚在先儒那里,"仁"和"诚"的本来意义及其历史演变,当然只具有次要的辅助作用,即只是有助于弄清楚先儒的比不足、缺点少得多的优点及其原因,只是为弘扬优秀传统文化准备认识上的条件,但却并不等于弘扬优秀传统文化本身。在民族危亡的关头,贺毅然选择后者,决然走出一条"知其不可而为之"的曲折的人生轨迹。他的精神是感人的,他的选择是勇毅的,但他的办法却有些"揠苗助长",他的结论也终于要面对科学的责难。所以,他的理想解释不可避免地具有悲壮的命运。凑巧的是,这和他的哲学和人生的命运又是那样地吻合。死生有命,穷达在天,主体性不论怎样高昂,在现实主体和本体主体之间,仍然存在着难以逾越的壕沟。贺麟学术的际遇,不禁使我们怀疑:我们能够跨越这一壕沟吗?或者,我们根本用不着跨越什么?但贺是不会有这些怀疑的。

第二,必须吸收西方基督教的精神,以充实儒家的礼教,即礼教宗教化。

中国自明清以来,礼教的危害愈益明显,直到近代新文化运动,礼教才受到公开的猛烈批判。在"新心学"看来,传统礼教本是适应社会历史需要而产生的规范体系,它应该适应社会大多数成员的需要,规范每个人的意识和行为,帮助社会成员实现自我价值。但在历史发展过程中,它却发生了异化,逐渐变成了"吃人"的礼教,异化成了人们实现自我价值的外在障碍。这时,新文化运动奋起抨击礼教,就是合情合理的事情。不过,到20世纪40年代情况又发生了变化。贺麟认为,批判的时代已经过去,理性地思考过去、冷静地分析礼教的时代已经到来。传统礼教虽然在制度内容上、在具体操作中愈益成为阻碍人发展的消极因素,但这些只是就规范的具体内容所具有的局限性而言,在这些依据时空不同而发生变化的具体规范的背后,还有超时空而又内在于时空、依据于时空的东西,这就是礼教的基本精神。比如,礼教产生时所依据的社会历史需要,就是礼教的基本精神的最初表现,礼教的具体内容之所以能随时代、地区不同而有变化,也是由于这一基本精神在起根本的作用。礼教的基本精神，存在于每一主体内部，是主体的固有内容之一。它总要寻找机会，表现在主体的言行活动中，体现为适合每一时代每一地区需要的规范主体活动的具体内容，它只能通过这些具体的规范内容，才能实现自身。在贺麟看来，对礼教的理性思考、冷静分析，就是要透过那些不断变化的具体的礼教规范内容，去发现隐藏在它们背后、蕴含在它们内部的亘古不变、四海一同的礼教的基本精神，从而确立建造新的礼教的出发点和准则，以便将新的社会规范建立在牢固的礼教精神基础上，并在这种礼教精神支持下，让传统礼教顺利转化成为适合近现代社会需要的新礼教。这样建立起来的新礼教，既符合近现代中国人的新需求，又符合礼教精神的本质规定，既是旧的开新，更是新中有旧，是古今新旧、本末体用的辩证统一。

贺麟所谓"礼教宗教化"，并不是要使传统礼教复兴发展到基督教在西方文化中那样崇高显赫的地位，而是希望引进西方基督教中包含的近代精神，或称宗教精神，注入传统礼教的躯壳中，促使它的基本精神恢复生机，焕发光彩，实现其自身的现代化，从而能够发挥其规范人的生活，引导人们进取向上的积极作用。

传统礼教，在贺麟那里，被理解成了传统的伦理道德规范。"礼教宗教化"一说，可以改说成"道德宗教化"。黑格尔认为，宗教和道德是绝对精神运动的高低不同的两个环节，礼教必须向宗教挺进。贺麟用中国语言表述了黑格尔这一思想。至于证据，那就是黑格尔的整个思辨哲学体系了。在这里，宗教精神，正可说是礼教精神，是礼教的本质。宗教精神，如前所述，乃是文化的基本精神之一，它比礼教更深刻地揭示了人的精神内容，当然比礼教更能感染人、征服人、规范人了。"礼教宗教化"，正是礼教的发展的必然结果，正是礼教自身价值实现的过程。

另外，"礼教宗教化"，也包含了文化的民族性和世界性关系的内涵在里面。这个命题也可以具体表述为"中国礼教向西方宗教转化"。前面已经说过，这种转化只是吸收其宗教精神而已。中国礼教能够吸收、容纳西方宗教精神的根据，在他的文化哲学思想中，有比较具体的内容，这里不再赘述。

"礼教宗教化"，是贺麟伦理思想中的重要命题。它不仅蕴含了道德的本质是宗教精神这一重要观点在内，而且也指出了道德规范建立的出发点、原则和方向，都在于宗教精神的自我实现，都在于人的主体性本质在规范层次的实现。以"礼教宗教化"命题为核心，他的道德本质论、道德史论、道德与政治经济关系论、道德与中西文化关系论等，都是他的伦理思想的重要组成部分，这些看法也是"礼教宗教化"命题的逻辑基础和逻辑引申。总的看来，他认为，道德的本质就是蕴含在道德之中而又超越道德之上的宗教精神、艺术精神和哲学精神，道德历史过程则蕴含了这些精神内容在内，又是这些精神内容的外化。道德不仅是政治经济的基础，而且政治经济活动也是为了实现人的道德价值，满足人的道德需要；也只有在道德规范制约下，在道德准则指导下，政治经济活动才能够真正实现自身的价值，才能成为纯粹的正常的政治经济活动。道德又是文化领域中的规范层次，它是文化精神和物质世界辩证统一的桥梁；道德规范中所蕴含的文化精神——具体表现为哲学精神、艺术精神和宗教精神，在古今中西文化中并无什么区别。中国传统礼教有自己"固有的美德"，西方基督教也包括了西方文化的"固有的美德"在内。中国近现代新道德的建立，必须根据新的时代和中华民族现代化的需要，吸收容纳西方的"固有的美德"，重新解释和发挥我们"固有的美德"，这样才能建立起包容古今中西道德精华在内的新道德。

根据这些伦理思想的要求，他还努力为建立新道德做了不少具体工作。一方面，他将西方伦理学中的一些问题引入中国。结合传统伦理思想进行讨论，意在发挥传统伦理思想的现代意义，建立全新的道德准则和规范，并且用具有民族形式的伦理范畴表达出来。另一方面，他还运用西方神学和哲学中的伦理本体，来解释和发挥中国传统伦理范畴的深层意义，希望建立我们自己的伦理本体。

就前者言，他讨论了西方伦理学中长期争论的目的论和义务论问题。他主张从义务论出发，兼容目的论在内，目的论是义务论的一个环节和表现。所以，对中国传统伦理思想中义和利的争论，他主张"义以为上"，但利正在义中。他站在理学家的伦理立场，同时又充分承认墨家的功利主义倾向。对西方近代功利主义思潮，他曾经专门撰文讨论，充分承认功利主义在近现代的必要意义和积极价值，正在于使抽象的口头上的"义"，具体落实成为人们生活中生产中的合情合理的规范和正当合法的权利。在贺麟那里，传统理学的"义利之辨"被改造成了义利统一，利统一于义，这样，人的目的追求和义务追求就统一了起来。对义利关系的看法，被贺麟纳入了他的人学思想和文化哲学思想体系中，是"新心学"的内容之一，也是他为他自己的逻辑主体描绘的现代伦理新形象。

与此相应，对于利己和利他、个体和整体的关系，他则用了较多的笔墨进行讨论。总的说来，他主张，以利己为出发点，而以利他（兼爱）为归宿点，以个体为出发点，以整体为归宿点，从而实现两者的有机统一。如果按照他的逻辑体系，应该是利他、整体为出发点和归宿，而利己、个体为中间环节。但在这里，他并不这样讲，而是从现实出发，根据时代需要，直接强调现实起点，从而得出了较有科学性的结论。比如，他说利己主义有两个积极意义："第一，在于有自我意识，承认自我有利己的权利，得免于混沌飘浮，漫无自我意识，沦为奴隶而不自知觉的危险。第二，利己主义否定了中古时代空洞的绝对无私的高压，确认个人应有的权利与幸福。"利己主义之所以有这些积极意义，正在于它揭示了己与他、我与人的关系中的部分真理。因为一个人如果"努力于遵理性，实现真我，服务社会，忠爱国家，那么他就在从事于合内外、超人我的公共事业。假如他能达到合内外、超人我的精神境界，因而能创出合内外、超人我、有永久价值的学术文化，那就是发展理性、实现真我的伟业了"①。因此，在个体和整体的关系上，他主张个体和整体有机地辩证地统一，整体是归宿点，也是逻辑的出发点，而个体则是事实的出发点，这个事实的出发点，又成为个体和整体逻辑关系中的中间环节。以此为基础，贺麟公开承认个人利益的正当性，承认追求个人利益的现实意义和人学意义，公开主张"以维护个人权益为出发点，以造福于人类社会为归宿点"②。这样，个人与集体的关系，不仅在逻辑上，而且在现实社会中取得了辩证的统一。到目前，伦理学界还有一些人在谈个人与集体的关系时，总是强调只有牺牲个人利益，才能使个人与集体统一起来。相比起来，贺麟的说法比他们的观点具有更多的近代精神。

此外，贺麟还运用西方哲学和神学中的本体观念，重新阐释和发挥中国传统伦理范畴，希望建立全新的伦理学本体论。他解释"仁"概念

---

① 贺麟：《文化与人生》，第69页。
② 贺麟：《文化与人生》，第205页。

说,"从宗教观点来看,则仁即是救世济物、民胞物与的宗教热诚。《约翰福音》有'上帝即是爱'之语,质言之,上帝即是仁。'求仁'不仅是待人接物的道德修养,抑亦知天事天的宗教工夫。儒家以仁为'天德',耶教以至仁或无上的爱为上帝的本性。足见仁之富于宗教意义,是可以从宗教方面大加发挥的"。他还解释"诚"概念说,"诚亦是儒家思想中最富于宗教意味的字眼。诚即是宗教上的信仰。所谓至诚可以动天地泣鬼神。精诚所至,金石亦开。至诚可以通神,至诚可以前知。诚不仅可以感动人,而且可以感动物,可以祀神,乃是贯通天、人、物的宗教精神。"① 通过这样的理解,中国传统伦理范畴如"仁""诚"二概念,就被揭示出内含于其中的宗教精神,在这一点上与西方伦理本体并无二致,从而构建起了中西合璧、古今一贯的近代伦理本体范畴。不过,贺麟并不是专门从伦理学角度谈伦理本体的,毋宁说,他是从人学和文化哲学高度涉及了中国现代伦理学建设的根本问题。所以,他虽然没有由此建立起中国近现代的伦理本体,也没有建立起中国近现代的伦理学本体论,从而没有建成有体系的伦理学,但是,贺麟关于传统伦理思想范畴的解释和发挥,对于现代伦理学的建立,特别是在如何批判继承古今中西伦理思想遗产方面,具有十分重要的启发意义。

第三,必须领略西方的艺术以发扬儒家的诗教。

贺麟认为,儒家特别重视诗教和乐教,具有深识远见,因为"诗歌与音乐为艺术的最高者"。诗教、乐教地位高,说明早期儒家十分重视艺术。后来不知何故,"乐经佚失,乐教中衰,诗教亦式微",以至于对建筑、雕刻、绘画、小说、戏剧等部门艺术,"亦殊少注重与发扬"。贺麟提出,今后新儒家的开展,必须有新乐教、新诗教、新艺术兴起,"联合并进而不分离"②。

所谓艺术,贺麟说,"是用具体的形式以传达无限的理念之媒介"③,"皆所以表示本体界的意蕴,皆精神生活的具体表现"④。作为文化的一大

---

① 贺麟:《文化与人生》,第10页。
② 贺麟:《文化与人生》,第9页。
③ 钟离蒙、杨凤麟主编:《新心学批判》,第165页。
④ 贺麟:《文化与人生》,第9页。

领域，艺术和宗教、哲学一样，都是文化生活不可缺少的一部分，又都是文化精神即逻辑主体的表现。古今一贯、东西一同的逻辑主体的存在，是古今中西的艺术文化能够相互融会贯通的根本原因，当然也是中国儒家诗教能够"艺术化"的根本原因。可见，贺的"逻辑心"的心学本体，不仅仅是认识上的逻辑本体，也是意志上情感上的伦理本体、审美本体；他的"新心学"本体论，也是集逻辑学、伦理学、美学的本体论于一体的文化哲学本体论或人学本体论。

贺麟所说的诗教，是指以孔子为代表的儒家一派的诗歌审美活动。儒家诗教在孔子那里被发挥成以"温柔敦厚"为特征，以"乐而不淫，哀而不伤"为审美标准的美学思想，它在以后的中国儒家美学思想中得到不断的继承、解释和发扬。这个美学思想传统，乃是儒家诗教的主流。这个过程，也是审美主体（心）和审美客体（物、理、情等）、审美本体主体和审美心理主体的辩证统一过程，是"回到自然"，实现人自然化、自然人化的过程。于是，审美活动的历史过程和审美活动的逻辑运动统一了起来，审美活动的宏观历史过程和审美活动的具体运动过程——审美主体的具体的审美活动统一了起来。贺麟没有对儒家诗教中所包括的美学思想进行专门讨论。但是，如上所述，从"新心学"的逻辑主体出发，推演出审美逻辑主体的运动，又是势所必然的，便如逻辑主体向文化精神过渡转化从而建立文化哲学一样。不过，在他的文化哲学中，贺麟对艺术领域中的艺术精神的论述比较少一些，所以，对他的美学思想就难以全面把握。

贺麟认为，传统儒家要现代化，必须走"诗教艺术化"的道路。从他的思想主张和实践活动看，"诗教艺术化"大致有以下三方面内容。

其一，诗歌、音乐、舞蹈、绘画、小说、戏剧、建筑、雕刻等各部门艺术，要联合并进，共同发展。

其二，参照中西美学传统，走理智和情感并重的"中和"道路。

贺麟常说真、美、善。在文化领域中，他也比照黑格尔的看法，认为哲学、艺术、宗教是较高层次的文化领域，与之相应的分别是科学、技术、道德层次的文化。后一个层次要向前一个较高的层次进展，才能实现自己的价值。但在文化中包含的真、善、美的价值，他却似乎没有排列出先后次序，而据沈有鼎先生的意见，黑格尔价值论图式为"真←

美←善"①，与此相应，在逻辑上，宗教也要向艺术和哲学的方向迈进。在这里，贺麟没有遵循黑格尔的近乎机械的辩证运动图式，并不认为真、美、善这三种价值之间，哲学、艺术、宗教这三种文化之间存在着高低不同的地位。他只强调三者之间的"联合并进"，相互支持，相辅相成，反对互相分离、互相轻蔑的不正常状态和倾向。认为只有在三者并进合一之中，才能够实现儒家的现代化。因为，感性和知性、情感和理智在根本上是相互统一、相互支持的。

从宗教的角度说，哲学化，正是西方宗教文化的趋势之一。这一点，在前面已有论述。另外，"宗教艺术化"，也是近代思想界的"主潮"②。反过来，如前已述，哲学、艺术也要吸收宗教精神在内，要有永恒的超现实的价值的导引，要有勇毅不屈、舍生忘死的追求精神，还要有悲天悯人的大慈悲、惊天地、泣鬼神的至诚精神……只有将宗教精神包括在内，哲学和艺术才能够最终实现自己的永恒价值。"宗教化"，也是哲学、艺术的必经路途。

又从艺术和哲学的关系看，两者地位，几乎不能分轩轾于其间。一方面，"艺术本身即是目的。诗人的歌唱一如枝头鸟儿的歌唱，完全出于天籁，本身即是无上的欢乐，并无外在目的"③。艺术是用"具体的形式"表达内心的真理，哲学则是用逻辑的形式表达内心的真理，两者不可分离，地位相当。只有将哲学、艺术两大文化领域结合起来，现实世界中的真理，既有严密的系统，又有感人的形式，既有理性的推理，又有感性的直观，它将成为有逻辑、能感人、有力量的真理。如果双方互相轻蔑排挤，则双方必将陷入偏褊浅薄，不能得真理之全，沉溺于形而上学的恶性对立之中。真正的哲学，乃是艺术化的哲学；真正的艺术，也是哲学化的艺术。

同样，真理总是合乎情感的，决不是机械僵硬、了无生气、不近人情的死范畴，恰恰相反，它正是人的情感的自然的、必然的而且当然的流动；真情感并不盲目，其中也包含有理性。在最高的层次上看，真情

---

① 转引自汤一介《儒道释与内在超越问题》，江西人民出版社1991年版，第80页。
② 贺麟：《现代西方哲学讲演集》，第93页。
③ 钟离蒙、杨凤麟主编：《新心学批判》，第164页。

和真理是有机统一的，甚至可以说"真情就是真理，真理亦即真情。无情就是无理，无理亦必无情"。譬如，"爱情中即包含有知识，因爱情的力量尤可使知识发达；知识中亦包含更深的爱情，因智识亦可引起爱情"①。总之，情感是理智的基础，理智总是在情感氛围中、基础上、牵引下发挥自身的作用，理智的出发点和归宿处，都在于适应和满足情感的需要；另一方面，情感的真正实现，也必须受理智的制约，"以理智为其主导"。主体情感必须指向、克服、包容客体的事实，对客体事实的感性直观也必须上升到理智的逻辑系统，主体情感的最终满足总是要站在理智的高度上，把理智的成绩全部包括在内。这时，情感和理智有机统一，水到渠成，情感是理智的情感，而理智也是情感的理智。

其三，站在艺术现代化的角度，重新阐释传统儒家诗教范畴，发挥其中蕴含的艺术精神内容。

贺麟解释"仁"说，"仁即是温柔敦厚的诗教，仁亦诗三百篇之宗旨，所谓思无邪是也。思无邪或无邪思，即纯爱真情，乃诗教的泉源，亦即是仁。仁即是天真纯朴之情，自然流露之情，一往情深、人我合一之情"②。在这里，贺继承袁枚以来的"缘情"说，又吸收西方近代浪漫主义倾向，将传统儒家的"仁"概念发挥为情感本体，希望以此为建立中国现代美学提供帮助，与贺麟同时的马一浮先生在《四书大义》中，也是以仁言诗教，二人似乎是在走着共同的道路——借助于对传统经典的解释，发挥自己融贯中西古今的心得，为中国现代新哲学做贡献。

需要特别指出的是，贺麟作为情感本体的"仁"，也是他"新心学"的认识本体、意志本体，三者是一个本体的三面，三者本是统一的。正因为如此，我们也可以明显地看出，贺所谓哲学精神、宗教精神、艺术精神，也只是一个精神，即文化精神，即人的精神，亦即逻辑主体。艺术精神和哲学精神、宗教精神一样，分别只是逻辑主体在某个侧面的表现，只有三者结合起来，才能够比较全面地揭示逻辑主体的文化特征。因此，诠释中国传统文化，揭示其中的民族精神、文化精神、人的精神等内容，决不能只从认识论或只从伦理学或只从美学入手，更不能以某

---

① 贺麟：《文化与人生》，第318页。
② 贺麟：《文化与人生》，第9页。

一方面的内容代替其他方面的内容，应该将三个方面的内容综合起来，互相融合，"联合并进"，理解中国文化中所内蕴的真、善、美永恒价值，并在三者的有机联系中，揭示中国文化的基本精神。

（三）"三合"说

"三合"，指合理性、合人情、合时代。这是贺麟代表现代新儒家提出的评价人物、事件的标准，也是儒学是否现代化的衡量标准。

贺麟指出，"儒家思想的新开展，基于学者对于每一时代问题，无论政治、社会、文化、学术等各方面的问题，皆能本典型的中国人的态度，站在儒家的立场，予以合理、合情、合时的新解答，而得其中道"。这个"中道"，就是真理，而理性、人情、时代，则是真理在主体不同方面不同层次的表现。"三合"，既是逻辑和直觉相统一的同情了解的认识标准，也是主体言语行动、知行合一的实践活动标准。所以，他说，"就做事的态度言，每做一事，皆须求其合理性、合时代、合人情，即可谓为儒家的态度"①。态度，正是主体知行合一的心理状态，"儒家的态度"，指儒家的价值标准内在于主体——也可说就是主体对儒家真理发生了自觉，从而具备的一种心理状态。具备了这种态度，发而为言语行为，影响社会，将使"三合"标准，有可能成为全社会的价值标准。

"三合"标准的理论根据，就是"新心学"辩证的主体哲学，但贺麟并没有运用逻辑方法从辩证的逻辑主体一步步推论出合理性、合人情、合时代的内容来。他似乎只是直观，似乎又是继承和发挥孙中山"顺乎天理，应乎人情，适乎世界之潮流，合乎人群之需要"这一天才直观般的见解，而这些直观，毫无疑问，却深深地扎根于中国传统文化对"合情合理"、顺应时势的双重追求的几千年历史中。然而，不管"三合"标准的历史渊源如何，在贺麟"新心学"体系中，"三合"说，直接成为"新心学"逻辑主体的现实规范。站在逻辑主体的高度看，"三合"，不过是自己与自己相合；因此，"三合"虽然有区别，但又都是"新心学"提供给社会转型时期——从半殖民地半封建的旧中国向独立自主、民主自由新中国的转型，从小农经济为主向以工商经济为主转型，从罢黜百家、

---

① 贺麟：《文化与人生》，第13页。

独尊一家的封建专制意识形态向"百花齐放、百家争鸣"的自由民主的学术风气的转型——的比较有普遍意义的价值标准。"新心学"为大家提供出来合理性、合人情、合时代这样一个价值标准，似乎正是要为广大社会成员在社会现实中努力做到与真、善、美等永恒价值相符合，从而实现自己与自己相符合这一伟大的事业提供理论证明。

所谓"合理性"，就是主体（主词）与理性为一、"心与理一"，是"揆诸天理而顺"。理性，即天理，是认识真理和价值真理的统一，是真美善的统一。理性，不是指狭隘的科学性，而是包括了科学性在内的人性，包含了价值的真理。所以，不能把理性理解为规律，但认识论中的规律又包括在其中。人的知行活动，要符合科学规律，也要符合价值标准，从而才能与人的内在主体性本质相符合，这是"合理性"的基本含义。

所谓"合人情"，则指主体与逻辑心为一，是"反诸吾心而安"，"不仅求己心之独安，亦所以设身处地，求人心之共安"①，是东圣西圣、前圣后圣，心同理同，也是圣贤愚不肖、愚夫愚妇，心同理同。逻辑心即理，故"合人情"，在本质上就是合理性。抽象理性而合人情，则理性具体化，才成为真正的理性。人情而不理性化，则成为感情用事。另外，真正的人情，实乃人性。人性是人情的本质，它具体地表现为人民性、民族性。认识世界、评价人物、改造自然社会，必须"合人情"，顺民心，合民意，要有人民性、民族性，这是"新心学"中很重要的思想。较之传统的"民本"思想，"合人情"说是理论上的新发挥。但贺的新发挥，不是从"民本"思想向后走，导引出像西方那样的民主权利来，而是从"民本"思想向前探索，向内里开掘，去总结探索"民本"思想背后的深厚哲学基础——合人情。因此，"合人情"说的理论意义大于它的政治意义。

"合时代"，就是主体"审时度势，因应得宜"②。所谓"得宜"，就是合人情、合理性。对时代发展趋势的认识、估价和行为，都合情合理，就是合时代。贺麟所谓"合时代"，本质上就是合人情、合理性，是合人

---

① 贺麟：《文化与人生》，第13页。
② 贺麟：《文化与人生》，第13页。

情合理性两个标准在时空内的具体化。他指的"时代",并不是历史材料的杂乱堆砌,也不是历史事实的偶然呈现,而是指历史材料、历史事实中蕴藏的"时代精神",这是逻辑主体展示实现自己的过程。主体与这一"时代精神"合一,是谓"合时代"。因此,要求"合时代",绝不是要人们泯灭自我,消灭个体,随波逐流,屈膝顺应。屈服权威,追逐潮流,失去自我,丧失人格,实乃既不合人情,也不合理性,怎么能说是"合时代"呢!

正因为合情合理是"合时代"的根本内容,情与理的辩证统一是"合时代"的标准,所以,贺麟特别指出,在内容上看,"合时代"就包含了"时中""权变""合理"等意义。"时中",正是辩证历程在思维中的朴素表述,是情理交融在主体身上的圆满表现。因此,"时中",也不是指历史科学所谓历史规律,而是包括史料、史实、历史规律、历史感情、历史理想等在内的历史理性被人掌握以后主体所必然具有的高级状态。"合时代",便可说是"合时中","时中",也是时代的主体本质。

提出时代性作为主体知行活动标准,在中国哲学中并不少见。但将时代性和理性、情性联系起来讲,来作为主体的价值评价标准,在现代中国哲学中,贺麟是比较突出的一位哲学家。在他看来,合理性、合人情、合时代三个标准相互联系、相互统一。合时代,但不合理性、不合人情,将只是盲目赶时髦,漫无主宰,随风飘泊,没有理想目标,没有真正自我。只合理性,而不合人情、时代,则所谓理性,将只是抽象的干巴巴的架格,没有具体丰富生动的内容,没有刚健有为之生命,故其极至于以理杀人、以主义杀人、以自由平等口号杀人、以人权杀人等。但是,如果只求合人情,而不合理性、时代,则所谓人情,将流于妇人之仁,没有原则,感情用事,或主观直觉,既无外在参照标准,也无内在行为规范,则所谓生命健动,生机勃勃,将流于自然本能。总之,不讲道理的近人情,与不近人情的大道理,以及不合情理地赶时髦,都将"三合"标准分离甚至对立了起来,使自己陷入抽象的形而上的褊狭中不能自拔,从而丢掉了自己赖以立身行世的价值标准,也因此丧失了主体性,丧失了主体自身。这也从反面说明,主体必须将理性、人情、时代三者有机结合起来,既要审时度势,又要合情合理,这样才能达到尽善尽美的境界,也才能实现主体自身的价值。

在贺麟看来,"三合"标准,是儒家精神在中国近现代历史时期的表现。于是,"三合"标准本身又成为中国近现代新儒家的评定标准之一。他说,"我们可以相信,中国许多问题,必达到契合儒家精神的解决,方算得达到至中至正、最合理而无流弊的解决"。因为,"儒家精神"在近现代表现为合情合理合时代的标准,而它自身又是"新心学"辩证的逻辑主体在儒家中的表现。一旦真正把握了"儒家精神",发为言语行动,则儒家文化将成为"不断生长发展的有机体"①,前途无限光明。在儒家精神指导下,儒家文化一定能适应近现代历史新形势,吸收西方文化精华,建立近现代新的儒家文化,实现从传统向现代的转折。合理性、合人情、合时代的"三合"论,正是这一转折完成的标志,而"三合"标准也就是儒家精神在近现代的核心内容。

用"三合"标准的儒家态度看民主,就要提倡"儒家式民主主义"②。儒家式民主主义,注重较有积极性、建设性的民主。它认为,国家是一有机体,人民各有其特殊的位分与职责。国家根基建筑在人民的公意或道德意志上,而不是建筑在武力或任何物质条件之上。从人民一方说,人民忠爱国家,因此而实现自己的价值,发挥其道德意志;从政府一方说,政府首先要确认主权在民的原则,尊重民意、实现民意。"但民意不一定指林林总总,群众投票举手所表现的偶然意见,或许是出于大政治家的真知灼见,对于国家需要、人们真意之深识远见。"③ 贺的看法是,真正的民意,有时或许只能由少数英雄豪杰做代表。这话当然不是说贺不相信人民群众能正确地表达自己的真正需要,他乃是针对现代中国史上文盲半文盲占绝大多数,政治上的保守势力借此鼓噪要君主专制、中央集权等情况而说了上面的话。和这些保守势力反对民主主张专制不同,贺要推着政府向民主的方向前进。所以,他主张,政府要尽量满足人民的真正需要,为之兴利除弊;要积极教育人民、训练人民、组织人民,这是政府应尽的职责。政府应该教育、训练、组织好人民,帮助他们向着民主自由的道德理想前进,这就是所谓"强迫人民自由"。

---

① 贺麟:《文化与人生》,第 17 页。
② 贺麟:《文化与人生》,第 14—15 页。
③ 贺麟:《文化与人生》,第 14 页。

"强迫人民自由",这不仅是后进国家如中国实行民主化所必须走的路,也是先进国家如美国实行民主化所必须走的路。相信人民,尊重爱护人民,永远胸怀人民,为人民着想,为人民服务,帮助人民争取自己的权利,发展自己的能力,实现自己的价值。这些内容,恐怕是任何国家政府实行民主化而自身必须努力尽到的职责,"强迫人民自由"则是其中特别对中国有现实意义的主张。国民党政府提出的"训政""宪政"等主张即是"强迫人民自由"的实例。但由于战乱频兴,国家不统一、不稳定、加之部分保守势力出于自身利益需要,致使"训政"无已而"宪政"无日,中国民主化建设遭遇了极大的挫折。当此之时,贺麟提出"儒家式民主主义",显有推动政府向民主方向前进之意。

贺认为,当时美国总统罗斯福,就是"儒家式民主主义"的代表,是有儒者气象,符合"三合"标准的大政治家。罗斯福站在人民之前,领导人民,教育民众,容纳异党,而又集中权力,以追求提高人类文明水平的道德理想。在中国,贺麟认为,缔造民国的孙中山堪为典型,中山先生可称为新儒家的"理想人格"。"一如孔子之推崇周公"[1],现代新儒家也要推崇孙中山。孙中山的儒家精神,集中体现在他撰写的《孙文学说》"有志竟成"一章中。中山先生尝说:"夫事有顺乎天理,应乎人情,适乎世界之潮流,合乎人群之需要,而先知先觉者所决志行之,则断无不成者也。此古今之革命维新、兴邦建国之事业是也。"由此,贺认为孙中山已提出"三合"标准,确实具有儒家精神,他所创立的三民主义理论也必"能应付民族需要和世界局势的新解答"[2]。显然,贺麟的"儒家式民主主义"思想,可能是渊源并发挥孙中山先生的民主思想而来,而且贺的"三合"说,在孙中山先生那里也有萌芽。如果说,在哲学思想上,中西古典哲学对贺麟影响最深,那么,在政治思想方面,则孙中山先生的影响最大。贺麟对孙中山先生的三民主义信仰坚贞,理解深刻,而理论上的发挥解释,也最为用力。有意识地与当时占统治地位的政治思想相联系、相结合,是贺麟"新心学"的一个很显著的特点。

另外,我们还要注意到,"三合"说虽是平面地讲合理性、合人情、

---

[1] 贺麟:《文化与人生》,第15页。
[2] 贺麟:《文化与人生》,第16页。

合时代，但这三方面又是有机地连成一体的，在这个有机一体的"三合"说内部，蕴含了体用关系在其中，以体用关系作为"三合"连成有机一体的血脉。站在主体的角度看，一个人内在的真、善、美的永恒价值的修养积累为根本，是体，而这些永恒价值发为言语行动是枝叶，是用；内在把握的真理为体，发为外在的能力是用。用这一体用关系来评价人物，被贺麟概括为有体有用，"德才兼备""品学兼优"。

要具备什么样的条件才可以称为现代的标准"儒者"？是不是要像先儒说的，要经过格致、诚正、修齐、治平那样一段长期的修养才能达到？现代新儒家必须面对大众的这些问题，还必须用通俗的现代汉语解答它。贺麟对此做出了简明扼要的回答。他写道，"最概括简单地说，凡有学问技能而又具有道德修养的人，即是儒者。儒者就是品学兼优的人"[①]。比如，要建成现代化的工商业社会，就必须使今后的工人、商人成为品学兼优之士，成为"儒工""儒商"；其他行业也类似这样。

从品学优劣看，人大致可分为四类：一是品学兼优；二是品优于学，乃限于资质，无才能知识而单有品德；三是学优于品，甚至有学无品，有才无品，只有知识技能而无道德，甚或假借其知识技能以作恶者，这类人为儒家所深恶痛绝。历史上能祸乱人间、为害天下的奸臣恶贼，谁不是能办事的人才？但竟因无德无行，而遗臭万年，越有才则越害人。对这些人，庄子早有严词批判而儒家也是深恶痛绝的。贺麟明确将这类人排除在"儒者"范围之外。四是品学皆劣，实不足为人才，更不能做"儒者"了。由此看来，贺麟所谓"儒者"，要求第一，首先要有品德；第二，在品德的基础上，还要有现代人文素质、科学技术知识和才能，只有这样，才称得上"品学兼优之士"。对"儒者"的这两条要求，和我们今天评价人才所用的"德才兼备"的标准，至少在形式上是一致的。贺麟心中理想的"儒者"，确有现代意味、现代风度。

魏晋名士喜欢讲风度，宋儒又爱讲气象，作为现代新儒家，贺麟也不忘此。何谓现代儒者气象、儒者风度或儒者意味？贺麟说，"凡具有诗礼风度者，皆可谓之有儒者气象"。所谓"诗礼风度"，乃是指"诗之美""礼之和"。"诗之美"称诗意，"礼之和"称礼意，合称诗礼风度，

---

① 贺麟：《文化与人生》，第11页。

亦即儒者意味。从反面来说，凡趣味低下，志在名利肉欲，不知美的欣赏，即是缺乏诗意；凡粗暴鲁莽，扰乱秩序，内无和悦的心情，外无整齐的品节，即是缺乏礼意。无诗意是丑俗，无礼意是暴乱。印度诗人泰戈尔来华，一到上海即痛斥上海为"丑俗之大魔"。因为上海作为工商业发达的东方大都市，充斥了流氓、市侩、买办以及一切殖民地城市的罪恶，不仅没有东方静穆纯朴的诗味，亦绝无儒家诗教、礼教之遗风。

但从正面看，诗礼风度又有历史的差别，可分为："中古贵族式的诗礼"，中国古代井然有序、静穆纯朴的诗教礼教为代表；还有"近代民主化的诗礼"，则以近代西方资本主义国家为代表。贺麟赞叹地写道："试观近代英美民主政治的实施，竞争选举，国会辩论，政治家的出入进退，举莫不有礼。数百万居民骤处于大都市中，交通集会亦莫不有序。其工人、商人大都有音乐、戏剧可观赏，有公园可资休息，有展览会、博物馆可游览。每逢星期，或入礼拜堂听讲，或游山林以接近自然。工余之暇，唱歌跳舞，自乐其乐。其生活亦未尝不可谓为相当美化而富于诗意。"[1] 如果认为近代西方资本主义社会缺乏诗礼风度，没有儒者气象，那就把中国传统儒家的诗教礼教"看得太呆板，太狭隘了"。

将诗教礼教结合起来，将中国古代贵族式诗礼和近代西方资产阶级民主化的诗礼结合起来，是贺麟以"三合"标准讲现代新儒家"儒者气象"时比较鲜明的特点。他一方面努力将中国的诗礼西方化，将中古贵族式诗礼近代资产阶级民主化，让中国的诗礼风度近代化、现代化；另一方面又努力将西方资产阶级的诗礼儒家化，将西方资产阶级人物如罗斯福、华盛顿、林肯、富兰克林等儒者化，将西方文化中国化。中西古今之间，相互吸收融合、转化同化并不是不可能的，恰恰是中国近现代历史，就走着这种转化同化的文化交流道路。中国文化既学习西方，又扩大了对世界的影响。只不过，中西文化之间，除了转化同化的倾向以外，同时还存在着分化异化的倾向。贺麟站在中国文化要向西方学习，与世界文化"接轨"的角度，对转化同化注意得较多一些而已；而且他这一点较多的注意，也是通过逻辑和直觉相结合的同情了解方法做支持，在理论上完成中西文化之间的转化同化过程的。他的理论即使总结了过

---

[1] 贺麟：《文化与人生》，第12页。

去中西文化关系的历史，但仍然还要接受后来历史的检验。可见，即使仅仅站在中西文化关系角度来看贺麟运用"三合"标准讲现代儒家气象，也时刻离不开而且需要更多的文化科学成就和文化历史过程的支持。不过，或许在贺麟看来，他的"三合"标准的运用，并不仅仅是理论上的演绎，恰恰正是这种文化历史过程本身呢！如果是这样，他的"三合"说，就和他的"新心学"思想保持了逻辑上的完全一致，从而成为"新心学"思想体系中的有机组成部分。

结　语

抽象的主体

在中国现代历史上，为了救国救民，为了尽快实现从传统到现代的转折，学人们都在追求一个真理——运用这样一个真理，可以将古今内外的复杂激烈的矛盾，从根本上一并解决。但学人们到西方文化和传统文化中寻求到的真理，却并不相同，有些甚至是截然对立的。大致说来，中国现代思想史上，主要存在着这样两条救国救民的道路：一是以马列主义毛泽东思想为代表的辩证唯物论为指导的新民主主义革命的道路；二是以各种各样的唯心论为根据的发展民主、繁荣科学的改良道路，贺麟的"新心学"是其中的代表。比较一下"新心学"和辩证唯物论在思想上的异同，将有助于我们进一步明了贺麟"新心学"思想的特征。

以马列主义毛泽东思想为代表的中国现代史上的辩证唯物论，将中国的民族危机、国内政治经济文化等危机归结为生产力落后，与之相应，生产关系和上层建筑也成为阻碍生产力提高的主要因素。因此，要真正救国救民，就必须发展生产力，消灭剥削制度，推翻代表剥削阶级利益的各种专制政权，从而建立以工人阶级、农民阶级等劳动人民为主体为领导的无产阶级政权，走社会主义道路。为此，他们学习苏俄十月革命的经验，采取有指导思想、有组织计划的革命行动，推翻旧政权旧制度，建立新政权新制度，从而为解决中国问题寻求一条既根本又行之有效的道路，即理论和实际相结合的革命实践道路。

"新心学"则将中国危机归结为人的危机、主体性的丧失。为此，贺急于钻研思考，直探本体，在古今中西"正宗哲学"的支持下，建立自己的思想体系；希望新思想新理论能批判、代替旧思想、旧理论，为树立现代社会的"新民"而努力提高人的内在科学文化素质，高扬自己的主体性——个人的、政府的、民族国家的主体性；学习西方资本主义国家的工业化经验，使中国尽快实现现代化，从而，一步步地建立起独立自主、民主富强的新中国。贺麟走的是献身学术事业，以学术文化建国教民的道路，是铸造民族新精神、建立现代新理论的建设性道路。

上述两条道路虽然都是为了救国救民，都具有爱国主义精神、具有人民性，但在思路上是那样不同，以至于在理论性质上也有十分显著的区别。归纳起来，有以下几点。

第一，辩证唯物论具体地联系社会实际讲主体，对现实主体进行阶级分析和区分，以无产阶级和马克思主义基本原理作为最高革命主体；辩证法也成为和革命实践活动紧密联系的逻辑，理论产生、形成、发展、成熟于具体的革命实践活动中，理论的永恒价值总是通过不断变化以适应实际需要的理论形态表现出来，辩证法成为革命主体追求实现革命理想的工具和历程。

"新心学"的主体则抽象些，它要对古今中西之共同主体的内在结构进行分析和区分，揭示出主体内在的三个层次，并以最高层次的逻辑主体——人的永恒绝对的本质为最高主体；辩证法则成为逻辑主体的运动逻辑，它也和现实的主体活动相结合。但后者只是逻辑主体的外化表现和证明，是逻辑主体实现自己的中介和桥梁，辩证法则是逻辑主体实现自己价值的工具和历程。

因此，辩证唯物论的革命主体乃是现实的也是历史的主体，是一个个活生生的生命体、创造体，其主体辩证法乃是现实的革命主体运动的逻辑概括。理想的主体、理想的真理，均落实于现实革命活动之中。人们凭借人生阅历、生活经验，对革命理论容易认识理解和掌握；革命理论本身也因为和现实革命实际紧密结合，反映了现实实际情况，所以也浅显易懂，明白晓畅。总之，辩证唯物论具有鲜明的现实主义风格，既有理想、有根本，也有现实的强大力量，实现了革命的"体用合一"。

与之不同的是，"新心学"的主体也是辩证主体，但那是精神的逻辑主体。它虽然也被赋予生生不息、创造不已的性质，被理解为心物、心理辩证统一的本体，但它仍然很抽象，并不等于现实的一个个活生生的人，却又内在于现实的一个个活生生的人中，它有些抽象也有些神秘。其主体辩证法则是主体的本质的精神运动逻辑，现实的主体、现实的真理均被囊括、消融于形而上世界里。在大众百姓面前，在经验照耀下、它显得幽深而玄妙，虚悬而空灵，理想主义十分显著。它可以成为少数人的学术追求或内省体验，但难以成为感染影响群众，使人慨然兴起的强大力量。

第二，辩证唯物论只说科学已经证明的、自己能够知道的、可在主体活动中予以验证的真理，所以具有科学的品格；革命意志坚定，有大无畏勇气，有视死如归、为革命抛头颅洒热血的精神，但这种革命精神，建立在革命理论的科学性基础上，是共产主义信念指引下的革命精神。这种精神，包含了科学精神在内，是对科学真理的执着追求。

"新心学"则要去说那难以言说的、难以证明的、自己还不完全知道的真理——本体，所以具有哲学（即形而上学）的特征。现实的探索、历史的理解、西方文化的畅游，以及较高层次的逻辑推理，均可验证其部分说法，并在这种验证中修正完善其说法，但不能证明其全部，不能证明其本体，玄学味道很浓。在"新心学"那里，科学真理还只是各门科学所发现的部分的、相对的真理，它还要向大全、绝对真理跃进；科学方法的核心也只是形式逻辑的运用，它也要向更高层次的、全面地发展地具体地看问题的辩证逻辑前进；科学主体也只是与世界还处于对立状态的经验主体，还没有实现自由，还处于必然王国之中苦苦挣扎。因此，科学必须向哲学前进，科学精神要发展到哲学精神，才能真正实现自己的价值和本质；而一旦它上升到哲学精神，则与艺术精神、宗教精神有机地统一了起来，为人类文化中蕴含的真、善、美永恒价值的有机融合作出自己的贡献。科学精神的核心，在主体那里就是"爱智"，是"爱智"精神，是在追求相对真理、客体真理以后还不满足，而要进一步追求绝对真理、主客体合一的真理的精神，是对形上本体的坚定信仰、执着追求和统一了逻辑在内的直觉体验，所以，它既是哲学精神，也是宗教精神和艺术精神。

第三，辩证唯物论指出提高主体素质的路，乃是理论和现实、内在修养和外在行动紧密结合，并以后者为决定性因素的实践道路。感性的、物质的实践，是革命主体的旗帜，当然也可以作为建设主体的旗帜。

与此不同，"新心学"提高主体素质的道路虽然也是强调思想和行动、内在修养和外在活动的紧密结合，但是以前者为决定因素的知行合一的道路，事实上又成为以知为主宰的决定性因素的"先知先觉"者的道路。理性的、精神的实践，是"新心学"所特别强调的部分。

相比起来，"新心学"的不足是很明显的。它很强调具体，强调抽象的逻辑要上升到具体的逻辑，但它体系中的主要的推论，对于文化水平不高的劳苦大众来说，仍然是十分抽象的。它将中国近现代的危机归结为人的原因，所以讲出个逻辑主体来作为人的本质。但它所说的"人"很抽象，逻辑主体则更抽象，没有具体分析所谓"人""主体"是指哪些人、哪些主体。它关于主体自由、自作主宰等的说法，对于深受奴役的中国现代文化水平不高的大多数普通百姓来说，确实很抽象。逻辑主体那么绝对、永恒，但终于无力满足他们的现实生存的需要，也无力满足民族国家独立自主、生存发展的需要。离开了现实主体具体的、眼前的需要的指引，当然不可能顺利进入寻常百姓的心灵里，成为指导他们日常生活的现实力量。

"新心学"由于抽象，所以缺乏现实力量。但辩证唯物论的革命理论却十分具体。对中国危机根源的分析、对社会阶级的分析、对革命主体的分析都很具体，符合现代中国的实际情况，提出的革命目标、革命方式等，都有指导、有针对性，非常具体明确；它以满足劳苦大众和民族国家的现实需要为己任，可以说也因此就顺应了历史潮流，肩负了历史使命。结果，很自然地，马克思主义理论便深入民心，为人民大众所拥护支持、所学习信仰，成为人民群众生产生活的指导力量。

"新心学"很抽象，在现实中被大众所冷落，事实上成为单纯的"名山事业"。本来，它是想为大众服务，为民族国家服务的，它的出发点是要救国救民，为现代化做准备的；它所讲的逻辑主体也常常具有中华民族的品格，有中国人的个性。但是，它着重点放在了内在精神修养上，对外在物质条件的改进，虽然重视，但总是放在次要的位置；对现实人们所遭受的不幸和痛苦，它并不是不闻不问，也不是逃跑躲避到深山老林、佛寺道观中只求自我发展。它是要在现实主体身上解决主体的现实问题的。但它仍然要求内在精神上的解决，乃是最根本的解决。它高高树起一个绝对永恒、玄之又玄的逻辑主体，要人们向往沉醉于其中，以淡化忘却现实的不幸和痛苦，从而获得莫大满足和快乐。所以，"新心学"又是有现实力量的。

"新心学"的现实力量，主要是一种内在的精神力量。它要人们通过对形上本体的追求，解脱现世所遭遇的种种不幸和痛苦；它让人们将自己的心灵投入绝对永恒的内心世界，包扎自己受创的伤口，抚慰自己受伤的心灵，静心修养，以静药躁，在反思内省中淡化直至忘却同时也是克服、包容自己的不幸和痛苦；进而时刻把持住自己的理想，总结过往得失，暗暗重新集结自己的内在力量，准备投入下一次人生战斗。它要通过内在精神的力量化解主体的内外矛盾的对立，以解脱不幸和痛苦，求得主体心灵的平静、和谐和统一。它所用以解除矛盾的方法，乃是主体的、精神的、直觉的辩证法。

虽然如此，它并不要求人们到教堂寺观，对神做顶礼膜拜，任由盲目的迷信牵引着自己，跌跌撞撞，慢慢前行。相反，它要人们就在现实的生产生活中，抽出闲暇，精神内敛，反省本心，在理性培育下，树立更坚定持久的信仰——这是一种理性的、表达了人的本质、人的主体性的信仰。结果，它所指出的路，竟然成为伟大的政治家、哲学家、艺术家、宗教家以及企业家等自我修养的路，具有学者、专家个人生活中进行自我调节的典型特征。

"新心学"那么强调主体向内用力，时刻向内反省自己，提高自己的内在修养，以作为主体认识、改造世界，建立民主、科学世界，实现现代化的主体前提。这一点和辩证唯物论强调的内在修养必见之于外在行动、必在外在行动中提高内在修养，强调向外用力，向外学习，加强人与人之间外在言行活动的组织纪律性等，在宗旨、道路、主体等方面都是那么的不同。从它们双方事实上的主体概念的范围来看，辩证唯物论的革命理论，走的是群众路线，进行群众运动；革命主体直指以革命理论武装起来的劳动人民，从而使革命成为劳苦大众自身的事业。"新心学"不自觉地走的却是"先知先觉"路线，进行的是先知先觉向后知后觉、不知不觉讲授真理、普及理性、主导主宰众生的运动；逻辑主体所暗指的对象，事实上只是人民的代表、精英，所说的民主、科学等，事实上也成为只是少数天才伟人、学者专家的事业。

就这样，两种理论同处中国现代历史中，同时要使中国尽快现代化，但它们各自针对着不同的人们，从不同的角度，强调不同的方面，所以讲出不同的话来，建立了近乎对立的思想体系。它们各自为自己所关注的职业、阶层、阶级的人们开出疗病药方。

仅仅从唯物辩证法角度看，辩证唯物论的革命理论，正可以以其具体性来弥补"新心学"的不足，消除其抽象性。二者之间物质和精神、抽象和具体的互补统一，或许正是解放后贺麟思想发生转变的内在原因，也是他晚年思想成熟时的"辩证唯物论"的特征吧！他以前的"体用合一"的逻辑，到晚年时表述得更具体，成为实践主体的运动逻辑，它有本体，有方法，有理想，也具有现实的力量，所以说他晚年思想达到了"成熟"。

"体用合一"的"体"，就是本质、本体，它乃是学术的实质。无本体可谓无学术，无学术则所谓本体也黑暗、也蒙昧。本体与学术，实乃不可分割。本体是学术的出发点、准则、标准和归宿，世上没有一种学术思想体系没有自己的出发点、准则、标准和归宿而能成立的。

但是，高清海先生在表述自己的哲学思想时，却不同意上述说法，认为那是传统的"本体论思维方式"，应予"根本的变革"。他满怀激情地写道：

> 本体论哲学的产生以及长期在我们思想中占据统治地位，都有其深刻理由。在自然经济状态下，当着人们无力从自身去理解自己的本性，掌握自己的命运时，便不能不借助于外在的权威力量从某种预设的本体去理解存在、把握现实、求解人生的真谛。本体论的思维方式，就是一种看重先在存在、相信本质前定、追求永恒和终极本体、信奉绝对抽象的理性原则，以非人的形式去理解现实世界的一种认识模式。如果说在过去它有存在的理由，那末，在人已成长为现代人的今天仍然沿用这种思维方式，它就只能引人缅怀过去、走向空幻理想、醉心于抽象的原则、追求绝对的统一性，陷入脱离现实、否弃生活的结局。现代哲学已转向从人自身的生存活动和存在方式去理解人的本性，要依靠和发挥人自身的力量去创建人的生活世界和掌握人自己的命运，就是说在思维方式上已经发生了根本的变革。
>
> 实践观点的确立，意味着人对待世界和自己的方式和态度发生

了根本性的变革。①

坦率地说，我不敢苟同高先生在这里的某些说法，主要有三个方面。

一是，本体、本体论、本体论思维方式，并不只是"在自然经济状态下"才产生存在，工商经济时代之"实在"标准、准则、本质"精神"等，都是本体、本体论和本体论思维方式的表现。实际上这三者和人类历史相伴随，因为它们是人类认识改造世界及自身的目的和成绩、准则和依据、方式和方法、出发点和归宿。

二是，本体并不是人类为了认识方便而"预设"的东西；从它的永恒性和绝对性来看，人类也不能"预设"，在人类实践活动中，还没有表现出无限的绝对的能力来"预设"本体本身；倘若人类"预设"了本体（其实是"预设"了本体论），则这种思维方式就一定不是"非人的形式"，而恰恰是按照人自身的形式来"预设"对象的，这就是马克思所谓"人的本质的对象化"过程。其实，人类"预设"的只是"本体"这个词，人类历史上"预设"了不只一个词来表示本体，如老子的"道"、程朱的"理"等。它们作为本体论核心范畴，都揭示了本体的某些方面的特征，但不能以这些特征来作为本体自身。

三是，本体也不是"绝对抽象"的。凡真正绝对的东西并不抽象，而是具体的，绝对总是融贯在相对之中；而所谓抽象的东西则绝不是绝对的，而是相对的，因为它只揭示了本质的一个方面的特征，而且是静止地揭示出这些特征的，它害怕而且躲避矛盾，所以它不能进展到绝对之域。这是形而上学思维方式的典型特征。对这种思维方式的批判和根除，我们已进行了几十年的工作，并不是从现在才开始。

所以，在这里有必要首先澄清的几个概念，以免造成相互之间的混淆，从而妨碍我们对本体的真理解。特别要分清以下两组概念的区别。

第一，形而上学思维模式与本体论思维模式。前者是用形式逻辑讲一切问题，是形式逻辑的夸大，以至于不符合现实实际情况。所以，在思维中，应该让形式逻辑回到它应有的地位，讲它能够讲清楚的问题。

---

① 高清海：《从抽象虚幻之人走向现实具体的人》，引自韩民青等编《我的哲学思想》，广西人民出版社1994年版，第119—120页。

而后者却是辩证逻辑,在中国,"体用合一"乃是它的典型表现。它乃是人类文明的精华部分,是我们今天应予继承改造、发扬光大的内容。

第二,本体、"本体"词、本体论、本体论思维方式,四者虽有关系,但毕竟大不相同。不能因"本体"词为人创,就说本体自身也为人所"预设";不能因传统本体论有形而上学性质,就说本体是"绝对抽象";也不能因为某些传统本体论的后果使人"脱离现实、否弃生活"——其实,这大多是神学本体论下面的宗教行为特征,就说本体自身也使人否弃生活、脱离现实。

我想,高先生的本意是要革除以前泛滥的形而上学思维方式,他本人很清楚上述区别,并没有发生相互之间的混淆。所以,他才能在坚持马克思主义基本原理之下,又力倡对传统思维方式进行根本变革。

因为,本体乃是世界的本质,特别是人的本质、人的理想、准则和归宿。它是历代贤人智士,像蜜蜂筑巢般,建造起来的人类共有的精神家园,是经过数千年长途跋涉,历尽千辛万苦,大家共同找到的人类安身立命之所。如果人类文明是一棵擎天大树,它就是这棵大树的逻辑的根;如果人类文明的未来充满光明,它就是这光明的源泉;如果人类实践活动,具体到中国的现代化建设事业,需要一个和平稳定的环境,这种环境则必须依靠相关的规范、制度,那么,它就是这种规范、制度的准则和标准……因此,本体并不只是表现在人们的头脑中,统率着他们的思想体系,而且也表现在人类社会实践活动中,规范着人们的言行,还表现在宇宙、自然界万事万物中,表现在每一个人的心灵深处,为科学家、哲学家所研究、追求,为道德家、艺术家、宗教家所体验、欣赏,为所有的人所遵循、享受、创造和发挥。

贺麟"新心学"缺乏现实的力量,不是因为他努力追求真理,坚定信仰真理,并努力把他所信所求的真理描述出来,告诉大家——这些恰恰是现代中国哲学家的使命和应尽职责,而是因为他所描述的那个本体,即逻辑心,确实还有些抽象,还没有很好地统一到人们丰富的生产生活中去。他很强调"体用合一",他也努力在将他所谓的"体"与中国现代历史实际相结合,但限于他自身的职业和经历,这种结合是很不够的。不能深入人心,不能将道理讲到普通百姓的心坎里去,这种道理也不可能有现实的巨大力量。他主观上想建国教民,但当时的国家、人民似乎并不觉得"新心学"是很好的理论武器。结果，它在冷清中迎来了中国的解放，迎来了思想的转变。"新心学"的处境，和传统儒学的处境很相似。传统儒学也想通过格致诚正，来治国平天下，但天下国家并不接受而只是利用它改造它，把它作为装饰。唯有遵循"体用合一"，致力于"经世致用"的儒者，处境才稍稍好些。可见，"新心学"的处境，正如它要努力继承发挥传统儒学的基本精神一样，也"继承发挥"了它们的现实处境。不同在于，贺麟还有机会改变自己"新心学"的抽象而不具体的品格，向具体的而且有现实力量的"辩证唯物论"前进，从而达到了"体用合一"的辩证法的成熟。这时，处境是否改善了一些，反倒是次要的问题了。

续 论

贺麟对唯心主义的批判

贺麟自己从唯心主义阵营中出来，对唯心主义了解多，体会深，反过来对唯心主义展开批判，最能抓住关键，击中要害，对我们今天批判各种唯心主义，具有特殊的意义。

1949年前，贺麟由于对马克思主义缺乏了解，把马克思主义当成机械唯物主义进行批评；1949年后，通过学习、接受马克思主义，他的学术思想也变了。他学习接受马克思主义的过程，也是他运用马克思主义，批判唯心主义的过程。从正面说，是接受马列主义，从反面说，是批判唯心主义。而批判工作，正是马列主义的运用。所以，从他批判唯心主义的历程，也可以侧面了解他在中华人民共和国成立后接受马列主义、发生思想转变的过程。两个过程是内外统一的。

贺麟批判唯心主义，集中在批判其政治上的反动性，揭露其阶级实质，批判其哲学思想的形而上学性，揭露其内部矛盾。他批判唯心主义的过程，大约有以下几个阶段。

第一，在中华人民共和国成立初期。他政治立场、政治态度转变，公开宣布接受马克思主义。批判唯心主义，大都只是揭露其阶级实质和政治上为资产阶级服务的反动性、软弱性和欺骗性；将唯心主义观点和唯物论主张并列在一起，表态支持唯物论，反对唯心论；也运用马克思和恩格斯的一些言语，揭示唯心主义体系和方法的矛盾处。这一期可以概括为是政治转变，非哲学转变；对唯心主义的批判是政治批判，非哲学批判。故对唯心主义的批判是外在的、勉强的、空洞的、抽象的，甚至有"深文周纳"处。

第二，1956—1963年，是贺麟在中华人民共和国成立后的学术丰产期，在哲学领域发生了巨大变化，概括如下：

（一）用马克思主义人学理论，批判唯心主义人学理论，特别批判其理想主义性质，强调理想必须以历史、以现实为基础。但贺并未批判理想本身。

（二）用马克思主义反映论，批判唯心主义的认识论，特别批判其自我认识的神秘性质，以及运用自我认识论证思维与存在的统一，揭示出唯心主义证明本体论的中心原则。认为，离开现实的实践，唯心主义所谓统一、绝对，只能是虚而不实、幻而不真的空想。贺却并不批判统一、和谐、绝对本身。

在"新心学"中，人学思想和认识论是比较薄弱的部分。其薄弱就在于，人的问题和人的认识问题，都不能离开实践这个基础，但"新心学"对实践的论述抽象，没有准确全面地反映出在现实生活和历史长河中，实践活动对人的本质，人的认识有决定性作用的客观实际情况。所以，它虽然有远大理想，而且论证逻辑严密，但总是缺少影响现实世界的力量，缺少一般群众这个广阔的基础。因此，在面对以实践为本质特征的马克思主义时，在人学思想和认识论领域率先批判唯心主义，就是必然的事情。

（三）用历史的方法，批判唯心辩证法的形而上学残余。主要是着力批判唯心论将逻辑说成只是脱离时间、历史而形而上地存在的东西的形而上学残余。逻辑和历史是统一的，是辩证的、对立的统一。那么，逻辑和历史就必然有分离的时候，形式和内容也必然不是完全等同。对这个问题，贺麟作了一些探讨。对"逻辑在先"和"事实在先"的辩证关系做出了唯物主义的回答。方法论批判，是贺麟对唯心主义最深刻的批判。这个批判，一直延续到改革开放以后。我把方法论批判，看成是贺麟完全接受和掌握马克思主义哲学的标志。

历史，不只是抽象概念运动历程，不只是绝对精神展示的历史，而且更是具体、丰富的人类社会实践活动的历史。所以，历史的方法，不只是概念的辩证法，而且是实践的辩证法，是实践的方法。在这一阶段，贺麟对唯心主义的批判，可以说就是他逐渐提出实践学说，并运用实践学说批判唯心主义方法论的抽象性的过程。相对于"新心学"的"逻辑的直觉"方法论而言，对唯心主义的方法论的批判，也可以说是"新心学"方法论的自我批判、自我扬弃，自我补充，自我完善。虽然贺不再提及"新心学"的方法论，虽然他所批判的唯心主义方法论正是以黑格尔辩证法——"新心学"方法论的来源之一——为代表的，但我们细心观察，会发现，"逻辑的直觉"和实践方法并不完全对立，不可调和。相反，实践方法正可以充实之，完善之，为之奠定科学基础。从这个角度，可以说，贺麟吸收马克思主义的实践的具体性，以批判唯心主义方法论，正是"新心学"方法论的改造、完善和发展的表现。

第三，改革开放以后，用新的词汇，对过去的心本体作了表述，可以说是发生了回归。

早在1956年，贺麟就已将"大全"本体的内容概括为物质、现实、历史、人、思想、意识、制度等无所不包的统一体，可说是心与物、思维与存在的统一。而且他说，应以科学标准、事实标准为断，统一于存在、物质中。对于拥有"新心学"体系的贺麟来说，有这样两个问题须回答：第一，科学在文化中地位有限，不能成为最高标准；第二，物质、存在凭什么能统一？自由何在？但他没有回答这两个问题。相反，到晚年，他却对此有含蓄的表述。

其一，坚持"新心学"文化哲学中以哲学、宗教、艺术为核心，科学、道德和技术必须分别向前者转化这一观点。由此可以说是对科学至上标准的否定。也可以说，贺自始至终，注重于科学的地方，不在于科学的至上、绝对处，而在于它的工具价值和科学精神价值。

其二，认为"真理"是普遍与特殊、主观与客观的统一，"世界精神"是心与物、心与理、心与宇宙的合一。"真理"和"世界精神"，可以说是他的"本体心"的另一种表述。值得注意之处在于，他不提统一于谁的问题，也不再论证它。只是说，对"真理""世界精神"这样的本体的关注，对于我们今天"形成合理的世界观"有意义。何谓"合理"？是不是"新心学"的"合理性"？此其一；其二，马克思主义世界观"合理"否？如"合理"，不必尚待"形成"，如不"合理"自然应该"形成合理的世界观"。贺先生自己曾公开宣布他信奉辩证唯物论，说它有理想、有力量，有实践基础，有人民性等。但对本体问题，他并未提出有力的证据，证明唯物为正确，批判唯心为谬误。这不能令人满足。

或许，在贺看来，他的永恒绝对的"真理""世界精神"或"逻心"、宇宙、大全等，和唯物主义世界观并不矛盾，和"新心学"的心本体论更是一家。他的"心理合一""心物合一""心身合一"的心本体本就活泼健动，刚健有为，加之有理想、有实践、有人民、有力量，则更是生机盎然，前途无限，它在达到绝对之前，绝不停步不前。而马克思主义也绝不是封闭的绝对真理，它还要发展，要向"绝对真理"逼近。贺麟说，形成和建立"合理的世界观"，或许正是给我们提出了发展马克思主义的任务，指明了发展马克思主义本体论的方向。

还在20世纪50年代末，关于唯物主义和唯心主义关系问题，贺麟就认为双方是对立的统一的辩证关系，双方都力图实现自己的价值，扬弃自己的相对、有限而趋向绝对、无限。贺麟1949年后对唯心主义的批判，固可看成是唯物主义对唯心主义扬弃，但看成是唯心主义的自我扬弃也未尝不可。不过，这也许均不符合贺麟的本意。他是以"真理""心""宇宙""世界精神"为体，以诸种哲学思想为用吧！他还是认为，心与物的对立统一，才是真理，才是宇宙全体，才是心的本质，离心言物，或离物言心，均为固执一偏，不能得中道吧！是以唯物为主体，还是以唯心为主体，纯粹从哲学角度说，在他看来，也许并不是最重要的。重要的倒在于，无论是什么主义，必须"有我"。只有"有我"，各种哲学才有其真正起点和归宿。

对"新心学"，贺麟曾自称为"理想唯心论"。但它和固执心为第一性的唯心论却有不同。它重视自然、物质，强调现实、客观，有实践基础和历史基础，容纳了科学在内，拥有辩证法这一有力武器。总之，它是"有我"的，有贺麟特色的唯心论。所以，对这种唯心论，固不能以批判一般唯心论的公式去批判之。晚年，他又自称是"辩证唯物论"，其实，它也是"有我"，有贺麟特色的"辩证唯物论"。他的"辩证唯物论"特别重视有理想、重视主体性的弘扬，重视发挥人的主体能动作用的内容。所以，也是不能以批判一般唯物论的公式去批判的。

毋宁说，他是以绝对真理、世界精神、纯粹自我为本体，以辩证法为方法的辩证的人学或辩证的哲学体系。它容纳而又超越了心物、心理、心身，主客体的对立，而追求其统一的哲学，是以"天人合一"为理想，为"内圣"，以辩证法为修养方法，以社会主义祖国繁荣昌盛，以世界的和平和发展为"外王"的新儒学。

他的哲学，除了"理性"即科学性或辩证性，除了"人情"，即民族性、人民性、人性，除了时代，即历史性、现代性外，没有另外的标准和特色。它是开放的，而不是封闭的。它是生机勃勃的有机体，而不是了无生气的僵尸。它给我们树立的崇高主体和远大理想，提供的辩证方法和价值评判标准，在社会主义现代化建设中，仍具有现实意义。

修订版后记

《贺麟学术思想述论》是我1996年完成的博士学位论文，可谓我抄写、研读贺麟先生著作的心得记录。原书2001年出版，二十多年后的今天，西北大学中国思想文化研究所提出修订再版，我是赞成的。因为本书首次比较全面深入系统地揭示了中国20世纪著名哲学家贺麟的学术思想体系，在现代新儒学研究中有其学术价值。我想特别提到的是，本书尤其是作者冒昧闯入哲学王国的标识。

我大学本科、硕士、博士皆学习历史学，如今勇敲哲学门，难以想象。贺麟先生学贯中西、通古今，融合康德、黑格尔哲学和宋明理学，体会尤为深切。他又是20世纪的蜀学前辈，做我的私淑哲学老师，小子幸何如之！现在还可以说，金岳霖先生是我逻辑分析的私淑老师，马克思视野下的孔孟之道则是我的精神家园。

从我自己学术思想发展看，本书心学思想体系的建构、"述而不作"辩证方法的思考，迈出了坚实一步。在思想史的学习研究中，清晰概念的意义，搭建命题的联系，完善思想的结构，清理和开辟作者的思路，举凡作者已言或未发者，皆明白呈现出来，悉无余蕴，这应是逻辑分析地照着讲。而前辈学者为祖国现代化而治学，为劳动群众科学文化素质提高而思考，正是我为学的榜样。这可谓传承弘扬的接着讲。所以，我重读此书，颇感亲切，而难掩欣喜。

这次修订，只对其中个别字词、标点进行了修正。至于内容、格式等，则一仍其旧，以保留原貌。

中国社会科学出版社同意将此书纳入出版计划，并组织扫描了原书稿，特此致谢。夫人张红女士全力支持我的学术事业，周到关怀我的现实生活，使我一介书生，还能幸福地做学问，在此敬致谢忱！

张茂泽

2022 年 3 月 15 日于西安